러시아를 일으킨 리더십

표트르 대제

러 시 아 를 일 으 킨 리 더 십

표트르대제

제임스 크라크라프트 지음 | **이주엽** 옮김

살림

이 책은 러시아의 '대제(大帝)' 표트르 1세 치세에 대한 나의 자세한
학술적 연구성과를 학생과 일반 독자들을 위하여 간추린 것이다. 제법
긴 표트르의 치세는 끝나지 않는 논쟁의 주제이다. 나의 관점은 예전
과 같다. 이 시기에 일어난 가장 중요한 역사적 변화는, 후세 역사가와
정치가나 저술가들이 주장하는 바와 같이 러시아가 강대국으로 부상
했다는 점이 아니다. 육군의 근대화, 해군의 창설, 정교회의 세속화,
상트페테르부르크의 건설, 혹은 러시아에 절대왕정을 확립했다는 점
도 아니다. 이들도 중요한 사건이긴 하다. 그러나 이 모든 요소의 총합
혹은 그 이상의 것, 주요한 역사적 발전과 연계되었으면서도 그것들을
초월하는 변화가 있었다. 그것은 바로 '문화 혁명'이었다. 이러한 관점
에서 나는 상당한 분량의 세 권짜리 연구서를 출간했다. 그중 두 권은
시각예술(건축과 조상), 나머지 한 권은 언어학적 문제들에 관해 논했다
(참고문헌목록 참조). 그러나 이 책들은 이 분야에 입문하는 학생들이나
흥미를 가진 일반 독자들이 필요로 하는 수준보다 훨씬 더 자세히 서

술한 것이기 때문에, 새로 이 개론서를 집필하게 되었다.

표트르 대제는 러시아사를 통틀어 가장 중요한 독보적 존재이다. 또한 근대사에서 러시아가 차지하는 위치를 고려할 때, 그의 위상은 근대사에서 가장 중요한 존재로까지 부각된다. 그렇기에 표트르 개인이나 그의 치세에 관해서 러시아어, 영어, 기타 언어로 수많은 연구가 이루어졌던 것이다. 이제 그 성과를 이 책에 압축해 넣으면서, 나는 상세한 최신 연구 결과와 다양한 관점들이 융합되도록 노력했다. 그러나 한 가지 유념해두기 바란다. 이 책은 '알기 쉬운 표트르 대제 이야기'나 그의 전기(傳記)가 아니다. 그런 책들은 이미 숱하게 나와 있다. 이책은 표트르 치세의 의미를 재해석하는 역사서이다. 러시아사에서 표트르의 치세가 갖는 가장 중요한 측면, 훨씬 후대에야 그 의미가 인식되었으며 오늘날까지 영향을 미치는 측면을 간결하고 편하게 읽을 만한 형태로 설명한 것이다.

기술적인 사항을 몇 가지 설명하겠다. 러시아어를 음역할 때는 미국

국회도서관 체계를 따랐는데, 일반 독자들을 위해 간략한 형태를 채용하였다. 그러나 이미 표준적인 영어 표기가 익숙한 고유명사들은 예외로 했다(따라서 'Pëtr'나 'Pyotr'가 아닌 Peter로 썼고, 'Sankt-Peterburg'가 아닌 St. Petersburg로 썼다). 날짜들은 표트르 시기부터 러시아에서 쓰인 율리우스력(구력)에 따랐다. 이 달력은 18세기에 이르러서는 점차 당시 유럽의 표준 역법이 되어가던 그레고리우스력(신력)보다 11일이 뒤쳐졌다(그레고리우스력은 오늘날 세계적으로 통용되며, 러시아도 결국 1918년에 그레고리우스력을 채용했다). 각 장에 붙인 주석에서는 특정 주제에 대해 더 상세한 정보를 담은 참고 서적이나 논문, 혹은 특정 인용문이나 사실의 근거가 되는 사료를 밝혔다. 이 책에 수록된 그 외의 모든 인명, 날짜, 사실, 인물은 참고문헌목록에서 찾아보기 바란다.

이 책이 출간되기까지 많은 도움을 받았다. 우선 일리노이대학 재단의 은혜에 감사한다. 2002년 봄 안식학기에 재단에서 지급해준 보조금 덕에 최종 원고를 완성할 시간을 얻었다. 하버드대학 출판부의 역사서 선임편집자 캐슬린 맥더모트, 출간을 위한 원고를 손질할 때 전문지식을 조언해준 익명의 독자들에게도 감사한다. 시카고의 일리노이대학 '표트르 대제 시기 러시아' 강좌 수강생들에게는 더욱 크게 신세를 졌다. 그들은 내가 연구 주제를 진척시키도록 용기를 불어넣어주었고, 내 주장들을 다듬어주었다. 마지막으로 이 책을 내 아내 낸시에게 바친다. 첫 독자인 낸시의 귀중한 조언 덕에 이 책은 훨씬 나은 글이 되었다.

제임스 크라크라프트

PETER THE GREAT

서문　5

1. 표트르와 동료들　11

2. 군제 혁명　51

3. 외교 혁명과 관제 혁명　85

4. 문화 혁명　113

5. 혁명과 저항　165

6. 상트페테르부르크　195

결론　227

연표　238

주　242

더 읽을거리　254

색인　256

제 1 부

표트르와 동료들

The Revolution of Peter the Great

표트르의 동료들 중에는 친척과 놀이 친구는 물론 선원과 다양한 국적의 용병, 조선공, 포병도 있었으며, 그 외에 다양한 신분의 러시아 가문 자제가 포함되어 있었다. 시간이 지나면서 사안에 따라 교양 있는 루테니아인(우크라이나인/벨로루시인) 성직자, 독일인 법학자, 기타 외국인 학자, 네덜란드나 이탈리아 혹은 프랑스인 예술가와 건축가, 한두 명의 영국인 상인, 혈통이 모호한 발트 해 지역 출신의 정부(情婦) 등이 가세했다(이 여자는 나중에 황후와 여제가 된다). 수십 명에 이르는 이 동료 집단의 구성원들은 표트르가 러시아 해군을 창설하고 육군을 근대화하며 새 수도의 기초를 닦고, 국가를 급진적으로 재조직하며, 때로 과격한 수많은 사회문화적 개혁을 추진하는 것을 도왔다.

표 트 르 대 제

The Revolution of Peter the Great

1. 표트르와 동료들

2. 군제 혁명

3. 외교 혁명과 관제 혁명

4. 문화 혁명

5. 혁명과 저항

6. 상트페테르부르크

표트르 1세는 일종의
혁명을 성공적으로

이끌어나간 덕에 러시아 역사상 '대제(표트르 벨리키)'로 불리게 되었
다. 물론 그 혁명은 표트르 혼자서 일궈낸 것이 아니었다. 역사상 통
치자 혼자 힘으로 혁명을 성공시킨 사례는 없다. '모스크바와 전 러시
아의 주권자 차르'조차도 이 점에서는 예외가 아니었다. 러시아에서
는 차르(국왕)가 상급귀족 집단(보야르스카야 두마=대귀족회의)과 협력하여
통치한다는 오랜 전통이 있었다. 그렇게 결정된 사안은 다시 하달되
는 과정에서 모스크바와 주요 지방도시 관리들이 다듬고 보완하여 시
행했다. 수세기에 걸쳐 형성된 관리들은 대개 왕실의 고용인 출신이

었다. 세금을 징수하고, 병사를 모집하며 법규를 집행하는 등 그들이 처리하는 잡다한 업무는 때로 중복되기도 했다. 귀족회의에 참석하여 차르를 만날 자격이 있는 대귀족들은 차르의 명에 의해 요직 관리들을 통제하고 군대를 지휘하며 각 지방을 통치했다(다채로운 옛 러시아식 표현 중 하나로는 '벗겨먹었다'). 표트르 1세의 선왕 치세 말기에 나타난 것처럼 때때로 차르의 총애를 받는 귀족(들)이 정권을 좌지우지하곤 했다. 그러나 차르가 개인적으로 전권을 행사했던 시기에도 정책 결정과 집행은 비잔틴제국처럼 거의 종교적 의례를 연상시키는 정교한 궁정 의식에 묶여 있었다.

차르의 권력에는 제도나 법률상의 어떤 제한도 없었다. 그 점은 권력을 실제로 집행하는 대귀족 상층집단, 그들의 수많은 혈족, 식객, 사적 봉신과 고용인도 마찬가지였다. '혼란의 시기(차르가 없었던 1598~1613년의 왕권다툼과 내전 시기)'를 제외하면, 이 체제는 정치적 안정성을 유지하고 지배계급의 권력과 특권을 보존했다. 그러나 표트르 1세는 왕권이 안정되자 곧 전문관료제를 도입하고 절대왕정이 확립되어가던 동시대 유럽 국가들의 표준에 따라 국정을 과감히 개혁했다. 이 과정에는 표트르가 '콤파니야(동료, 당시 러시아어에 도입된 유럽어권 공통 단어이다)'라 부르곤 했던 집단의 역할이 컸다.

표트르의 동료들 중에는 친척과 놀이친구는 물론 선원과 다양한 국적의 용병, 조선공, 포병도 있었으며, 그 외에 다양한 신분의 러시아 가문 자제가 포함되어 있었다. 시간이 지나면서 사안에 따라 교양 있는 루테니아인(우크라이나인/벨로루시인) 성직자, 독일인 법학자, 기타 외국인 학자, 네덜란드나 이탈리아 혹은 프랑스인 예술가와 건축가, 한두 명의 영국인 상인, 혈통이 모호한 발트 해 지역 출신의 정부(情婦) 등이 가세했다(이 여자는 나중에 황후와 여제가 된다). 수십 명에 이르는 이 동료 집단의 구성원들은 표트르가 러시아 해군을 창설하고 육군을 근대화하며 새 수도의 기초를 닦고, 국가를 급진적으로 재조직하며, 때로 과격한 수많은 사회문화적 개혁을 추진하는 것을 도왔다. 그들 중 일부는 표트르가 술자리를 벌일 때마다 어울렸고, 정교한 전쟁놀이를 즐길 때 상대역이 되어주기도 했다. 이렇게 수십 년이 지나는 동안 동료들은 사실상 표트르의 궁정을 구성했고, 결국 옛 러시아의 전통적 대귀족 집단이 맡아온 역할을 대체했다.

동료 집단은 러시아의 심장부에 위치한 유서 깊은 도시 모스크바에서 표트르가 힘들고 때로 위험했던 젊은 시절을 보내는 사이에 형성되었다. 표트르의 부왕 차르 알렉세이가 1676년 1월에 사망했을 때 표트르는 겨우 세 살이었다. 왕위는 유자녀 중 최연장자인 표도르 3세가 계승하여, 알렉세이가 두 명의 왕비에게서 낳은 수많은 자녀의 명목상 어른 노릇을 하게 되었다. 첫 왕비는 1669년에 사망했고, 알렉세이는 1671년에 두번째 왕비를 맞아들였다. 표트르는 두번째 왕비 나탈리아 나리시키나의 자식이었다. 나리시킨 일가는 그의 주변에 모여들었다. 언젠가 표트르가 차르가 되면 자신들에게 당시 러시아의 관습에 따라 토지와 관리, 그 외의 왕가에 어울리는 특권을 부여해줄 것이라 희망했던 것이다. 같은 이유로, 첫째 왕비를 배출한 밀로슬랍스키 가문은 그녀가 낳은 차레비치(왕자) 이반을 지지했다. 표도르 3세의 동생 이반은 당시 아홉 살이었다. 대권 싸움에서 표트르의 위상은 점점 강화되었다. 표트르가 건강한 체질이었던 데 반해, 표도르 3세는 병약했고 이반 왕자는 정신적 육체적으로 심각한 장애가 있었다. 그래서 러시아 지배 계급 구성원의 상당수는 표트르에게 기울었고, 허약한 표도르 3세가 왕자를 낳지 않고 죽기를 바랐다.

정확히 1682년 4월에 그들이 기대한 상황이 벌어졌다. 표도르 3세는 자녀를 남기지 못한 채 사망했다. 정교회의 수장인 요아힘 총대주교는 모스크바의 귀족, 관리, 시민 수뇌부를 서둘러 소집하여 연 비밀 회의에서 이제 거의 열 살이 된 표트르를 차르로 선포했다. 이반은 장애 때문에 통치자 후보에서 배제되었다. 여기에는 이반의 측근들이 '라틴화'된(폴란드와 로마 가톨릭에 호의적인) 것에 대한 총대주교의 반감도 어느 정도 영향을 미쳤을 것으로 추측된다. 이러한 상황이 발생한 것은 당시 러시아의 왕위 계승이 확정된 성문법보다는 관습에 의해 이루어졌기 때문인데, 새로운 차르는 로마노프 가문의 건강한 남성이어야 한다는 것 외에는 별다른 규정이 마련되지 않은 상태였다. 로마노프 왕가는 시조인 미하일이 1613년 '혼란의 시기'가 끝난 뒤 전국회의(젬스키 소보르)에서 차르로 선출되면서 탄생했다. 그리고 미하일 이후로 겨우 두 차례의 왕위 계승이 있었다. 1645년 미하일의 아들 알렉세이가 왕위에 올랐고, 1676년에는 표도르 3세가 알렉세이를 계승했지만, 사실상 사망한 군주의 유자녀 중 최연장자라는 조건 때문에 왕위에 오른 것뿐이었다.

반면 1682년의 왕위 계승에서는 유혈사태가 벌어졌다. 어떤 관점에서 보더라도 이반의 누나(표트르의 이복누나)인 소피아가 주도한(혹은 이용한) 군사쿠데타로 묘사할 수 있는 이 사건으로 인해 표트르의 외삼촌과 모후의 후견인을 포함하여 약 40명이 사망했다. 폭동을 일으킨 왕실 근위대(스트렐치)는 표트르의 눈앞에서 그 두 명을 살해했다. 그 결과 사실상 소피아 대공주(차레브나)가 권력을 장악한 가운데 형식상 이반과 표트르가 공동으로 왕위에 앉게 되었다. 두 소년은 1682년 6월 모스크바에서 나란히 차르의 왕관을 받았다. 오늘날 크렘린 병기박물관에는 뒤에 뚫린 구멍을 통해 소피아가 의식 진행을 감독한 환상적인 이중 옥좌와 제2차르를 위해 특별히 제작한 왕관이 전시되어 있다. 그 유품들을 보고 있으면 이 전례 없는 이중 차르 통치체제가 태생적으로 내포한 불안정을 생생하게 느낄 수 있다.[1]

왕위 계승을 둘러싸고 발생한 1682년의 위기는 의미심장한 사건으로, 당시 러시아의 정치제제가 빚어낸 위기들의 종합적 결정판이었다. 이에 대해서는 뒤에서 자세히 살펴보겠다. 주목할 것은 이 사태가 표트르의 경력에 미친 영향이다. 공동 차르의 위상에도 불구하고 나리시킨 가문은 권력의 핵심에서 배제되었고, 표트르와 소피아의 관계는 소원하고 긴장되어 있었다. 제2차르로서의 명목적인 역할이 할당되었으나, 갓 출범한 이중 차르 체제에서 표트르의 역할은 의전행사에 한정되어 있었다. 공식적인 교육에 대한 배려도 소홀했다. 과부가 된 모후는 수하의 몇 명 안 되는 관리들에게 표트르를 맡기고 멋대로 하도록 내버려두었다. 긍정적인 측면에서 보자면, 젊은 꺽다리 차르(표트르는 키가 2미터에 달했는데, 당시 기준으로는 극단적으로 큰 키였다)에게는 상대적으로 자유가 주어진 셈이었다. 차르라는 신분 덕에 표트르는 한층 열의를 가지고 자신의 취미생활을 추구할 수 있었다. 그는 시종, 교사, 친척, 하인들에게 전쟁놀이나 항해에 참가하도록, 혹은 해가 질 때까지 말을 달리도록 명령할 수 있었다. 이런 환경 속에서 표트르는 청소년기의 대부분을 모스크바 교외의 왕실 영지인 프레오브라젠스코예와 인근 독일인 정착촌에서 보냈다. 이곳에서 지내면서 그는 '동료' 집단을 만들어나갔다. [2]

초기의 동료들 중에는 외삼촌 레프 나리시킨, 이반 5세의 처남인 표도르 살티코프, 표도르 3세의 처남(둘째 부인 쪽) 표도르 아프락신, 촌수가 좀더 멀지만 역시 표도르 3세의 처남인 티혼 스트레시녜프, 당시로서는 예외적으로 글을 읽을 줄 아는 궁정관리 이반 무신푸시킨, 보리스 A. 골리친 대공, 표도르 로모다놉스키, 표트르의 동서 보리스 쿠라킨(표트르는 첫 아내와 1689년에 결혼했다) 등이 있었다. 이들은 모두 대귀족 출신으로 일부는 이미 경험 많은 관리였는데, 1705년에 죽은 레프 나리시킨 외에는 대부분 표트르가 권력을 장악한 뒤 결정적인 역할을 수행하게 된다. 이들 외에 곧 동료 집단에 합류하는 또 다른 상층 귀족 집단의 대표적인 인물로는 표트르 톨스토이, 보리스 셰레메테프, 표도르 골로빈, 가브릴라 골로프킨 등이 있다. 톨스토이는 러시아의 첫 상주 대사로서 콘스탄티노플에서 13년간(1701~14) 근무했다. 셰레메테프는 1700년에 러시아의 첫 육군원수가 되었다. 골로빈은 1699년 모스크바의 대사처(大使處, 외교 담당 부서) 수장으로 임명되었으며, 표트르가 만든 성 안드레아 기사단의 첫 기사 작위를 받은 인물이다. 골로프킨은 1706년 골로빈이 죽은 뒤 대사처의 수장이 되었으며, 1709년에는 공식적으로 의장(칸츨레르, 넓은 의미에서 오스트리아식 모델의 외무장관과 유사하다)으로 임명되었다. 톨스토이와 골로프킨은 표트르가 처음으로 세습 남작(그라프, 독일어에서 직접 차용함) 직함을 수여한 러시아인들 중에도 포함되어 있다.

　표트르가 총애한 동료들 중에는 독일인 정착촌에 살던 외국인도 있다. 그중 중요한 인물로는 프랑수아(프란츠) 르포르, 패트릭 고든, 제임스 브루스(야코프 브리우스) 세 사람을 들 수 있다. 르포르는 표트르보다 열여섯 살 정도 나이가 많았는데, 스위스 용병 출신으로 1676년 러시아군에 고용되었다. 르포르의 연장자인 고든(1635년생)은 스코틀랜드 태생으로 1661년에 러시아에 왔는데, 귀족 출신으로 구성된 2개 연대를 훈련시키고 그들의 지휘관이 되었으며 1687년에는 러시아 육군의 병참감(兵站監)이 되었다. 표트르와 같은 또래였던 브루스(1670~1733)는 러시아군에 복무하는 또 다른 스코틀랜드인의 아들로 모스크바에서 태어났다. 브루스가 1683년 표트르의 '전쟁놀이 연대'에 합류한 것이 자발적 선택이었는지 명령에 의한 것이었는지는 확실치 않으나, 그 이후 브루스는 표트르의 곁을 거의 떠나지 않았다. 르포르와 고든이 모두 1699년에 사망하자 표트르는 크게 상심했다. 르포르는 표트르가 독일인 정착촌에서 지내던 시절부터 알게 된 사이로 그에게 와인, 여자, 노래의 즐거움을 소개했다. 르포르는 1695~96년의 아조프 전투에 참가했고, 1697~98년의 유럽 대사절단에서 표트르를 수행하기도 했다. 고든 장군은 군사 방면에서 표트르가 신임한 조언자로, 거의 아버지의 역할을 대신했다. 고든은 1689년에 있었던 소피아의 쿠데타 기도를 무산시키는 데 결정적 역할을 했고, 1698년 표트르가 대사절단을 이끌고 유럽을 둘러보는 동안 왕실 근위대가 일으킨 반란을 진압한 주역이었다. 브루스도 아조프 전쟁에서 표트르와 함께 싸웠으며 대사절단에도 동행했다. 그는 다른 사절단원들보다 좀 더 오래 영국에 남아서 차르에게 봉사하기 위한 갖가지 기술을 익혔다. 브루스는 군사 업무만이 아니라 다양한 문화적 개혁에도 관심을 넓혀갔다는 점에서 특이한 인물이었다. 그는 백작과 야전군 원수가 되었을 뿐 아니라, 표트르가 세상을 떠났을 때 국장(國葬)을 주관하기도 했다.

표트르의 동료 집단에 합류한 러시아인들 가운데 신분이 낮거나 확실치 않은 이들 중 가장 잘 알려진(혹은 가장 악명 높은) 인물은 알렉산더 멘시코프이다. 표트르 또래였던 멘시코프는 표트르처럼 키가 크고 건강했다. 젊은 차르가 전쟁놀이를 위해 귀족 자제를 모아 편성한 모스크바 연대의 군인으로서 표트르의 눈길을 끌었던 것 같다. 1693년 이전의 어느 시점에 멘시코프는 표트르가 새로 조직한 프레오브라젠스키 연대에 배속되었다. 그는 1695~96년에 차르의 측근이 되어 아조프 전쟁에 참전했으며 1697~98년에는 대사절단에 속해 네덜란드와 영국의 조선소에서 틈틈이 표트르와 함께 일했다. 멘시코프는 표트르의 누이 나탈리아가 주최한 1698년의 파티에서 나중에 아내가 될 사람을 만났다. 또 표트르는 멘시코프의 부대에서 주최한 모임에서 장래 황후가 될 예카테리나를 만났다. 요약하자면 표트르와 멘시코프는 1690년대 후반 이전의 어느 시점에 알게 되었으며, 때때로 관계가 다소 악화된 적은 있지만 평생 친밀한 관계를 유지했다. 표트르는 멘시코프의 자녀 중 몇 명의 대부가 되었으며, 1705년에는 왕위 계승권자인 왕세자 알렉세이의 교육을 감독하는 직무를 멘시코프에게 맡겼다. 1706년 3월 어느 메모의 마지막 줄에 표트르가 남긴 문구는 두 사람이 주고받은 서신의 전형적인 예이다. 표트르는 이렇게 썼다. "친애하는 벗이여, 우리는 하느님을 찬미하며 이곳에서 정말 행복하게 지내고 있지. 하지만 자네가 없으니 우리의 즐거움도 소금 없는 빵과 같다네."3)

멘시코프의 차르에 대한 절대적인 충성은 십대 시절 이후 변함이 없었다. 그가 극적으로 출세한 것은 다방면에 재능이 있었을 뿐 아니라 정력적으로, 때로는 가차 없이 일을 추진하여 표트르에게 봉사했기 때문이었다. 멘시코프는 문관과 무관을 아울러 최고 서열에 올랐으며, 몇몇 외국 군주는 그에게 명예 기사 작위를 부여했다. 표트르에게서는 '가장 빛나는 업적을 세운 대공'이라는 개인적 칭호를 받았으며, 차르의 허락을 얻어 표트르의 경쟁 상대였던 폴란드 왕 아우구스투스에게 작위를 받기도 했다. 또한 표트르와 아우구스트에게서 러시아, 우크라이나, 폴란드, 발트 해 연안에 있던 3천여 개의 마을, 다양한 광산과 공장, 일곱 개의 도시를 하사받았다. 멘시코프가 초대 시장을 지낸 새 수도 상트페테르부르크 인근에는 표트르의 거처보다 더 넓은 궁이 있었다. 그러나 멘시코프의 명성과 행운은 필연적으로 경쟁자들의 질시와 험담을 불러 일으켰다. 그의 횡령과 부패를 고발하는 투서들이 표트르에게 끊임없이 날아들었지만, 표트르는 그저 건성으로 주의를 주는 것 이상의 조치를 취하지 않았다. 1718년에는 육군 군비 150만 루블 이상을 착복한 혐의로 공식 기소되었지만 가벼운 벌금만 내고 풀려났다. 러시아 역사학자 N. I. 파블렌코는 최근 발표한 멘시코프의 전기에서 그를 타고난 군사전략가와 빛나는 조직가, 헌신적인 가신으로 평가했지만, 한편으로 표트르의 황후이자 예카테리나 1세(재위 1725~1727)의 짧은 치세에 반(半)독립적 지위를 누리며 권력의 최상층에 오른 구제불능의 탐욕스러운 정치가이자 허영심에 찬 인물로 묘사했다. 멘시코프는 결국 예카테리나 1세 사후 관직에서 쫓겨나 재산을 몰수당하고 유배된 뒤 1729년에 사망했다.4) 당시 상황을 꼼꼼하게 관찰한 어느 영국인은 멘시코프의 극적인 대두와 몰락을 설명하면서 다음과 같이 평했다. "대공(멘시코프)은 결점이 많은 인물이었지만, 작고한 차르(표트르)가 러시아를 개선하고 발전시켜나가는 과정에서 유용한 계획을 세우고 거대한 설계를 추진하는 것을 오랫동안 보좌한 유능한 측근이었다."5) 멘시코프의 이야기는 오랫동안 러시아 작가, 화가, 영화감독들을 매료시켰다. 복원된 멘시코프의 궁은 상트페테르부르크 구시가지 중심가에 있는데, 오늘날에는 에르미타주 박물관의 분관이 되어 상트페테르부르크의 중요한 건축적 역사적 기념물로 남아 있다.

혁명적인 시기에는 출신이 불분명한 지도자가 급부상하는 것을 종종 볼 수 있다. 표트르 시기의 러시아에서도 그러한 예들을 찾아볼 수 있다. 그렇게 벼락출세한 인물들로는 멘시코프 외에 파벨 야구진스키, 표트르 샤피로프, 페오판 프로코포비치, 알렉세이 마카로프 등을 들 수 있으며, 가장 대표적인 사례가 예카테리나 1세이다.

야구진스키는 독일인 식민촌의 폴란드-리투아니아계 루터교회 오르간 연주자의 아들이었다. 멋진 외모에 폴란드어를 잘하는 점 때문에 대사처에 채용되어 근무하다가, 골로빈의 추천으로 표트르의 프레오브라젠스키 연대에 입대하여 지휘관이 되었다. 야구진스키는 폴타바 전투(1709)에서 결정적으로 두각을 나타내어, 신설 직위인 부관참모가 된 이후 거의 표트르의 곁을 떠나지 않았다. 말년에는 재조직된 신정부의 검찰총장이 되어 멘시코프를 견제했다.

출신이나 젊은 나이로 출세한 점에서 샤피로프는 야구진스키와 약간 비슷한 데가 있다. 모스크바로 이주한 폴란드-우크라이나계 유대인인 그의 아버지는, 러시아정교로 개종하고 정부를 위해 통역으로 일하는 한편 무역에서도 성공을 거두었다. 그의 아들인 젊은 샤피로프는 협상과 외국어에 능통했기에 부친을 따라 대사처에서 근무하게 되었다. 대사처에서 일하는 동안 그의 재능은 골로빈의 눈길을 끌었고, 다시 표트르의 눈에 들었다. 샤피로프는 1697~98년의 대사절단에 참가한 것을 계기로 외교적 경력을 쌓아가, 발트 해의 패권을 둘러싸고 벌어진 러시아-스웨덴 전쟁의 거의 모든 결정적 시점에 활약했다. 골로프킨이 골로빈의 뒤를 이어 대사처 의장이 되자, 샤피로프는 부의장(비체칸츨레르), 즉 외무차관이 되었다. 표트르는 폴타바 전투의 승리에 기여한 외교적 노고를 인정하여 1710년 그에게 남작(바론, 역시 독일어에서 바로 차용한 단어이다) 작위를 수여했다. 이로써 샤피로프는 남작 작위를 받은 첫 러시아인이 되었다. 그 후에도 샤피로프가 표트르를 대리하여 펼친 외교적 노력들은 더 많은 명예와 보상을 가져다주었다. 최소한 두 채의 대저택을 비롯하여 표트르가 베푼 혜택은 샤피로프와 멘시코프 사이에 갈등을 불러 일으켰다. 멘시코프는 1722년 샤피로프를 부정부패 혐의로 고소하여 유배시키는 데 성공했다. 그의 복귀를 보장했던 예카테리나 1세가 사망하자, 샤피로프는 1739년 세상을 떠날 때까지 궁정 총신들의 처분에 휘둘리는 신세가 되었다. 샤피로프의 업적 중 후세에 가장 크게 영향을 미친 것은, 러시아어로 작성된 첫 국제법 관련서의 저자라는 점이다. 이에 대해서는 뒤에서 더 상세히 살펴보겠다.

앞서 언급한 신진세력의 한 명인 알렉세이 마카로프는 장기간(1704~25) 표트르의 비서로 일한 인물이기에 주목할 만하다. 표트르의 관심사가 계속 확대되고 권력이 강화되자 비서실(당시에는 독일어에서 차용하여 '카비네트'라 불렀다)에서 일하는 마카로프의 임무도 점점 중요해졌다. 관공서 서기의 자식이라는 낮은 신분 출신임을 스스로 의식했기에, 마카로프는 큰 영향력을 가진 지위에 있어도 항상 신중했고 겸손하게 처신하는 경우가 많았다. 주군에게 자신의 봉사에 대한 요구를 하는 것도 자제했으며, 표트르가 사망한 후에는 은퇴하여 하사받은 봉지에서 여생을 보냈다.

반면 페오판 프로코포비치는 수도승이라는 낮은 사회적 지위에도 불구하고 훨씬 더 외향적 인물이었다. 교육받은 루테니아인 집단에서 프로코포비치가 가장 두드러진 존재였다는 것은 부인할 수 없다. 표트르가 그들을 가까이한 것은 그들의 신학과 라틴−그리스적 인문학적 소양은 물론이고, 충성심에 기대를 걸었기 때문이었다. 그들의 학식은 동시대 유럽의 성직자들 사이에서는 상식적인 수준의 소양이었지만, 당시 러시아 성직자들 중에서는 실질적으로 찾아볼 수 없는 것이었다.

따라서 옛 전통에 기울어 있던 러시아인 성직자의 대부분은 자연스럽게 전통의 많은 부분을 파괴하는 표트르에게 적대적이었다. 이것이 프로코포비치와 그의 동료들이 등장한 배경이었다. 이들은 경쟁상대인 러시아 성직자들이 무지와 미신에 빠져 있다고 떠벌렸다. 그 말에 설득된 표트르는 교육 개혁의 주도권을 넘겨주었고, 러시아 교회를 영국 국교회 혹은 루터교회를 모델로 삼아 개혁하려고 했다. 또한 프로코포비치는 표트르 시대의 가장 정력적인 변론가였다. 이는 그가 남긴 많은 공개 연설문과 20년 동안 상트페테르부르크에 머무르는 사이 써낸 다른 많은 저작물을 보면 잘 알 수 있다. 학자들은 그의 저작물 중 일부는 근대 러시아문학의 효시가 되었다고 보고 있다.

후에 여제가 되는 그의 딸 엘리자베타를 제외하면, 유감스럽게도 표트르의 삶에 영향을 미친 여자들에 관한 사항은 거의 알 수 없다. 그나마 가장 잘 알려진 이는 그의 모후 나탈리아이다. 그 외에 표트르의 누이인 나탈리아(어머니와 같은 이름), 안나(표트르 3세의 모후), 그리고 두 명의 왕비(황후) 정도를 들 수 있다. 그러나 이 여성들이 '표트르 대제'가 인성을 형성하고, 대업을 이루어내며 그 성과를 지켜내고, 과도함을 완화하는 데에 중요한 역할을 했음은 의심할 바가 없다. 비록 많이 남아 있지는 않으나 표트르가 모후 나탈리아에게 쓴 편지를 보면, 표트르가 홀어머니에게 깊이 의존했고 그녀로 인해 어린 시절과 청소년 시절 때로 비극적인 사건을 겪으면서도 어려움을 극복해왔음을 알 수 있다. 나탈리아는 1694년에 사망할 때까지, 표트르가 병정놀이를 하거나 장난감 함대를 이끌고 항해를 나가거나 독일인 식민촌에서 노는 동

안 그의 정치적 이해관계를 돌봐주던 나리시킨 가문의 구심점 역할을
해냈다. 어머니로서 나탈리아는 표트르가 처한 상황에 대해 걱정했고,
왕답지 못한 품행에 대해서는 경고를 보내기도 했다. 예프도키아 로푸
키나와의 첫 결혼을 주선한 것도 나탈리아였다. 예프도키아는 1689년
의 위기 때 그의 곁을 지켰으며, 1690년에는 성년이 될 때까지 살아남
은 유일한 왕자 알렉세이를 낳았다. 그러나 옛 러시아의 보수적 전통
에 충실했던 단순한 여자 예프도키아는 표트르의 격정적인 성격과 조
화를 이루지 못했다. 표트르의 관심은 곧 안나 몬스에게 옮겨갔다. 안
나는 독일인 식민촌의 여관 주인 딸로, 표트르의 관심을 서구로 돌리
는 데 지대한 공헌을 했다. 안나와의 관계가 한참 달아오르던 1698년,
예프도키아는 수녀원에 보내졌으며 곧 이혼당했다(안나는 나중에 러시아
조정에 봉직한 독일인 장교와 결혼했다). 후계자 알렉세이에게 가정을 제공
하는 역할은 표트르의 누이 나탈리아가 담당했다. 이것은 표트르가 나
탈리아를 얼마나 신뢰했는지를 보여주는 사례다. 표트르는 나탈리아
에게 넉넉한 연봉을 지급하고 상트페테르부르크 시내와 교외에 저택
을 제공해주었다(나탈리아는 청혼을 여러 차례 받았지만 결혼하지 않았다. 구혼
자 중에는 오스트리아 대공도 있었다). 나탈리아는 큼지막한 옷장을 표트르
가 좋아하는 '독일식' 옷들로 가득 채웠고, 유럽에서 인기 있던 희극과
연극들을 모스크바와 상트페테르부르크에 있는 개인 극장에서 상영했
다. 또한 전통적 성상화(이콘) 외에 수많은 새 스타일의 그림들로 저택
벽을 장식했고, 당대 이탈리아식으로 차려입은 훈련받은 합창단을 유
지했다. 1716년에 갑자기 세상을 떠날 때까지 나탈리아는 표트르의

··· 표트르의 누이 나탈리아   ··· 표트르의 모후 나탈리아

충실한 동료였고, 힘든 세계에서 그의 항구가 되어주었으며, 표트르를
지지하는 집단의 중심이었다. 이 집단에는 멘시코프의 누이, 부인, 처
제, 표트르의 둘째 왕비 예카테리나가 포함된다. 나탈리아는 평생 표
트르가 구현하려 했던 유럽화한 새 러시아의 으뜸가는 여성 대표자 역
할을 해냈다. 나탈리아의 화려한 신식 의상과 장식은 모후의 옛 러시
아식 전통적 복장과 극명한 대조를 이룬다.

　표트르의 둘째 왕비 자리를 차지했다가 후에 여제가 되는 예카테리
나는, 여러 면에서 그의 동료들 중 핵심 멤버였다. 그녀의 어린 시절에
대해서는 아무것도 알려져 있지 않다. 발트 해 지역에서 태어난 것 같
으며, 마르타라는 이름의 루터파 신교도였을 것으로 추정된다. 러시아
군이 1702년 여름 마린부르크를 점령했을 때, 그녀는 목사 에른스트
글뤽의 하녀로 일하고 있었다(후에 발간된 공식 문건에 의하면 그녀는 목사의

양녀였다). 그녀는 글뤽의 슬하를 벗어나 러시아군 사령관 세레메테프 원수의 캠프로 옮겨졌다. 그리고 다시 멘시코프의 본부로 이송되었다가 1703년 연말경 그곳에서 표트르의 눈에 띈 것으로 보인다. 표트르는 그녀를 '카테리나' '카테리누시카' 등 갖가지 애칭으로 불렀으며 전쟁터에 데리고 다녔다. 예카테리나는 1706년 12월 표트르의 첫 아들을 낳았다. 그녀는 표트르에게 평생 최소한 아홉 명의 자녀를 낳아주었는데, 대부분 어린 시절에 사망하고 두 명만이 살아남았다. 안나(1708년 1월생)와 나중에 여제가 되는 엘리자베타(1709년 12월)이다. 그중 1719년에 세 살 반의 나이로 죽은 표트르라는 이름의 아이는 그녀에게 고통스러운 기억이었을 것이다. 1718년 그 아이가 표트르의 후계자로 선포되었기 때문이었다. 표트르와 예카테리나는 1707년에 비밀리에 결혼했을 가능성이 있으나, 공식적인 결혼식은 1712년 2월 상트페테르부르크에서 열렸다. 표트르는 즐겨 입는 해군 군복으로 차려입고 나타났다. 1698년 이후 러시아군에서 복무해온 네덜란드계 노르웨이인 코르넬리우스 크루이스 해군중장이 그를 수행했다. 표트르의 신부가 된 그녀는 러시아정교로 개종했고 예카테리나라는 이름을 받았다. 구금되어 있던 기간을 제외하면, 예카테리나는 항상 전장이나 해외 순방 중인 표트르의 곁에 있었고 여흥을 함께 즐겼다. 표트르는 예카테리나라의 노고를 기려 그녀의 이름을 붙인 성 가타리나 기사단을 만들어주었다. 이 기사단은 후에 그녀가 제위에 오르는 데 기여한다.

예카테리나는 표트르의 여자가 된 뒤 그와 동료들 사이의 가교 역할을 잘 해냈다. 그녀는 표트르의 가장 가까운 동료들, 특히 멘시코프와

··· 표트르와 예카테리나의 결혼   ··· 예카테리나 1세(표트르 대제의 부인으로 뒤에 여제가 됨)

사이가 좋았다. 동료들이 표트르의 눈 밖에 났을 때면 그녀가 중재에
나섰다. 예를 들면 당시 목격자들은 샤피로프가 문제를 일으켰을 때
예카테리나가 얼마나 자주 극성맞은 남편을 달래고 노여움을 가라앉
혔는지를 기록했다. 그러나 표트르의 배우자이자 후계자라는 지위는
결코 공짜로 얻어진 것이 아니었다. 표트르는 예카테리나를 항상 임신
시켰고 그녀는 지치도록 수발을 들어야 했다. 왕비라는 역할 때문에
거나하게 술판이 벌어지는 파티에 동석할 때면 귀에 거슬리는 좋은 집
안 출신 부녀자들의 불평도 참아내야 했다. 그러나 궁정 내에 기반이
없는 예카테리나는 표트르의 총애를 잃는다면 모든 것을 잃는 셈이었
므로, 언제 그의 애정이 식을지 모른다는 공포에 시달렸다. 그녀의 공
포는 하마터면 현실이 될 뻔했다. 1724년 말, 표트르는 예카테리나가
바람을 피웠다는 혐의를 포착했다. 상대인 윌리엄 몬스는 하필이면 표

트르의 젊은 시절 연인과 남매 사이로 당시 황후궁에 복무하던 장교였다. 예카테리나는 모든 것을 잃고 제위를 계승하지 못할 뻔했다. 몬스는 1724년 10월에 기소되어 공개적으로 재판을 받고 처형되었다. 기소된 죄목은 공식적으로는 뇌물 수수였다. 그러나 그로부터 2개월도 지나지 않아 표트르가 사망하는 바람에 이 사건은 흐지부지되었다.

성년기까지 살아남은 표트르의 유일한 아들이자 명백한 계승권자인 황태자 알렉세이에게는 무슨 일이 일어났는가? 전말만 간단히 말하자면 알렉세이는 1718년 6월 페트로파블롭스키 요새의 감옥에 갇혀 있다가 사망했다. 당시 스물여덟 살이었으며, 음모 혐의로 사형을 언도받은 직후였다. 아버지인 차르와 사이가 나빴던 데다 오해로 점철된 알렉세이의 이야기는 전설적인 비극의 색채를 띠었다. 표트르와 알렉세이의 갈등은 당시 러시아에서 으뜸가는 유형의 정쟁이기도 했다. 수많은 보모와 가정교사 사이에서 어린 시절을 보냈으며, 불행한 어머니와 고모 나탈리아, 나중에는 멘시코프의 감독을 받으며 성장한 알렉세이는 전통적인 러시아 문자와 계율(러시아정교의 교리문답) 외에도 독일어와 '독일 학문'을 배우도록 강요당했다. 표트르만큼 육체적으로 건강하고 민첩하게 판단을 내리지 못하는 알렉세이는 무엇을 하든 표트르에게 실망을 살 운명이었다. 표트르의 놀라운 활동력은 알렉세이가 결코 따라갈 수 없는 수준이었다. 표트르는 알렉세이를 공공연히 직업군인으로 키우려 하면서 남들보다 뛰어나야 한다고 다그쳤다. 그러나 알렉세이는 특히 군사 분야에서 표트르를 실망시켰다. 그저 내키지 않아서였는지 적성이 맞지 않아서였는지는 불분명하나, 알렉세이는 열

일곱 살 무렵이 되자 야전 군인 훈련을 그만두고 물러나 군수품 조달, 요새 축성 및 모병 감독, 반란 진압 등 다양한 후방업무를 익혔다. 1709년 말 알렉세이는 나중에 표트르의 충성스런 조력자가 되는 발트 해 출신의 독일계 귀족 후이센 남작의 호위를 받아 드레스덴으로 유학을 떠났다. 그가 독일에 있는 동안 표트르는 알렉세이와 샤를로테 크리스티나–조피아 폰 볼펜뷔텔의 공주의 혼담을 주선하고 있었다. 샤를로테의 누이는 당시 신성로마제국(오스트리아) 황제 카를 6세와 결혼한 사이였으므로, 알렉세이 본인의 의향은 어떻든 간에 왕가의 격에는 확실히 잘 맞는 혼담처럼 보였다. 이 혼담은 또한 옛 러시아의 전통과 괴리되는 또 다른 사례였다(표트르의 형제와 아버지, 할아버지는 러시아인과 결혼했다). 결혼식은 1711년 10월 작센의 토르가우에서 치러졌다. 표트르는 혼인 직후 알렉세이에게 독일에서 공부를 계속하면서 전쟁 중인 러시아에 도움이 될 만한 활동을 하도록 명령했다. 1713년에 알렉세이가 독일에서 돌아오자마자 표트르는 외국에서 무엇을 배웠는지 알아보겠다며 강제로 시험을 치르게 했다. 알렉세이는 최소한 한 과목에서 낙제했다. 알렉세이는 평소 건강 이상을 호소했는데, 이 무렵 그 증세가 결핵이라는 진단이 나왔다.

귀국한 이후 왕세자 알렉세이의 운명은 내리막길만을 걸었다. 표트르가 매우 마음에 들어했던 샤를로테와의 결혼은 불행했다. 1714년 알렉세이는 핀란드 농부의 딸인 정부를 구해 궁에 들일 정도로 마음이 떠났다. 폭음하는 습관을 들였고, 다양한 외가 친척, 파문당한 성직자, 부친의 정권과 반대되는 무리들과 어울렸다. 1715년 1월, 격노한 표트르는 알렉세이에게 편지를 보내, 어른이 되고 나서도 국정에 노심초사하는 아비에게 도움이 되는 일이라곤 거의 하지 않았다고 비난했다. "반면에 너는, 짐이 백성을 사랑하고 이롭게 하기 위해 건강을 해쳐가면서 추진해온 것들은 덮어놓고 비난하고 방해했다. 네가 그것들을 깡그리 파괴하려 했다고 믿을 만한 충분한 이유가 있다. 네가 물려받을 유산인데도 말이다."⁶⁾

통렬한 비난이었지만 효과는 없었다. 알렉세이는 계속해서 자신의 질병에 대해 불평을 늘어놓고 표트르가 이것저것 시키는 일을 회피했다. 그러면서 계속 위험한 동료들과 어울렸다. 1715년 10월 샤를로테는 잠재적 러시아 황제 후보인 아들 표트르를 낳은 뒤(실제로 장래에 표트르 2세로 등극했다) 산후 합병증으로 곧 사망했다. 두 사람을 이어줄 마지막 연결고리가 사라진 것이다. 1716년 표트르는 알렉세이에게 자신이 만족할 만큼 품행을 고치든가 왕위를 포기하고 수도원에 들어가든가, 둘 중 하나를 선택하라고 요구했다. 알렉세이는 동서인 카를 6세가 있는 빈으로 도주하는 길을 택했다. 오스트리아인들은 어쩔 줄 몰라 잠시 동안 피난처를 제공했다. 표트르는 알렉세이의 행동에 격분했다. 스웨덴에 마지막 타격을 가하려고 준비하면서 유럽의 지원을 얻어내려던 차에 이런 일이 생기자 크게 난감했던 표트르는 사신을 보내 알렉세이를 용서하겠다면서 데려오도록 했다. 알렉세이가 나폴리 근교의 산토엘모에 있다는 것을 밝혀낸 사람은 표트르 톨스토이였다. 톨스토이는 오스트리아인들이 도움이 되지 않을 것이며 결코 차르의 영향력에서 벗어날 수 없을 테니 당장 귀국하는 편이 나을 거라고 알렉세이를 설득했다. 1718년 1월 모스크바에 도착한 알렉세이는 왕위 계승권을 박탈당했다는 사실을 전해들었다(2월 3일의 선언). 그는 또한 모든 '친구들'로부터 격리되었다. 게다가 재판이 시작되었다.

비밀 조사 업무를 담당할 특별 감사국이 모스크바에 설치되고, 톨스토이가 알렉세이의 사안을 맡게 되었다. 감사국과 왕세자는 6월에 상트페테르부르크로 옮겨 재판이 열렸다. 알렉세이와 '지지자'들은 통상적인 러시아의 형사재판 절차에 따라 처리되었다. 그들은 협박이나 고문(보통 자백할 때까지 채찍질을 가했다)을 통해 얻어낸 심문 결과를 바탕으로 기소되었다. 6월 14일 알렉세이는 128명의 귀족이 참석한 회의에 공식 소환되어 심문을 받았다. 6월 24일 죄상에 대한 증거를 청취한 귀족회의는 반역과 반란 명목으로 그의 유죄를 선언하고 사형을 선고했다. 이틀 뒤 알렉세이는 페트로파블롭스키 요새의 독방에서 사망했다. 공식 기록에 따르면 사인은 뇌졸중이었다. 표트르와 알렉세이는 마지막 날에 감격적인 화해를 한 것으로 전해진다. 또한 표트르는 6월 30일에 국장으로 치러진 왕세자의 성대한 장례식에서 하염없이 눈물을 흘렸다.

역사학자들은 알렉세이 사건의 진상을 캐내려고 골몰해왔다. 왕세자의 실제 죄상은 무엇이었는가? 그것이 사형에 처할 만한 중죄였는가? 정확한 사인은 무엇인가? 그런 문제들은 당시에도 이미 제기되었으나 계속 의문으로 남았다. 알렉세이 사건에 대한 공식 문서가 즉각 공표되었음에도 불구하고 수많은 소문이 생겨났다. 그러나 그 소문들 중 어느 것도 정확한 답이 될 것 같지는 않다. 이 사안 전체를 대상으로 한 최근의 어느 연구 결과는, 알렉세이가 실제로 반(反)표트르파와 유착되었으며, 왕위를 차지하기 위해 오스트리아군을 끌어들이려 했음을 보여준다.[7] 알렉세이가 죽은 진짜 이유는 미스터리로 남아 있지만, 비밀리에 암살되었을 것 같지는 않다. 그보다는 자신에게 닥친 불운에 상심하고 건강이 악화되었기 때문이었을 가능성이 있다. 장기간 연장된 구금 생활의 환경, 수사와 재판이 진행되는 동안 반복된 채찍질도 영향을 미쳤을 것이다. 알렉세이 사건을 통해 표트르는 자비로운 아버지보다는 냉엄한 군주의 역할을 수행했다. 자신의 계획을 위협하거나 통치에 반대하는 존재는 아들이라 할지라도 용납하지 않겠다는 결의를 내보인 것이다. 이 사건은 러시아 국내와 해외의 반대파에 대한 명백한 경고였다.

왕세자 알렉세이를 도와 범죄를 저질렀다는 이유로 처벌받은 이는 거의 없었다. 당시 출판되어 아직 기록보관소에 남아 있는 증언들을 바탕으로 판단해보건대, 또한 이 사건이 표트르가 전 과정에 뚜렷한 관심을 보인 중대 사안임을 고려할 때, 이런 뒤처리는 정부와 교회의 고급공무원들부터 수많은 일반 백성에 이르기까지 알렉세이에게 공감하는 층이 광범위하게 형성되어 있었음을 보여준다. 1718년경에는 가중되는 세금과 징발, 부가적 부담에 대한 불만 외에, 특히 알렉세이에게 취한 조치를 포함한 표트르 자신의 행동에 대한 반발이 심각한 수준에 이르러 있었다. 이러한 상황을 인식한 표트르는, 특히 교회 행정에 관한 사항을 포함하여 과격한 정부 개혁이 필요하다고 생각하게 되었다. 3장에서는 이 문제를 살펴보는 한편, 5장에서는 표트르의 혁명에 대해 어떤 저항들이 있었는지 서술하겠다.

후대 역사학자들이 표트르와 그의 가까운 동료들이 고안해낸 복잡한 오락거리에 대해 당혹스러워했다는 점을 지적해야겠다. 그들이 즐긴 오락은 많은 백성의 불평을 샀고, 표트르에 대한 반대를 격화시켰다. 이 책에서 다루려는 것은 차르와 그의 친구들이 정기적으로 모여 보드카, 라인 지역산 와인, 발트 해 지역산 고급맥주를 다량으로 마시며 지내던 소박한 통나무집 생활 이야기가 아니다. 문제가 되는 것은 그들의 품행이었다. 예를 들어 1702년 아르한겔스크의 어느 영국 상인은 런던의 형제에게 보낸 편지에서 최근 '폐하와 궁정 사람들'이 방문한 이야기를 전했다.

> 그는 품위라고는 찾아볼 수 없는 사람이야. 틀림없이 아무하고나 식사를 하고 아무 여자하고나 잠을 잘걸. (…) 뱃사람들처럼 거들먹거리는 추종자들이 떠받들어주지. 그는 순박한 시골 사람들을 가리지 않고 저녁식사에 초대해. 술도 권해서 흠뻑 취하게 만들지. 곯아떨어지는 사람이 있는가 하면 춤추는 사람도 있고, 싸움을 벌이는 사람도 있는데, 자기도 그 사이에 끼어 난투극을 벌인다니까. (…) 아무도 그의 거친 행동에 대해 불평을 못 해. 차르가 앞장서서 하는 일들을 어떻게 말리겠어.[8]

이것은 표트르가 서른 살 때의 기록으로 그가 격의 없이 병사, 선원, 조선공들과 어울렸음을 알 수 있다. 그리고 이들을 통해 표트르는 치세 초창기의 권력과 무력을 다져갈 수 있었다. 역사학자들이 이해하기 힘들어했던 것은 표트르의 풍자적 가장무도회와 가짜 궁정이었다. 이것은 표트르가 독일인 식민촌과 그 인근 왕령지에서 어린 시절을 보내는 사이에 배운 풍습인 것 같다. 예를 들어 표트르가 전쟁놀이를 위해 왕령지에 세운 요새는 '수도 프레스부르크'라 불렸다. 이 요새는 표트르의 동료 표도르 로모다노프스키 대공이 통치한 것 같은데, 로모다노프스키는 '주권자' '카이사르' '총통' '헤르 케니히(네덜란드어로 '국왕 전하'의 뜻)' 등의 칭호를 가지고 있었다. 그래서 젊은 차르는 로모다노프스키에게 이렇게 말하곤 했다. "나의 가장 빛나고 영광스런 군주시여, (…) 당신의 가장 영광스러운, 폐하의 영원한 하인 척탄병 피테르(네덜란드어 Pieter에서 차용)."[9] 프레스부르크 시는 심지어 자체적으로 교구 성직자도 갖고 있었다. 표트르는 한때 가정교사였던 니키타 조토프를 "위대한 아버지이자 가장 성스러운 야니카, 프레스부르크의 대주교이자 야우자(인근 강 이름)와 쿠쿠이(야우자 강과 식민촌 사이에 있는 시내 이름이자 독일인 식민촌에서 널리 쓰인 러시아식 이름)의 총대주교"라고 부르며 찬양했다.[10] 이런 호칭들은 명백히 '모스크바와 전 러시아의 총대주교' 호칭을 가지고 장난친 것이며, 총대주교구를 조롱하는 행위였다.

사실 러시아정교회야말로 동료들이 즐겨 장난의 대상으로 삼은 대상이었다. 이미 1691년에 표트르와 그의 친구들은 이른바 '가장 취한 평의회'라는 오락 친목단체를 만들었다. 러시아정교회의 고위 성직자들이 참석하는 '가장 성스러운 평의회'를 놀려먹기 위한 것이었다. 내키지 않았지만 참여한 보리스 쿠라킨 대공은 표트르 통치 시기

이 단체의 활동에 대해 약간의 기록을 남겼다. 이 집단은 처음에는 "나이는 제법 먹었지만 어리석고 술주정뱅이들인" 표트르의 외가 친척들이 주도했다.

그들은 조금도 총대주교의 복장 같지 않은 이상한 옷들을 입고 다녔다. 주석으로 만든 주교관은 가톨릭 양식을 연상시켰다. 그러나 관에는 바쿠스의 형상이 새겨져 있었다. 바쿠스 형상은 의식 복장에도 수놓여 있었다. 마찬가지로 십자가가 있어야 할 곳에는 종(鍾)이 달린 도기 단지가 걸려 있었다. 또한 성서 대신 '책'을 만들어 보드카를 몇 병 담아 가지고 다녔다. 이런 것들은 모두 술의 신 바쿠스를 찬양하는 의식을 위한 것이었다.

여기에 언급된 '책'은 사각 나무상자로, 열 병 정도의 보드카를 담을 수 있었는데, 술 외에 담배 파이프를 담아 가지고 다니기도 했으며, 겉에는 한창 신나게 노는 표트르와 친구들을 그려놓았다. 이 유물은 모스크바의 어느 박물관에 전시되어 있다. 쿠라킨은 계속해서 종려주일에 일어난 일에 대해 기록했다. 통상적인 종교의식이 끝나고 난 뒤 "쾌락의 궁전(독일인 식민촌)에서 의식을 거행했는데, 가짜 총대주교 형상을 낙타에 태워 정원을 돌게 한 뒤 와인 창고로 내려보냈다. 종려주일의 사건과 유사한 풍자적 의식들은 프레스부르크에서도 가짜 총대주교와 주교들에 의해 거행되었다. (…) 간단히 묘사하자면, 그들은 술에 절어 살았고 온갖 악덕에 물들어 있었다." 쿠라킨은 계속해서 크리스마스와 예수 공현 축일에 표트르와 그의 동료들이 행한 다른 풍자적 의식들에 대해서도 기록했다. "그 의식은 전통적인 종교 신자들이 바라보는 가운데 거행되었다. 물색할 수 있는 가장 천한 신분의 사람들에게 의식의 핵심 역할을 맡겼는데, 그들을 구타하거나 물에 빠뜨리고 학대하거나 실제로 죽이기도 했다."[11]

표트르와 그의 동료들이 즐긴 연극에 대해 기록한 동시대인은 쿠라킨 외에 독일 외교관이자 전기작가 F. C. 베버가 있다. 그는 1715년 1월 상트페테르부르크 황궁에서 있었던 성대한 가장무도회에 대해 기록을 남겼다. 가장무도회는 이제 홀아비가 되어 있던 '연로한 조토프 추기경'의 결혼을 축하하기 위한 것으로 34명의 과부를 참석시켰다.

표트르의 동료들은 약 400명 정도의 남녀 집단이었다. 그들은 네 명씩 모여 앉은 곳마다 고유 의상을 입고 특이한 악기를 가지고 있었다. 그래서 그들은 100종의 각기 다른 복장과 음악을 대표했다. 특히 아시아 민족들을 표현한 경우가 많았다. 손님들을 맞아들이는 네 명은 러시아 최고의 말더듬이 역할을 수행했다. 걷거나 서 있기 어려울 정도로 늙고 허약한 사람들이 뽑혀 나와 수행원이나 심부름꾼으로 일하는 것을 볼 수 있었다. 달리는 역할을 맡은 네 사람은 너무 뚱뚱해서 누군가 다른 사람들이 이끌어주어야 할 정도였다. 복장으로 다윗 왕을 대표한 가장(假裝) 차르(로모다노프스키)는 하프 대신 곰가죽으로 덮인 리라를 연주용으로 들고 있었다. 그는 동료들의 우두머리로서 수많은 곰들이 우글거리는 구석들을 돌아다녔다. 의도적으로 그곳에 배치된 곰들이 끔찍한 소리를 내자, 혼란과 공포에 빠진 손님들의 아우성이나 다른 동료들이 연주하는 악기 소리와 잘 어울렸다. 차르는 프리첼란트(네덜란드 북부)의 보르(농부)처럼 차려입고 세 명의 장군들과 함께 능숙하게 북을 두드렸다. 이런 식으로 사방에서 벨이 울리는 가운데, 안 어울릴 것 같은 커플들이 참석한 가장행렬은 대교회 계단 앞까지 행진했다. 그곳에서 행렬은 백 살은 먹었을 것처럼 보이는 사제와 마주쳤다. 그는 시력과 기억을 모두 잃었지만 안경을 코 위에 걸고 초 두 자루를 코앞에 들고 있었다. 사제의 말을 제대로 알아들을 수가 없어서, 귀를 그의 입가에 가져다대야 했다. 행렬은 교회에서 다시 차르의 궁전으로 돌아왔고, 그곳에서 다양한 의식들이 며칠 동안 계속되었다. [12]

1721년 3월, 프랑스 대사는 파리의 상관에게 보낸 보고서에서 최근 상트페테르부르크에서 열린 '그랑드 아상블레(사교모임)'에 대해 언급했다. 한 테이블에 표트르와 그의 뱃사람 친구들이 앉고 다른 편에는 멘시코프와 그의 수행원들과 외교관들이 앉았다. 셋째 테이블에는 "가짜 추기경과 십여 명의 사제가 성직자처럼 차려입고 앉아 있었습니다. 진짜 성직자와의 차이는 단지 와인과 보드카를 마시고 담배를 피우는 것뿐이었습니다 (⋯) 제가 말씀드린 주정뱅이 총대주교를 그들은 '교황 대공'이라 불렀습니다." 그달 말 프랑스 대사는 다른 모임에 참석했다. 그곳에서 '교황 대공'과 추기경들은 끔찍한 노래를 부르고 담배를 피웠으며 쉬지 않고 술을 마셨다. 경비병들이 문에 배치되어 아무도 자리를 떠나지 못하게 했다. 대사는 단언했다. "내 삶에서 그렇게 끔찍한 경험은 없었다." 대사는 1723년 9월, 표트르와 동료들이 상 트페테르부르크 근교의 어느 지점에 대공 교황을 '존엄성에 어울리는 의식을 치르고' 매장했으며, 표트르의 옛 본부인 모스크바 근교 프레 오브라젠스코예에서 열린 '추기경회의'에서 새로운 교황을 선출했다 고 덧붙여 보고했다. [13]

이러한 보고들은 무엇을 의미하는가? 앞서 언급한 독일 외교관의 보고에 의하면, 표트르는 자신과 동료들의 수많은 비상식적 오락거리 가 문제를 일으키자 궁정에서는 좀 더 신중하게 처신해야겠다는 판단 을 내리고, 어떻게 하면 며칠간만이라도 그런 행위를 쉴 수 있을지, 어 떻게 하면 그 말썽 많은 오락에서 벗어날 수 있는지 고민했다. [14] 쿠라 킨 대공은 표트르의 동료 집단이, 겉으로는 얼마나 심각해 보일지 몰 라도 그저 때때로 여흥거리를 제공하는 집단에 지나지 않는다고 보았 다. 반면 프랑스 대사는 '성직자들을 조롱하기 위한' 표트르의 의도에 주목했으며, 동료 집단의 활동이 교회를 개혁하려는 표트르의 노력과 어떤 식으로든 연계되어 있다고 시사했다. 역사학자들의 입장도 크게 이 두 경향으로 나뉜다. 일부는 이면적인 정치적 의도가 있을 거라고 주장하며, 다른 쪽은 프레스부르크의 군주와 조정, '가장 취한 평의 회', 그리고 표트르와 동료들이 벌인 행각은 어디까지나 오락에 불과 하므로 더이상 언급할 가치가 없다고 주장한다. 러시아의 저명한 역사 학자 V. O. 클류쳅스키는 후자의 관점을 취했다. 그는 전통적인 러시 아 놀이문화의 장난스러운 의미를 상기시키며 이렇게 말했다. "표트 르와 그의 동료들이 벌인 행각은 의식적인 풍자라기보다는 오락성 장난이다. 그들은 모든 것을 조롱했다. 전통적인 것이든 대중적인 감정이든 자신들의 존엄성이든 대상을 가리지 않았다. 그들은 어른의 말과 행동, 심지어 얼굴표정까지 흉내내는 어린아이와 같다. 비평하거나 모욕할 의도는 없는 것이다."[15] 그런 관점에서 보자면, 아이들의 얼굴과 놀이가 때로 전통적인 어른의 세계에 대한 거리감이나 불만을 나타내는 것처럼, 표트르가 즐긴 놀이의 내용도 그가 태어나 자란 심각한 종교적 의식 세계에 대한 거리감이나 적대감을 나타낸다고 볼 수 있다. 나아가 어린아이들(비교적 나이가 든 축)의 놀이는 어른들의 세계에 대항해 단결한다는 의식으로 묶이는 경우가 많은데, 표트르의 오락도 자신과 동료들에게 동일한 목적으로 기능했을 것 같다.[16] 달리 말하자면, 보고된 행동들은 표트르가 젊은 시절부터 익살의 재미는 물론이고 반역의 몽상에도 사로잡혀 있었다는 증거가 될 수 있다.

표트르는 통치자와 예속민을 막론하고 우리가 인성을 파악할 수 있는 정보가 제대로 갖춰진 사상 최초의 러시아인이다. 그가 이룬 수많은 업적과 명성, 자주 보여준 비관습적 행동, 편지와 관련 서류들은 그의 치세에 근무한 공무원들과 후대 러시아 정부에 의해 잘 보존되었다. 마찬가지로 업무상 접촉했거나 여행 중에 만난 많은 유럽인들이 자신이 만난 표트르에 대해 상세한 정보와 인상을 개인적으로 편지, 일기, 비망록 속에 남겨놓았다. 표트르는 서유럽을 방문한 첫 러시아인 통치자, 혹은 서유럽어를 할 줄 아는 첫 러시아인 통치자였다(그가 틀림없이 모스크바의 독일인 식민촌에서 배우기 시작했을 네덜란드어는 발트 해 해상세계의 공용어였다). 수많은 유럽인 예술가, 그리고 후에는 그들의 러시아인 제자들이 표트르의 초상화를 그리거나 왁스, 대리석, 금속, 석고로 조각했다. 표트르에 관해 풍부하게 남아 있는 자료는 특출한 정력과 수많은 개혁의 결과물이기도 하다. 이전의 어느 러시아 통치자보다도 많은 법령과 규례, 지침을 마련했기 때문이다.

표트르에 관해 남아 있는 자료 중에는 심지어 1714년 11월부터 1716년 11월 사이 꾼 꿈에 대한 십여 편의 단편적인 기록도 있어 눈길을 끈다. 사실상 이런 종류의 기록이 존재한다는 것 자체가 표트르의 근대적 사고방식을 입증한다. 꿈의 내용이 일상적이고 순수하게 세속적인 점, 종교적이거나 신비주의적 혹은 예언적인 색채를 띠지 않는 점은 표트르 이전 시기 러시아 문학작품에 나타난 꿈들(대개는 성인의 꿈)과 확연히 구분되며, 전체적으로 근대 이전 시기 유럽인들의 꿈과도 다르다. 기록에는 표트르가 꿈에 명백히 관심을 보였다는 서술도 보인다. 꿈에 대한 연구가 근대적 심층심리학의 주된 소재가 된 19세기 말엽 이전까지, 이런 반응을 보인 유럽인은 극히 드물었다.[17]

언급한 기간(1714년 11월에서 1716년 11월까지)은 표트르의 통치 중 중요한 시기였다. 이 무렵 표트르는 스웨덴과의 전쟁에서 결정적 승리를 거두어 상트페테르부르크가 위치한 발트 해 동해안에서 러시아의 지배를 확고히 하기 위해 분투하고 있었다. 이 기간은 또한 왕세자 알렉세이와의 위기가 정점에 달한 시기이기도 했다. 기록에는 이러한 사정과 그의 의식세계에서 일어난 일의 다른 측면들이 다양하게 반영되어 있다. 그중 하나를 여기서 다뤄보자. 1715년 1월의 어느 날 상트페테르부르크의 집에서 꾼 꿈이다. 표트르는 자신이 폴란드−우크라이나의 리보프 시 근교의 야보로프라는 마을에 있는 꿈을 꾸었다.

　　높은 탑에 올라갔다. 그리고 그 탑에서 밧줄을 타고 내려왔다. 그는
　　밧줄을 꽉 쥐고 있었다. 그리고 다시 타고 올라가 허공으로 올라가고
　　자 했다. 그러나 줄이 흐느적거려 기어오를 수가 없었다. 그래서 일종
　　의 눈신발을 만들어 신고 그 첨탑에 올라갔다. 그런데 그 첨탑의 꼭대
　　기에는 사과가 한 알 열려 있었다. 사과 위에는 한쪽에 차르의 상징기
　　호인 쌍두독수리가 새겨져 있었다. 사과의 한복판이 그것의 중심이었
　　다. 그래서 그는 왼손으로 깃발을 그 중심에 고정시켰다.

　표트르는 깨어나자마자 이 꿈에 대한 기억을 측근 시종에게 말했고
제3자가 그것을 기록했다. 고전적인 정신분석학 이론에 따르면 그 의
미는 평범하다. 그것은 가장되거나 상징화한 성관계에 대한 욕망의 표
현이다. 이런 해석은 심리학적으로는 유효할지 모르나 역사학적으로
는 그리 흥미롭지 않다. 수많은 다른 자료를 통해 표트르가 성적으로
능동적이고 의심할 바 없이 공격적이라는 것이 밝혀져 있기 때문이다.
그러니 이 꿈에서는 성적인 요소는 일단 제쳐두고 몇몇 이미지가 표트
르 개인에게 갖는 중요성을 인지해야 한다. 오랜 세월 동안 러시아 통
치자의 상징이 되어온 쌍두독수리, 표트르가 어디에서나 동반한 군사
적 공격성의 일종인 깃발은 항상 그의 손에 있었다. 첨탑(슈피르츠. 당시
러시아어에 새로 도입된 단어로 네덜란드어의 스피츠, 독일어의 슈피체에서 온 단
어)은 전통적인 러시아 건물에는 알려지지 않았던 건축적 형태로, 표트

르 때 비로소 도입되는데 가장 유명한 것은 상트페테르부르크의 페트로파블롭스키 요새의 교회에 있다. 첨탑을 기어오르면서 겪은 고통, 친숙한 러시아 눈신발 혹은 썰매(리지)에 대한 의존은 모두 주목할 만한 상징이다. 1711년 봄에 표트르는 다가오는 투르크와의 전쟁을 준비하기 위해 야보로프에서 한 달 동안 지냈다. 이 전쟁은 다른 유럽 국가의 지원을 얻지 못한 상태에서 감행하는 극히 대담한 시도였다. 야보로프에 있을 때 예카테리나가 그와 합류했다. 예카테리나는 폴란드 대공들이 주최한 다양한 연회와 무도회에 그를 따라다녔으며 비공식적이긴 해도 왕비 대접을 받았다. 표트르가 알렉세이와 오스트리아 황제의 처제 샤를로테 공주의 결혼을 주선한 것도 바로 이 야보로프에 있을 때였다. 표트르는 그 결혼에 대한 기대가 몹시 컸다. 따라서 야보로프에 있던 시기는 어떤 의미에서든 그에게 매우 중요한 기간이었다. 이러한 사실들을 위에 언급한 이미지들과 결합하여 생각하면, 그 꿈의 기록에서는 성적 중요성을 훨씬 넘어서는 의미가 나타난다. 크게 보면 그 꿈들은, 필요하다면 무력을 써서라도 유럽 국가들의 공동체에 들어가려는 표트르의 평생의 숙원을 대변한다. 그것은 아마도 러시아를 유럽에 편입시키겠다는 결심의 깊이와 강렬함에 대한 증거가 될 것이다.

직접적으로 표트르와 관련된 기록이 풍부해진 덕분에, 러시아 최초의 황제에 대해 일방적인 찬사를 보내기 어렵게 되어버렸다는 사실은 역사학자들을 곤혹스럽게 했다. 외모에 대한 묘사 쪽도 상황은 비슷하다. 표트르의 수많은 초상화는 삶의 현장을 그려냈다. 그중에는 빛나는 갑옷을 입은 왕자, 말등에 올라탄 도도한 야전 지휘관, 똑똑하고 식견 있는 법률 입안자, 헌신적인 남편이자 아버지, 정복자 영웅, 그리고 영명하지만 잔혹한 통치자의 상이 포함되어 있다.[18] 표트르가 모든 이미지 이상의 존재였음은 의심할 여지가 없다. 표트르는 정력이 넘치는 역사적 인물이었으며 그의 모습은 해석하는 관점(이해관계와 가치)에 따라 얼마든지 달라질 수 있다. 이 책에서 제시하는 관점은 표트르 대제를 유럽화주의자로 이해하는 것이다. 그는 대체로 긍정적인 측면에서 러시아를 유럽과 근대 세계로 인도했다. 그러나 러시아사를 깊이 연구하는 학자들은 표트르가 미묘한 인물이라는 혼합적 증거들을 발견하게 된다. 최악의 경우 그는 이반 뇌제를 능가하는 폭군으로 스탈린의 모범이 된 인물이었다. 이 문제는 개인과 통치자를 혼동하곤 하는 통념 때문에 더욱 복잡해졌다. 통치자에게는 보통 인간의 표준보다 훨씬 더 높은 수준의 초인적인 책임과 의무를 기대하기 때문이다. 요약하자면 표트르에 대한 최종적인 평가는 아직 나오지 않았다. 그의 인성과 업적에 대한 널리 공감할 만한 평가 역시 아직 연구가 더 필요한 실정이다.[19]

표트르에 대한 전문 학자들의 연구성과 가운데 몇 가지 중요한 사항은 아직 검증되지 않았다. 그는 고도의 지능을 타고났을 뿐 아니라 큰 키와 건강한 신체, 넘치는 정력을 지녔다. 그래서 동료들은 그를 처음에는 괴물처럼 여겼다가도 나중에는 천재로 인정하게 되었다. 표트르의 삶은 항상 사람으로 북적거렸다. 두드러진 외관의 특징들 덕에, 사람들은 그를 만나보고 나서 단순히 놀랐든 뭔가 영감을 얻었든 마치 감전된 것 같은 강한 인상을 받곤 했다. 여기에 열 살 무렵 차르가 되어 물려받은 지위의 힘과 결합하자 표트르는 마치 신과 같은 강력한 존재가 되어, 사람들이 사랑하고 경배하기보다는 복종하고 두려워하게 만들었다. 자료로 확인할 수 있는 한, 표트르가 어린 시절에 받은 품성 교육은 그를 신앙심 깊고 자비로운 사람으로 만들지 못했다. 사실 표트르가 어린 시절부터 옛 러시아의 정교한 형식주의, 특히 차르를 정교의 고위 사제로 간주하는 동방정교의 의식에 강렬한 혐오감을 드러냈다는 증거가 오락을 즐긴 기록보다도 훨씬 많다. 이러한 반감은 후일 죄와 구원에 대한 관점 전환에 기여한다. 표트르는 전통적인 러시아적 종교성을, 경건주의를 실천함으로써 보완하거나 대체하려 했다. 이러한 인식 전환은 서유럽 경건주의가 각국의 칼뱅파, 루터교, 로마가톨릭의 제도화된 의식과 교조적 교의에 반발한 것에서 영향을 받았다. 경건주의는 금욕적이고 도덕적이며 신의 섭리를 중시하고 성경을 중시하며 개인의 가치를 중시했으며, 신비주의적이면서 동시에 합리주의적이고 사회적 책임을 강조하기도 했다. 경건주의는 특히 당시 북유럽에서 번성했는데, 표트르는 1697~98년과 1716~17년에 이 지역을 널리 여행하는 사이 영향을 받았다. 또한 경건주의에 이끌린 유럽인 동료들의 역할도 컸다. 그들은 표트르를 도와 러시아 해군을 건설하고 근대적 육군과 의료체계를 갖추었으며 상트페테르부르크 학술원과 중앙정부의 조직을 만들었다. 그렇게 만든 조직 중에는 성무회의도 포함되어 있었다. 성무회의는 러시아 교회의 우두머리인 총주교좌의 기능을 대체했고 경건주의의 교의들에 따라 개혁을 추진해나갔다.[20]

표트르가 받아들인 경건주의는 원래 형태보다는, 영적으로 고양된 삶의 중요성을 크게 강조하는 방향으로 변화했다. 이것은 표트르가 타락한 오락을 즐겼고 자주 폭력을 행사한 인물이었다는 면에 초점을 맞추는 사람들에게는 놀라운 소식이 될 것이다. 표트르가 경건주의의 그런 측면을 표방한 것은, 본질적으로 대중이 상위의 권위, 궁극적으로는 차르의 권위에 복종해야 한다는 점을 강조하기 위해서였다. 표트르의 후기 법률들에 거듭 나타나는 문장대로, 차르는 기독교적 절대군주로서 신의 의지에 절대 복종하는 존재로 인식되었다. 이런 관념은 실제로 적용되는 사례들 속에서 책임감이라는 개념을 적극적으로 받아들이게 했다. 그의 신하들이 고안한 표현을 빌리자면 책임감은 '구원으로 가는 지름길'이었다. 이것이 바로 1721년의 교회 법규에 반영된 메시지였으며, 표트르의 명령으로 1720년 상트페테르부르크에서 인쇄된 교리문답서에도 반영되었다. 페오판 프로코포비치가 표트르의 명령에 의해 작성한 이 문건은 수없이 중쇄를 찍었으며, 아마도 18세기 러시아에서 가장 널리 보급된 서적일 것이다. 표트르가 경건주의를 어떤 식으로 받아들였든 간에, 도덕관은 그의 인성을 이해하는 핵심 열쇠가 된다. 또한 그가 추진한 수많은 사회적·교육적 개혁의 이해에도 도움을 준다. 그중에는 순전히 정치적 동기에서 비롯되었다고 보기 어려운 것들이 있기 때문이다. 나아가 왜 그가 백성들에게서 사랑받기는커녕 호감조차 사지 못했는가를 이해하는 데에도 일조한다.

말년에 경험한 질병과 장례식을 둘러싼 정황은, 표트르가 겉으로는 화려하지만 백성들 사이에서는 얼마나 외로운 인물이었는지를 생생하게 보여준다. 동시대인이 남긴 표트르의 건강기록을 최근 의학적으로 분석한 바에 따르면, 그는 요독증에 시달렸다. 종종 심한 통증을 겪은 표트르는 여러 가지 요법을 시도했다. 그중에는 침대에서 계속 잠을 자는 것도 포함되어 있었다.[21] 그러나 이내 의사의 권고를 무시하고 장거리 항해를 떠나 쉬지 않고 술자리를 한껏 즐기는 바람에 나중에는 목소리가 나오지 않을 정도로 증상이 악화되었다. 최후의 위기는 1724년 12월 상트페테르부르크에서 일어난 보트 사고였다. 표트르는 머리까지 차오르는 차가운 물속으로 들어가, 익사할 위험에 처한 승무원들을 구해내려 했다. 그 결과 그는 뼛속까지 통증을 느낄 정도로 한기를 느꼈다.[22] 그 행동의 동기가 무엇이었든, 표트르는 한 달 동안 건강이 점차 악화되었다. 그의 고통은 우유부단하고 심지어 유해하기까지 한 의사들의 처방, 사제들의 분향과 기도, 측근 고위층의 정치공작에 의해 더욱 악화되었다(공식적으로는 후계자가 결정되지 않은 상태였다). 목격자들은 표트르가 겨울궁전의 자기 서재에서 죽어가고 있다는 사실을 불안해하며 조심스레 퍼뜨렸고, 그 소문은 궁전에서 거리로 퍼져나갔다. 그의 상태에 대한 이야기가 나돌다가 최종적으로 사망 소식이 알려지자, 불안해하던 사람들은 안도의 한숨을 내쉬었고 기뻐하는 이들도 있었다. 그의 죽음을 슬퍼한 몇 안 되는 사람들 가운데에는 예카테리나 황후, 두 딸 마리아와 엘리자베타, 표트르의 개인 비서 마카로프, 오랜 친구이자 충심으로 그의 서거를 애도한 멘시코프가 포함되어 있었다.

표트르의 장례식은 그의 전체 통치와 마찬가지로 수많은 개혁적 요소가 도입되었다. 의식의 모든 요소는 유럽의 신흥 강대국 러시아의 위상을 보여주기 위해 고안되었다. *23)* 선왕들과 달리 표트르는 종교적 복장을 하지 않고 바로 매장되었다. 모스크바의 크렘린에서 통상적인 종교적 의례를 따르긴 했지만. 유해는 환상적인 신식 궁정 복장을 입고 군용 장식물들을 단 채 상트페테르부르크의 겨울궁전에 30일 이상 안치되었다. 장례식은 사제와 궁중 근무자, 차르의 가족 외에 신식 제복을 입은 군대와 정복 차림의 장교들과 고급관료와 그 부인들, 예카테리나 여제의 궁정 직원들, 귀족 대표들, 상인들, 사제들이 퍼레이드를 벌이는 가운데 치러졌다. 모든 참석자가 트럼펫과 드럼 연주에 맞춰 거리를 행진했다. 길 옆에는 수천 명의 척탄병, 호위병, 그리고 발트 함대의 선원들이 도열했다. 행렬 앞에는 고인이 된 황제(1721년 10월 이후로는 차르나 왕이 아니라 라틴어 '임페라토르'에서 가져온 이 호칭을 사용했다)의 애마를 내세웠다. 두 명의 대령이 말을 인도하는 의식은 프랑스, 독일, 스웨덴의 왕실 장례식의 요소로, 전반적으로는 육군원수 제임스 브루스 백작의 장례식을 모델로 삼았다. 표트르는 자신이 세운 페트로파블롭스키 요새에 묻혔다. 의식이 끝날 때쯤, 그의 친한 친구였던 페오판 프로코포비치 대주교는 송사를 읊었다. 아마도 프로코포비치가 낭독한 문장 중 가장 유명한 글이었을 이 송사는, 러시아 낭송문학의 최고 걸작 중 한 편이었고 표트르의 모든 개혁안을 헌신적으로 완전히 지지한다는 의사 표시였다. *24)* 프로코포비치는 러시아제국(더이상 모스크바 차르스트보–왕국–가 아닌)의 상류층이 모두 모인 조문들에게, 고인이 남긴 웅대한 성과를 생각하며 슬픔을 달래라고 주문했다. 또한 이제 그의 모든 노고와 노력의 현장에 항상 함께한 동료 예카테리나 여제에게 충성을 바치라고 주문했다. 영국의 어느 표트르 대제 전문가는 다음과 같이 평했다. "표트르의 치세와 같은 시대는 역사상 없었다. 이 시대는 창조자가 문을 닫은 후에도 거대한 문화적 변혁을 열어놓았다." 진실로 표트르가 일으킨 혁명의 중심에 있었던 것은 문화적 변화였다.

비록 그의 매혹적인 삶의 구석구석을 엿보긴 하지만, 서문에서도 밝혔듯이 이 책은 표트르 대제 개인의 전기가 아니다. 전기란 역사 연구의 유용한 방편이긴 해도 역사 자체는 아니다. 역사는 결코 한 사람에 대한 기록이 아니다. 그 한 사람이 매우 중요한 인물이라 하더라도 마찬가지다. 역사란 집단으로 조직되고, 공동체를 형성하고, 민족을 이루고, 국가를 형성하는 수많은 사람의 다층적 상호작용이다. 이 책은 표트르 대제가 러시아에서 수행한 혁명의 역사에 관한 연구이다. 대제라는 명칭은 그가 이 혁명을 주도했기에 유효하다. 이 혁명으로 인해 러시아는 유럽의 일원이 되었다. 그 결과는 수천 명의 사람들에게 영향을 미쳤고, 그 수천 명은 다시 수백만 명의 사람에게 영향을 미쳤다. 다음 장들에서 우리는 혁명의 다양한 국면을 살펴볼 것이다. 러시아에서 일어난 군사, 해군, 관료제, 외교, 문화적 측면, 그리고 그에 대한 반발을 차례대로 다룬다. 마지막 장에서는 상트페테르부르크에 관한 사항들을 서술했다. 건축적 측면에서건 다른 측면에서건 상트페테르부르크야말로 표트르 대제가 추진한 혁명의 결정이기 때문이다.

제 2 부

군제 혁명

표트르는 또한 전임 차르들이 남겨놓은, 오스만투르크와 폴란드 사이의 유동적 국경선과 긴장 관계를 물려받았다. 그러나 새 영토를 얻고 전략적 안전성을 확보하려는 이 두 강대국과의 전쟁은 스웨덴과의 전쟁 때문에 불가피하게 지연되었다. 스웨덴과의 전쟁은 단순히 발트 해안의 일부 영토를 확보하는 문제만이 아니라 유럽 북동부의 패권을 다투는 문제였다. (…) 1700년 스웨덴이 나르바에서 러시아를 패배시킨 직후 몇 년 동안, 표트르는 왕위에서 쫓겨나고 러시아는 스웨덴의 우방국들에 의해 분할될 것처럼 보였다. 표트르는 러시아에도 유럽 선진국에서 진행되던 군사적 개혁이 필수적이라는 사실을 깨달았다.

The Revolution
of Peter the Great

표 트 르　대 제

The Revolution of Peter the Great

1. 표트르와 동료들

2. 군제 혁명

3. 외교 혁명과 관제 혁명

4. 문화 혁명

5. 혁명과 저항

6. 상트페테르부르크

표트르의 치세 초기에 단행된 군의 근대화와 해군의 창설은 사실상 거의 어린 시절인 1680~90년대의 전쟁놀이와 모험적 항해활동에서 기원한다. 이 두 가지 중요한 개혁은 모두 유럽의 총체적 발전과 밀접하게 연관되어 있다. 따라서 표트르 치하 러시아에서 일어난 변화를 이해하기 위해서는, 먼저 배경이 되는 유럽의 발달상을 간단히 살펴봐야 한다.

역사학자들은 초기 근대 유럽에서 발생한 군사 방면의 몇 가지 발전을 '군사 혁명'이라 정의했다. 병기 제조기술이 발전하고 그 변화를 반영하여 전략전술도 쇄신되었다. 육군과 해군의 규모가 확대되었고, 무장병력의 대치 상태가 일상화되면서 관료제가 확충되었다. 이러한 변화들이 점차 퍼져나가자, 중세 전쟁에서 으뜸가는 요소였던 번쩍이는 갑옷 차림의 봉건적 기사와 높이 쌓기만 했지 방어력이 취약한 성곽은 몰락했다. 기동성을 갖춘 공성포가 등장하자, 그에 대항하기 위한 정교하고 튼튼한 요새가 지어졌다. 창(후에는 소총)으로 무장한 직업군인 보병대도 점점 늘어났다. 병력 징집의 기반이 정비되고 군수보급이 체계화된 대규모 상비 육해군이 등장했다. 이러한 변화들의 총합이 곧 유럽에서 일어난 군사력 근대화의 첫 단계였다. 그 결과 16~17세기에 전쟁은 이전보다 훨씬 치명적이 되어갔다. 표트르가 러시아군의 대규모 재조직을 단행한 것은 이러한 국면과 맞물려 있었다. 19세기 중반에 이 과정이 마무리되어갈 즈음, 또 다른 형태의 군사적 진보와 관련산업의 발전이 이루어졌다. 이번에는 유럽만이 아니라 세계적인 차원의 변화로, 산업화된 '총력전'의 시대가 열린 것이다. 그 대표적인 사례가 미국의 남북전쟁과 두 차례의 세계대전이다.[1]

　초기 근대 유럽에서 이루어진 무기의 발전과 요새화, 부대 단위 운용은 육해군의 규모 확대를 불러왔고 단 한 번의 대전쟁보다는 국지전이 계속되는 현상을 낳았다. 전투는 비용이 많이 드는 힘겨운 장기간의 공성전이 이어지다가 가끔 기병과 포병대의 이중 지원을 받으며 대형 블록을 짠 보병이 격돌하는 방식으로 전개되었다. 해상의 함대전이 육상 전투와 연계되어 진행되는 경우도 있었다. 영국의 경우 1480년부터 1700년까지 29회의 전쟁을 치렀다. 같은 기간에 프랑스는 35회, 스페인은 36회, 신성로마제국(오스트리아)는 25회였다. 1610년부터 1710년 사이에 스웨덴은 3년 중 2년 꼴로 전쟁 상태에 있었으며 스페인은 4년 중 3년 꼴로 전쟁 상태였다. 초기 근대 유럽 국가들이 병력수에서 정점에 도달한 1710년, 최소한 100만 명의 무장병이 존재했다.[2]

무엇 때문에 이렇게 자주 전쟁이 일어나거나 항상 전쟁을 준비하게 되었는가? 군사 개혁의 논리는 분명히 원인 중의 하나였다. 당시에는 '사용하지 않는 군대는 버리는 것이나 마찬가지다'라는 사고방식이 널리 퍼져 있었다. 종교적인 열정, 왕조의 야망, 상업적 경쟁관계(자본주의의 대두, 자원과 시장을 확보하기 위한 탐험 경쟁) 등의 요인도 인종적 문화적 계급적 우월감, 일반적인 공포, 끝없는 탐욕, 그리고 인간적인 기벽 등의 전통적 요소와 결합하여 전쟁을 부추겼다. 전쟁이 끝없이 계속되자 사람들은 전쟁에 익숙해졌고 절대군주와 군사 엘리트(전문적인 장교 집단에서 형성된 귀족층)들에게 권력이 집중되었다. 그러나 전문가들은 초기 근대 전쟁의 주원인이 역시 '왕조의 팽창욕'에 있다고 결론지었다. 왕조들은 끊임없는 영토 팽창을 통해 경제적 수익을 얻고 같은 부류의 경쟁 왕조에 대해 전략적 안정을 추구했다. 그러나 이 요소가 전쟁의 모든 것을 설명 해주지는 못한다. 예를 들어보면 17세기 후반 영국과 네덜란드의 상업전쟁이 대표적이다. 그러나 이 관점은 프랑스의 루이 14세나 합스부르크 왕조 오스트리아–스페인, 그리고 발트 해 지역에서 덴마크와 스웨덴이 수행한 많은 전쟁들을 설명할 때는 유효하다. 그리고 1700년에서 1721년까지 러시아의 표트르 1세와 스웨덴의 카를 12세 사이에서 벌어진 북방전쟁의 발발과 지속 과정을 설명할 때도 대단히 유효하다.

표트르 1세와 카를 12세는 모두 왕조의 이해관계에 따라 전쟁에 임했다. 유명한 전쟁왕 카를 12세는 바사 왕조의 선왕들로부터 물려받은 발트 제국을 확장시키거나 유지하기 위해 일생을 바쳤다.[3] 표트르의 경우 로마노프 왕가 선조들의 숙원에 부응하여 100년 이상 스웨덴이 점유하고 있는 발트 해 연안 영토를 되찾으려 했다. 따라서 두 왕조 사이의 전쟁은 필연적이었다. 뛰어난 군사적 지휘관인 카를 12세와의 전쟁은 표트르의 통치에 큰 족적을 남겼다. 표트르가 계승했다고 주장한 그 영토의 회복 문제는 러시아어로 작성된 최초의 국제법 적용 조약문의 핵심 주제가 되었다. 당시 영어로 번역된 사본이 전하는 그 문건의 제목은 다음과 같다. 「차르 표트르 1세 폐하가 1700년 스웨덴 왕 카를 12세에 대해 전쟁을 시작해야만 했던 정당한 이유에 대한 설명」. 이 문서는 1716년 표트르 샤피로프가 작성했으며, 이듬해 상트페테르부르크에서 처음으로 출판되었다. 이 문건은 북방전쟁을 수행하면서 표트르 1세와 그의 정부가 동시대 유럽의 정치 용어를 완전히 숙지했으며 법률적, 정치적, 외교적 관념들을 차용했음을 입증한다. 달리 말하자면 이 문건은 유럽에서 이해되는 방식대로의 국제법 관념을 러시아가 받아들였음을 보여주는 사례다. 또한 그것은 개전과 전쟁의 지속에 대한 책임을 완전히 스웨덴 왕에게 떠넘기고 있다.

표트르는 또한 전임 차르들이 남겨놓은, 오스만투르크와 폴란드 사이의 유동적 국경선과 긴장 관계를 물려받았다. 그러나 새 영토를 얻고 전략적 안전성을 확보하려는 이 두 강대국과의 전쟁은 스웨덴과의 전쟁 때문에 불가피하게 지연되었다. 스웨덴과의 전쟁은 단순히 발트 해안의 일부 영토를 확보하는 문제만이 아니라 유럽 북동부의 패권을 다투는 문제였다. 스웨덴과의 전쟁에 이어 오스만투르크와 전쟁이 일어날 가능성, 그리고 실제로 발발한 전쟁 때문에 표트르는 군대를 당시 유럽의 표준까지 끌어올려야겠다고 생각하게 되었다. 1700년 스웨덴이 나르바에서 러시아를 패배시킨 직후 몇 년 동안, 표트르는 왕위에서 쫓겨나고 러시아는 스웨덴의 우방국들에 의해 분할될 것처럼 보였다. 표트르는 러시아에도 유럽 선진국에서 진행되던 군사적 개혁이 필수적이라는 사실을 깨달았다.

해군의 창설은 그 과정의 중요한 단계였다. 또 다른 중요한 작업은 육군의 근대화였다. 표트르가 차르가 되었을 때 다양한 토지귀족들을 설득하여 이 두 갈래 개혁을 추진하는 것이 무엇보다 시급한 문제였다. 모스크바와 몇 군데의 촌락에 주둔하는 준정규군 소총병(스트렐치) 외에, 토지귀족이 거느린 병사들은 전통적인 러시아 군사력의 주력을 구성했다. 또한 약간의 신식 보병연대가 있었다. 그러나 이들의 행정적 통제나 무장 상태는 빈약했다. 이들 군대는 특정한 전투를 위해 소집되었다가는 전투 후 뿔뿔이 흩어졌고, 외국 용병(일반적으로 독일인)의 지휘와 보급에 의존했다. 러시아군은 당시 유럽 선진국 군대와 비교하면 사실상 100년 이상 뒤떨어져 있었다. 소피아 대공비와 재상이 소집한 러시아군은 수적 우위에도 불구하고 1687년과 1689년 오스만투르크와 크림 봉후국들과의 전투에서 패했다. 이 일은 표트르가 권력을 장악하는 계기가 되었다.[4]

러시아군을 지휘하고 지원할 중앙집권적 상비군 장교 집단의 창설은 표트르와 그의 조력자들이 동시대 유럽의 표준을 따라잡으려는 소망을 이루는 데 중요한 역할을 했다. 이 개혁으로 인해 중앙지휘통체 체제와 징세, 징병, 훈련, 보급 체제가 확립되고 더욱 효율적인 군대의 조직과 배치가 가능해졌다. 그 덕에 표트르는 전통적인 귀족 기병에 대한 의존에서 벗어나고, 선왕들에게는 동원 가능한 유일한 지지세력이었으나 이제는 잠재적 반란군으로 변한 왕실 소총대의 힘을 축소시켰다. 그런 후 표트르는 십여 개의 보병과 기병 연대를 편성하여 훈련을 실시했다. 처음에는 제멋대로였던 선발 기준도 점차 합리적으로 갖춰져갔다. 이들은 독립적인 기동 포병대, 공병대와 별도로 편성되었다. 참모본부도 설립되었다. 모스크바와 키예프, 아조프, 아르한겔스크, 그리고 러시아령의 몇 군데 다른 요충지에는 신식 요새가 구축되었다. 특히 상트페테르부르크 주변의 요새화가 두드러졌다. 이런 조치들을 취하면서 표트르는 외국인 장교단의 경험에서 자유롭게 교훈을 끌어내었다. 한편 그가 소년 시절 전쟁놀이를 하면서 얻은 교훈들 또한 응용했다. 그 교훈들은 1695년과 1696년 돈 강 하구에 위치한 투르크령인 아조프 요새를 공격한 전투 때 구사한 전술 속으로 녹아 들어갔다. 첫 전투는 끔찍한 패배였지만 두 번째 전투는 제법 근사한 성공을 거두었다. 그의 노력은 거기에서 그치지 않았다.

러시아에서 군사 혁명을 제도화하기 위해 표트르는 포병과 공병학교를 설립했다. 첫 학교는 모스크바에 설립되었으며 곧 상트페테르부르크에도 세워졌다. 이렇게 그는 외국인 장교들(대부분 독일인)을 활용한 뒤 점차 훈련받은 러시아인들로 대체했다. 그는 또한 군인 자녀를 위한 초급학교들을 세웠다. 이러한 학교들은 그가 사망할 때까지 50개소에 달했다. 이 학교들은 포병과 공병 분야의 상급 과정 기술 학교에 들어갈 후보자들을 길러냈다. 러시아인 장교들이 쓸 수 있도록 프랑스어, 독일어, 네덜란드어 군사학 책들이 번역되었고 이를 통해 그들은 동시대 유럽 군사문화의 용어와 개념들을 바로 접할 수 있었다. 관련된 모든 개혁을 적당한 용어로 정리한(대부분은 독일어에서 빌려옴) 방대한 『군사법령집』이 1716년에 공포되었다. 『군사법령집』은 대체로 스웨덴의 최신 법령집에 토대를 두었지만 그 무렵 유럽 군사훈련에서 전형적인 특징인 가혹한 처벌 부분이 확충되었다. 또한 연례 징집제가 도입되어 육군의 군사력이 일정한 수준을 유지하게 되었고, 그들을 육성하기 위한 세금이 부과되었다. 이 세금은 러시아의 첫 보편세로 '영혼세'라고도 불렸으며 1724년부터 부과되기 시작했다. 동시에 관련산업도 육성되기 시작했다. 특히 금속공업, 군수공업, 섬유공업의 진흥은 러시아의 군사적 자급자족을 위해 필요한 조치였다.5) 또한 관련된 행정 기구들도 급속히 갖추어졌다.

표트르가 즉위할 당시 18개소나 되었던 잡다한 모스크바의 러시아 군사업무 관련부서들은 압축되어 상트페테르부르크의 군무원(軍務院)으로 개조되었다. 1718년 표트르가 창설한 이 기구 역시 유럽적 모델을 염두에 둔 것인데, 한 명의 지휘자가 아니라 장교단이 운영하는 체제였다. 군무성은 1725년까지 상비군의 훈련과 복식 통일, 최고의 유럽 표준에 맞는 장비의 확충이라는 임무를 부여받았다. 군무성 산하 인원은 13만 명에 달했다. 여기에는 7만 5천 명에서 8만 명에 이르는 유격대와 2만 명으로 추산되는 코사크 비정규병은 포함되지 않는다. 이 숫자는 러시아의 최대 숙적 오스만투르크 제국의 군사력보다 양적 질적으로 우월한 것이었다. 그럼에도 불구하고 오스만투르크군은 1711년 몰도바의 프루트 강변 전투에서 러시아를 압도했다. 이 패배로 표트르는 앞서 획득한 아조프 전쟁의 성과 중 상당부분을 양보해야 했고, 군 개혁의 노력에 힘을 배로 쏟아야 했다(이 패배는 오스만투르크의 페르시아 봉후와 맞서 싸운 1722~23년의 전쟁에서 어느 정도 회복되었다). 그러나 표트르의 신식 육군은 새로 창설된 해군과의 협동으로 진보한 농성전과 포위작전을 수행할 수 있다는 사실을 입증했다. 러시아군은 유럽에서 군사적 근대화에 성공한 선구자 중 한 명인 스웨덴 왕의 군대를 여러 차례 격파했다. 그 승리로 인해 러시아는 표트르의 새 수도 상트페테르부르크가 건설된 발트 해 동부 연안을 확보했다.

표트르의 군사적 근대화는 사회적으로도 중요한 결과를 낳았다. 개혁을 지원하기 위해 표트르는 규정을 만들었고, 이 규정들은 1722년에 작성된 '관등표'에 반영되었다. 여기에서는 옛 러시아의 관례인 사회적 지위나 가문의 위세보다 군공이나 복무 경력이 중시되었다. 관등표는 물려받은 귀족 지위가 자동적으로 해군이나 관공서 혹은 궁정에 근무하는 상위 계급과 동등하거나 그보다 우월하도록 규정했다. 그러나 다른 규정들에 의하면 세습귀족은 젊은 시절에 국가를 위해 일하고, 왕정을 위해 봉사하며 승진이나 기타 포상 정책은 공적이나 복무 기간에 따라 정해지도록 되어 있다. 그러한 규정들은 당시 유럽 어디서나 벌어지고 있던 군사적 전문화를 위한 노력과 긴밀하게 연관되어 있으며, 이것이 러시아에 미친 영향은 장교들의 전례 없는 서열화와 하층계급 출신의 신분 상승으로 나타났다.

표트르가 죽은 1725년까지 러시아 육군 장교의 약 12퍼센트가 농민 출신에서 충원되었다. 귀족 자제들은 여전히 러시아 육군의 고위장교 서열을 장악했지만, 이제는 그 지위를 얻기 위해 노력해야 했다. 귀족 신분 오히려 국역에 매이게 되었고, 이러한 상황은 즉시 표트르의 통치에 대한 반감으로 나타났다. 표트르 사후 몇 년간 귀족층은 의무 국역에서 벗어나기 위해 노력했다. 그들은 결국 1762년의 선언으로 목표를 성취했고 표트르의 취지는 퇴색했다. 전체 인구 중 극히 일부분에 불과한 귀족들은 자유롭게 그들의 토지와 농노에 대한 특권을 누리면서 복무에 대한 의무에서 벗어날 수 있었다. 반면 농노는 여전히 매년 영혼세를 납부하고 군역에 동원되며 그들의 귀족 주인을 위해 금전이나 노동 형태로 갖가지 봉사를 바쳐야 했다. 표트르는 이러한 부담을 줄여주기 위한 노력은 전혀 하지 않았다. 농노 해방이 수반되지 않은 1762년의 귀족 해방은 러시아의 사회적 불안정을 초래할 뿐이었다. 이러한 불안정은 주기적인 농민반란의 형태로 나타났다. 표트르는 아마도 이러한 농민반란의 잠재적 근원인 러시아 농노제를 폐지하지 않았다거나 오히려 더욱 강화했다는 비난을 받아 마땅할지 모른다. 그러나 농노제는 그가 왕위에 오르기 훨씬 이전부터 존재해왔다. 제정 러시아는 귀족들의 반대에 맞설 수 있을 정도로 기반이 튼실해졌다는 것을 느끼고 1861년에야 이 시대착오적인 옛 유산을 폐지했다.

일부 비평가들은 표트르의 군사 근대화의 재정적 비용을 과도하게 계산한다. 어느 역사학자는 그 비용이 당시 러시아가 감당할 수 있는 정도를 넘어선 수준이었으며, 그 결과 성장 잠재력이 훼손되었다고 주장한다.[6] 그러나 이런 비판은 지나치게 단순한 관점이다. 외교적 성과와 영토 획득의 결과를 간과했기 때문이다. 전쟁의 승리로 인해 러시아는 정치적으로는 물론이고 경제적으로도 유럽의 일원이 되었던 것이다. 특히 발트 해 연안의 항구도시 상트페테르부르크와 레발의 역할이 중요했다. 또한 이 견해에 따르자면 당시 유럽 어디서나 벌어지고 있던 군사적 근대화는 경제, 사회, 정치면에서 유사한 부정적 결과를 낳았다는 결론에 도달하게 되지만, 그들은 이 모순을 무시한다. 마지막으로 이 견해는 표트르와 그의 정부가 당시의 긴박한 국제적 파워 게임에서 별다른 선택의 여지가 없었다는 점을 간과했다.

표트르와 그의 고급장교, 정부 관료들의 주도로 편성되어 잘 훈련되고 무장을 충실히 갖춘 러시아 육군은 스웨덴을 격파하고 발트 해 동부 연안에 항구적인 근거지를 마련하는 데 결정적인 역할을 했다. 이 성과는 1721년 스웨덴 령 핀란드의 니스타드(Nystad 혹은 Nystadt로 표기)에서 맺어진 러시아와 스웨덴 대표가 조인한 공식 평화조약에 의해 확인되고 널리 알려졌다. 그러나 표트르의 새로운 해군도 북유럽에서 러시아의 세력이 확장되는 데 중요한 요소가 되었다. 나아가 해군은 육군보다 더욱 직접적으로 표트르 개인의 창작품이었다. 또한 해군은 육군보다 훨씬 극적으로 러시아의 새로운 정체성을 표현했다. 이 과정을 이해하기 위해 잠시 유럽 해군의 역사를 살펴보자.

표트르가 등극했을 때, 지중해와 대서양, 북해, 발트 해 연안 항구도시들에서는 수세기에 걸쳐 해양문화가 꽃피고 있었다. 40만여 명의 수부, 어부, 선원들이 항구도시에 살면서 기량을 연마했다. 이들 공동체 사이에서 일어난 항해, 조선, 그리고 관련된 상업과 행정분야의 기술적 변화로 각국 정부는 함대를 건조하고 조선소를 건설하며 해군성을 신설하고 병기창을 확충했다. 해양용어와 상업거래, 국제적 융합이 시작되고 공통 해도와 지도가 제작되었다. 이러한 변화들은 공통적인 조선술과 실제 항해를 가능케 할 공통 수학지식의 발달과 더불어 유럽의 해양진출을 촉진했다. 대양 진출을 위한 선박과 도구가 편중되었지만 무역을 통한 해상제국의 건설은 순조롭게 진척되었다. 초기 근대 유럽에서 해상문화를 만들어낸 주역은 그들의 공통 언어를 가지고 있었다. 북해와 발트 해 지역의 경우 그 언어는 네덜란드어였다. 그리고 또한 그들은 공통적 사고방식, 선도적 연구자들의 표현을 빌리자면 연대의식과 독립정신을 가지고 있었다. 그러한 정신은 한때 무모할 정도의 종교적 열정과 유사한 형태로 나타났다.7) 이런 것들은 러시아인들에게 대단히 생소한 요소들이었지만 표트르는 네덜란드의 실용적 지식과 더불어 일찍이 이런 문화를 접할 수 있었다.

영국 해군사를 간단히 살펴보는 것이 도움이 될지 모른다. 당시 영국은 해양세력의 선두주자였기 때문이다. 그래서 표트르도 함대를 창설할 때 영국에 도움을 요청했던 것이다. 영국의 해군력은 엘리자베스 1세(재위 1558~1603) 때 유럽대륙 국가들을 능가하기 시작했다는 것이 정설이다. 그녀가 사망할 무렵에는 해군을 지원하는 전담부서도 설치되어 있었다. 해군 장교들은 열린 바다에서 다양한 기술로 거대한 범선을 조종하는 고도로 훈련된 집단이었으며, 조선산업은 영국의 주요 국가산업이었다. 왕정이 무너지고 연방으로 운영되었던 왕위 계승 분쟁 시기(1649~60)에 해군의 다음 단계 발전이 이루어졌다. 216척의 함선이 새로 건조되어 기존에 보유하고 있던 50척의 전선에 추가됨으로써 영국 해군은 전례 없는 규모로 팽창했다. 이런 거대한 해군력 건설은 잉글랜드 공화국이 국내외의 충성스런 왕당파에 맞서 자신을 보호하기 위해, 그리고 네덜란드와 맞서 상선단을 보호하기 위해 취한 조치였다. 그러나 이러한 조치는 무장 상선단을 해군 복무에 동원한다는 시대착오적 방편 때문에 부분적으로만 성공했다. 훨씬 더 중요한 것은 공화국이 추진한 대규모 함선 건조계획이었다. 당시 기준으로 볼 때 충실하게 무장되었을 뿐 아니라 전 세대 배들보다 기동성이 뛰어나고 제작비 대 성능비가 뛰어난 전함들이 대량으로 건조되었다. 그 결과 영국은 경쟁국이 도저히 상대할 수 없는 해군을 보유하게 되었다. 1661년에 불과 20척을 보유한 프랑스는 물론이고 스페인과 네덜란드 공화국에 비해서도 마찬가지였다.[8]

왕정복고 후 영국의 새 왕이 된 찰스 2세(1660~85)와 그의 동생이자 계승자인 제임스 2세(1685~88)는 어떠한 적들(혹은 적들의 연합체)에 대해서도 영국의 해군력 우위를 지킨다는 정책을 고수했다. 1689년 선거로 영국 국왕의 자리에 오른 오렌지 공 윌리엄 3세(네덜란드 출신)도 마찬가지 입장이었다. 표트르는 대사절단을 이끌고 유럽을 방문했던 1697~98년에 그와 긴장 관계에 있었다. 윌리엄 3세의 뒤를 이은 앤 여왕(1702~14) 시기의 영국 해군은, 시기에 따라 약간의 가감이 있지만

185척에서 213척의 전함과 4만에서 5만 명의 해군을 보유했다(수병과 선원 합쳐). 이에 비해 단지 프랑스 해군만이 루이 14세의 피나는 노력으로 어느 정도 숫자의 함대를 보유할 수 있었다. 그러나 영국과 네덜란드가 연합하여 프랑스와 싸운 스페인 왕위 계승 전쟁(1701~13)은 루이 14세의 해군 전력을 소진시켰다. 사정은 네덜란드 공화국도 마찬가지였다. 따라서 유럽 강대국들 사이에서 영국의 해군 우위는 1692년에 확립된 이후 불변의 사실이 되었다. 이 점은 특히 발트 해에서 큰 의미를 지닌다. 영국 해군은 다른 모든 국가의 해군을 합친 것보다 더 강한 힘을 보유하고 있었다.9)

왕정의 복귀를 막아보려고 시작된 영국의 해군력 구축은 결국 장기적으로 영국의 경제적, 정치적 이익에 기여했다. 1601년까지 몇 곳의 해외무역회사가 런던에 설립되었다. 그중 첫 회사는 모스크바 상사였다. 이곳의 201명의 회원 상인들은 1555년에 왕실의 허가증을 받았고, 처음으로 백해를 통한 서유럽과 러시아 사이의 무역로를 열고 통상을 장악하게 되었다. 이 통상로의 거점은 1584년에 무역을 목적으로 건설된 도시 아르한겔스크였다. 영국 해군과 더불어 무역회사들은 더욱더 많은 대양 항해용 선박 건조 붐을 일으켰다. 표트르는 1697~98년 사이에 개인적 접촉을 통해 영국 선박들이 설계나 공학기술 면에서 유럽 최고임을 알아차렸다. 그러나 조선소들의 공급은 이렇게 급팽창하는 무역을 따라잡을 수 없었다. 그래서 16세기 말경에는 돛대와 활대용 목재, 밧줄용 삼, 방수와 선체 보호용 타르를 발트 해 동부 연안, 특히 러시아로부터 수입하게 되었다. 이런 상품들은 모스크바 상사의 주요

거래 품목이었는데, 운영지침의 제한 때문에 정력적인 네덜란드 상인들과 경쟁을 벌여야 했다. 결국 이를 우려한 영국 정부는 더 많은 해운 교역의 필요성과 표트르의 방문에 자극을 받아 「러시아와의 교역 증진을 위한 법안」(1699. 3. 25.)을 통과시켰다. 1600년경 등장한 이래 18세기의 상당한 기간 동안 네덜란드 상인들과 네덜란드 상선단은 계속 발트 해 연안 무역을 지배했다. 그러나 영국과 러시아 사이의 무역량이 팽창하여 새로운 시대가 열렸고 러시아에 대한 영국의 헤게모니는 18세기 중반 절정에 이르렀다.[10]

영국 선박들은 유럽의 첫 대항해시대(1400~1715)를 개척한 새로운 항해 기술의 창안자라고는 할 수 없었다. 그러나 민간 차원이건 정부 차원이건 영국은 직접적인 이민 정착과 정치적 지배보다는 해군력에 의해 뒷받침되는 상업적 침투를 우선시하는 시대의 선구자였다.[11] 15세기 초 포르투갈에는 엔리케 왕자가 세운 항해학교가 있었고 한 세기쯤 뒤에는 스페인 세비야에 그와 유사한 성격의 훈련기관이 세워졌다. 그러나 영국에는 적어도 1570년대까지는 비견할 만한 곳이 없었다. 스페인 태생으로 세비야 항해학교를 졸업한 세바스천 캐벗(1477?~1558)은 영국 왕을 모시지 않겠냐는 제안에 넘어와 영국에 새 항해기술을 정착시키는 데 공헌했다. 그는 죽을 때까지 항해사들을 가르치고 지도를 작성하며 항해 도구들을 만드느라 바쁜 시간을 보냈다. 그의 제자 중 한 명인 리처드 챈슬러는 1553년 위험한 항해 끝에 러시아로 가는 북방 항로를 발견했다. 그 발견으로 인해 모스크바 상사가 설립되고 정기적인 영국과 러시아 사이의 무역이 열렸다. 항해기술 발전의 다음번 큰 물결은 찰스 2세의 치세 때 일어났다. 스스로 유능한 선원이기도 했던 찰스 2세는 1662년 런던에 왕립협회를 설립했고, 1675년에는 그리니치에 왕립천문대를 세웠다. 표트르는 1698년에 이 두 곳을 모두 방문했다. 이 책의 주제와 관련하여 가장 중요한 것은 1673년에 런던 기독교병원 내에 수학학교를 세운 것이다. 이것은 수학적으로 훈련받은 항해사들을 계속 길러낼 필요성에 따른 것이었다. 1698년에 이 학교 졸업생 2명은 표트르에게 지명을 받아 모스크바에 설립될 수학−항해학교의 교사로 초빙되었다.

표트르가 새로운 항해기술을 직접 익힌 사상 첫 러시아인이자 완장 범선을 처음으로 건조하는 법을 배운 첫 러시아인 집단(꼭 첫 인물까지는 아니라 해도)의 한 사람이라는 점은 크게 주목할 만하다. 나아가 이런 경험들은 그에게 가장 자랑스러운 개인적 성취로 느껴진 것 같다. 두 측면에서 모두 중요한 증언은 「해상사업의 시작」이라는 기록이다. 이 글은 1720년에 발표한 『해운법』에 표트르가 직접 써서 붙인 서문 원고에 포함되어 있다. 이 글에는 작고한 부왕 차르 알렉세이가 어떻게 왕가의 재산을 보호하고 늘리기 위해 '특히 군사적 방면에서, 토지만이 아니라 해양으로도' 엄청난 노력을 기울였는지 기록되어 있다(기묘하게도 역시학자들은 그에 관해 거의 들어본 바가 없다).[12] 이어 표트르는 부왕이 네덜란드의 도움을 받아 볼가 강을 따라 카스피 해로 이어지는 무역로에 전함 선단을 배치하려다가 실패했다고 이야기했다. 첫 항해에서 선도함이 아스트라한 한국(汗國) 수비대의 공격을 받아 파괴되거나 잃어버리는 바람에 계획은 포기되었다. 이 불운과 관련하여 '하느님의 뜻'

에 유감을 표시하면서, 표트르는 그 배들이 "불가사의한 방식으로 오늘날 해상사업의 출발점이 되었다"라고 평가했다. 이어 계획이 무산된 뒤 러시아에 남은 두 명의 네덜란드 선원 프란츠 티머만과 카르스텐 브란트가 목수나 기타 이상한 직업을 갖고 살아가면서 젊은 차르와 만나게 된 경위를 기록했다. 1687년 프랑스에서 돌아온 러시아 대사는 표트르에게 천체관측의를 선물했다. 표트르는 사용법을 배우기 위해 티머만을 불렀다. 몇 달 뒤, 표트르는 왕실 소유 교외 영지의 어느 별장에서 낡은 영국 범선을 찾아냈다. 그는 동료 집단에 합류하게 된 티머만에게 '우리 배'를 어떻게 활용할 수 있는지를 물었다. 그 일에 관해서 표트르는 이렇게 기록했다.

티머만은 그 배가 돛으로 나아가지만, 순풍만이 아니라 역풍을 받아도 항해할 수 있다고 했다. 나는 그 말을 듣고 몹시 놀랐으며 믿어지지가 않았다. 그래서 나는 다시 물었다. "누군가 이걸 수리할 수 있나?" "이게 어떻게 움직이는지 보여줄 수 있나?" 그는 그렇다고 답변했다. 그 말을 듣고 나는 몹시 기뻐하며 그 일을 할 수 있는 사람을 찾아보라고 명령했다. 앞에 말한 프란츠(티머민)는 홀란드인 카르스텐 브란트를 찾아 데려왔다. (…) 브란트는 이 배를 수리했고 돛대와 돛을 만들었으며 내 눈앞에서 야우자 강에 배를 띄워 보였다. 나는 그것을 보고 몹시 놀랐고 대단히 기뻐했다. 그후 나는 브란트와 함께 자주 항해 실습을 했다. 그러나 배는 항상 잘 움직이지는 않았다. 강둑으로 올라와버리는 경우가 종종 있었다. 그래서 나는 왜 그런 일이 일어나는지 물었다.

브란트는 강폭이 좁기 때문이라고 대답했다. 그래서 나는 배를 프로시아노이 연못으로 가지고 나갔다. 그러나 하루가 다르게 항해에 대한 내 야망이 부풀어오르는 사이, 그런 수준의 운항은 성에 차지 않았다. 그래서 나는 더 물이 많은 곳이 어디냐고 묻기 시작했다. 그들은 페레슬랍코예 호수가 훨씬 더 크다고 답변했다. 그곳을 통해 나는 어머님께 약속한 대로 삼위일체 사원으로 갈 수 있었다. 그러나 일단 호수에 익숙해지자 나는 모후에게 경기장과 배를 만들게 해달라고 졸랐다. 그러나 일단 호수에 익숙해지자 나는 어머님께 조선소를 세워 배를 만들게 해 달라고 졸랐다.

표트르는 두 명의 네덜란드인 교사를 통해 항해와 조선술을 처음으로 접하게 되었다. 이 경험에 관한 표트르의 기록은 그가 배운 네덜란드어와 영어로 된 항해 용어로 가득하다. 이런 방식으로 그는 훗날 강대한 해군을 건설하는 씨앗을 뿌렸다.

표트르가 남긴 수첩과 모후에게 보낸 편지를 비롯한 당대 기록을 통해, 1688~92년 사이에 페레야슬랍스코예(오늘날의 플로셰예보) 호수에서 진짜 '장난감 함대'를 건조하고 진수시키고 항해를 시도한 사실이 알려져 있다. 함대는 브란트가 표트르의 요구에 의해 만든 두 척의 작은 프리깃함과 세 척의 요트, 그리고 표트르가 직접 만든 몇 척의 군용선박, 표트르의 명령에 의해 프레오브라젠스코예와 모스크바에서 건조된 뒤 서북쪽으로 135킬로미터 떨어진 페레야슬라블의 새 부두로 옮겨진 다양한 배들로 구성되어 있었다. 브란트는 1692년에 사망했다. 그러나 표트르는 해상사업에 더욱더 열을 올렸다. 그는 티머만에게 함대 창설을 돕도록 하고 7월에 페레야슬라블로 돌아왔다. 8월에는 표도르 로모다노프스키 '제독'과 패트릭 고든 장군의 지휘 아래 완편 함대가 호수를 가로질렀다. 함대에는 표트르 자신과 또 다른 총신 '프란츠' 르포르의 배도 포함되어 있었다. 이런 과정을 통해 그는 페레야슬랍스코예 호수가 팽창하는 야망을 실현하기에는 너무 좁다는 것을 깨달았다. 『해운법』 서문에서 표트르는 이 일에 관해 다음과 같이 기록했다.

바다를 직접 보고 싶어진 나는 항해를 허락해달라고 어머니를 조르기 시작했다. 모정 때문에 이렇게 위험한 길은 보통 금지하곤 했던 어머님은, 그때 내 거대한 야망과 바뀌지 않는 열의를 보고 마지못해 허락하셨다. 그래서 그해(1693년) 나는 그 도시(아르한겔스크)로 갔다. 우리는 그 도시에서 영국과 네덜란드 배로 구성된 네덜란드 호송선단에 끼어 포노이까지 나아갔다. 선단의 인솔자는 골고센 선장이었다. 우리는 우리 요트 '성 베드로 호'에 타고 있었다.

이 여행에서 표트르가 '우리'라 부른 사람들 중에는 네덜란드 의사, 8명으로 구성된 러시아 합창단, 40명으로 구성된 왕실 근위병, 수많은 관리, 두 명의 재주꾼 난장이가 동행했다. 이 집단은 젊은 차르와 함께 1693년 7월 4일 모스크바를 떠나 육로와 강을 따라 7월 30일에 백해 연안의 아르한겔스크에 도착했다. 영국과 네덜란드의 통상적인 여름

무역선단이 막 떠나려던 참이었다. 그들이 막 떠날 즈음 표트르는 그가 새로 만든 요트를 데리고 끼어들어 320킬로미터쯤 떨어진 포노이 강변까지 따라갔다. 그곳에서 표트르는 북쪽 바다(북극해)를 목격했다. 그는 8월 10일에 아르한겔스크로 돌아와, 모스크바로 돌아오라고 압력을 가하며 걱정하는 모후에게 안부 편지를 보냈다. 표트르는 그달 말에 한 차례, 9월 중에 두 차례 더 안부 편지를 썼다. 그는 모든 일이 잘 되어가고 있으며, 가능한 빨리 돌아갈 것이라고 그녀를 안심시켰다.[13] 우리는 이 연락을 통해 젊은 차르의 점증하는 항해에 대한 열정이 옛 러시아 사회의 다른 곳은 물론 그가 속한 환경에서 얼마나 '이상한' 것이었는지를 엿볼 수 있다.

제발 모스크바에 머물러 있으라고 모후가 계속 간청했지만 표트르는 곧 아르한겔스크로 가서 북극해를 탐사하려는 계획을 세웠다. 이 계획을 위해 성 베드로 호와 다른 두 척의 전함이 전단을 구성했다. 한 척은 아르한겔스크에서 네덜란드 기술로 만들어진 배였고, 다른 한 척은 암스테르담에서 구입한 것이었다. 충실한 고든 장군은 선단의 '후위 제독'으로 임명되었다. 1694년 5월 표트르는 훨씬 늘어난 호위대(약 300명)와 함께 아르한겔스크에 도착하여 원양 항해에 나서게 될 성 바울 호(아르한겔스크에서 건조한 배)에 이름을 지어주고 네덜란드에서 구입한 44정의 화포가 장비된 프리깃함 '성스러운 예언'호가 도착하기를 기다렸다. 마침내 선단은 3주간의 여정으로 북극해 항해에 나섰고 표트르 자신은 2등 항해사로 성스러운 예언호에 탑승했다. 그 무렵의 기록을 보면 표트르는 자신을 '피터'로 부르는데 이는 그의 이름의 네덜란드식 이름인 피어터르(Pieter)에서 딴 것으로, 가끔 이름 앞에는 봄바르디르, 카피터인, 혹은 스키퍼라는 호칭을 붙였고 항상 키릴문자가 아닌 라틴 자모로 기록했다. 이것은 그가 모든 일을 항해와 연관지어 생각했을 뿐 아니라 개인적으로 유럽의 해양문화에 동화되었다는 증거가 된다.

이 시기의 일에 관해 『해운법』의 서문 원고 기록은 비록 표트르가 감수를 맡긴 했지만 다른 이가 기록하기 시작한다. 후일 자주 그의 조력자로 등장하는 페오판 프로코포비치이다. 아래 이탤릭체를 보라.

그들은 (아르한겔스크에서) 순조로운 항해를 보고 기뻐했다. 비록 우리 주군(표트르)께서는 만족하지 못하셨지만. 그래서 *전하의 모든 사고는 해군(네덜란드어 vloot, 독일어의 flotte)을 건설하는 방향으로 흘러갔다.* 전하는 그것을 곧 실행에 옮겼다. 보로네즈 강변에서 조선소에 적합한 지점을 물색했다. 같은 이름을 가진 도시의 아래쪽에 영국과 네덜란드에서 데려온 숙련된 기술자를 모아놓고 1696년에 러시아에서 최초로 새로운 일이 시작되었다. 비용이 엄청나게 들어가는 배, 갤리선, 그리고 다른 선박을 건조하기 시작한 것이다. 해상사업이 러시아에 영구히 뿌리를 내리도록 전하는 자신이 지닌 기술을 백성들에게 공개하기로 했다. 그래서 좋은 집안 출신의 자제를 많이 모아 네덜란드나 다른 나라로 보내 조선술과 항해술을 배워오도록 했다. 더욱 놀라운 것은 신민들보다 뒤떨어지는 것이 *부끄럽다*는 듯이 자신이 네덜란드로 떠났다는 사실이다. 암스테르담의 동인도회사에서 전하는 다

른 지원자들과 함께 조선술을 배웠다. *단기간에 좋은 목수가 알 만한*
정도의 사항을 습득하자마자 전하는 자신의 노력과 기술자들을 동원
하여 새 배를 띄웠다.

　이렇게 표트르의 기록 안에는 러시아 해군의 실질적 창설 과정에서
결정적인 두 단계의 과정이 드러난다. 하나는 보로네즈에서 전투함대
를 만든 것이다. 초빙한 네덜란드와 영국 기술자들의 도움으로 만든
이 함대는, 1696년 돈 강을 따라 내려가 제2차 아조프 요새 포위전을
지원했다(러시아의 승리). 다른 한 가지는 일군의 귀족 자제를 네덜란드
와 유럽 다른 국가에 파견하여 조선술과 항해술을 배워오도록 한 것이
었다. 이 계획에는 자신도 참가했다.

　표트르의 항해와 조선 훈련은 젊은 시절 러시아에서 시작되어 암스
테르담과 런던에서 1697~98년의 대사절단 방문 시기에 끝났다. 사절
단의 목적은 겉으로는 흑해 지역에서 전쟁을 벌이게 될 때 오스만투르
크에 대항할 동맹 세력을 찾는다는 것이었지만 그 목적은 성사되지 못
했다. 이미 유럽 국가들은 수많은 전쟁을 벌이는 시대에 들어섰기 때
문이었다. 그러나 약 250명의 귀족과 수행원, 지원하는 전문가들로 구
성된 사절단은 18개월 동안 북독일, 네덜란드, 영국, 오스트리아, 폴란
드, 그리고 아마도 베네치아를 순방했다. 이들이 일하거나 여행하고
휴식을 취하는 사이 얻은 경험은 장차 개인들에게만이 아니라 러시아
에 큰 자산이 된다. 특히 항해사업의 측면에서 그랬다. 표트르와 십여
명의 측근들은 체류 기간 중 10개월을 조선과 무역의 중심지인 암스

테르담에 머무르거나 그 주변을 돌아다니는 데 썼다. 그들은 이곳에서 러시아를 위해 일할 수백 명의 선박 설계사와 해군장교, 선원을 고용하고 수백 톤의 해운업 관련 물자를 구입하여 귀국할 때 가지고 왔다. 앞서 언급한 대로 영국에서는 그가 귀국 후 곧 영국 모델에 따라 모스크바에 설립하게 될 항해학교(이 학교는 후에 상트페테르부르크로 이전했으며 항해원으로 개칭한다)의 첫 교사를 구했다. 1698년에 표트르가 런던에서 고용하여 1712년까지 러시아를 위해 일한 항해정비사 존 페리 선장은 개인 기록에 표트르가 "러시아에서 차르로 지낼 때보다 영국에서 제독으로 지낼 때 훨씬 더 행복했다"라고 말한 사실을 기록했다.[14] 그의 보고는 표트르의 오랜 러시아인 측근 안드레이 나르토프에 의해서도 확인된다. 나르토프의 비망록에 따르면, 자신의 주군은 "러시아 차르가 되지 않았다면 대영제국의 제독이 되고 싶다"고 말했다.[15]

처음에는 1697~98년에 영국에서 고용한 모든 선박 설계사를 돈 강변의 보로네즈에서 표트르의 흑해 함대를 만드는 데 투입했다. 그러나 1711년 프루트 전투에서 러시아가 패배하면서 대부분의 함선은 인도하거나 침몰시켰고 조선소 역시 문을 닫았다. 그 시점에서 표트르는 모든 관심사를 상트페테르부르크로 돌려 발트 함대를 건설했다. 계획에 따라 건조된 약 45척의 전함은 대부분 영국인 선박 설계사의 지도 아래 1708년에서 1725년 사이에 만들어진 것이었다. 또한 상당한 수의 갤리선이 건조되어, 이들을 운용하기 위해 이탈리아인들이 고용되었다. 영국은 물론이고 네덜란드의 장교와 선원들이 러시아인들이 훈련받고 충원될 때까지 발트 함대에 복무했다. 이것은 당시로서는 이례적인 일이 아니었다. 초기 근대 유럽에서 해군이 급속히 성장하면서 선원 공급은 비교적 빡빡한 상황이었다. 그래서 외국인 고용은(특히 프랑스와 네덜란드에서) 보편적인 방식이었다. 예를 들면 1650년대에서 1720년대까지 네덜란드 함선은 40~60퍼센트의 승무원이 네덜란드인이 아니었으며(주로 덴마크인, 노르웨이인, 독일인), 장교의 경우도 30퍼센트가 그러했다. 마찬가지로 1650년대 이후 스웨덴의 해군 건설도 '스웨덴이 강대국으로 부상함에 따라 이루어진 대규모 외국인 전문기술자의 이민의 일환으로서 상당한 숫자의 네덜란드인 장교의 유입된' 데에 힘입은 것이었다.[16] 표트르 치하 러시아의 활동이 이러한 측면에서 다른 점이 있다면 해군 건설계획의 스케일 차이와 이식이 급속도로 이루어졌다는 점이다.

　표트르 시기에 확립된 영국과 러시아 사이의 해상교류는 해상무역의 급속한 성장으로 나타났다. 무역은 계속 주로 모스크바 상사를 통해 이루어졌는데, 모스크바 상사는 러시아 회사로 이름을 바꾸었다. 이 회사는 1723년 사무소를 아르한겔스크와 모스크바에서 상트페테르부르크로 옮겼다. 러시아에서 수입되는 물품들은 이제 발트 해를 통해 이루어졌다. 고래기름, 칼륨, 왁스, 수지, 캐비어 외에 곡물, 목재, 삼, 아마, 역청, 타르, 철광석이 교역품에 추가되었다. 반면 영국에서 수입한 물건은 섬유, 향신료, 종이, 설탕, 단추, 안경, 각종 공학 기구, 유리, 의복, 식기, 담배, 와인 등 공산품과 사치품이 주류를 이루었다. 무역은 대부분 영국 선박을 통해 이루어졌다. 그 결과 상트페테르부르크에는 대규모 영국인 거주지가 조성되었다. 러시아의 대외무역에서 영국의 우위가 18세기 내내 지속되었음은 경제사학자들이 동의하는 바이다. 표트르 시대부터 18세기 말까지 러시아의 전체 대외무역액은 실질가치 기준으로 약 15배가 증가했으며, 상트페테르부르크는 곧 러시아 최대 항구도시이자 국제상거래의 가장 중요한 중심지가 되었다.[17]

1688년에서 1725년 사이에 약 1260척의 배가 러시아 각지의 조선소에서 건조되어 백해, 아조프 해(이곳을 통해 흑해로 진출), 발트 해, 카스피 해(표트르의 대페르시아 전쟁을 지원하기 위한 조치)에 성공적으로 진수된 것으로 추산한다.[18] 어떤 기준에서 보더라도 이러한 수치는 표트르 재위 기간의 눈부신 성취로 간주된다. 해상 지원은 1702년 뇌테보리 포위전과 스웨덴에 대한 최종적 승리에서 결정적인 역할을 입증했다. 러시아 해군이 거둔 성과 중에는 1714년 핀란드의 항곶 곳에서 거둔 화려한 승리 외에도 거의 알려지지 않은 1701년의 스웨덴의 아르한겔스크에 대한 반격, 외교적으로 결정타를 날린 1720년의 스웨덴 선단의 격멸이 포함된다. 1700년 북방전쟁의 초기에 갓 창설된 러시아 해군의 수병 대부분은 외국인이었다. 그러나 전쟁이 끝날 무렵인 1721년에는 7215명의 러시아인 수부가 활약하고 있었다. 특히 함대 중 최대 규모이며 그후로도 오랫동안 러시아 해군의 주력이 되었던 발트 함대의 경우, 러시아의 '유럽으로 열린 창'인 상트페테르부르크의 안전을 확보하는 데 결정적인 역할을 해냈다. 8년여 동안 발트 함대에 근무한 영국인 장교의 기록에 의하면 1724년 당시 발트 함대는 36문에서 90문까지의 함포를 장착한 29척의 해상전투선을 보유하고 있었다.

··· 표트르 대제의 함대가 항괴곶에서 승리를 거둠(1714)

수치로 볼 때 러시아 해군은 스웨덴(24척 보유)은 물론이고 덴마크(25척)
보다 앞서 있었다. 찬사에 인색하고 함대를 건설하려는 러시아인의 노
력에 자주 비판적인 관점을 취했던 이 장교는, "인력자원이 원활히 공
급되고 항해기술이 개선되기만 하면, 러시아 함선, 특히 상트페테르부
르크에 배치된 러시아 함대를 맞상대할 전함은 세계적으로 드물 것이
다. 그들은 돛대, 돛, 닻, 닻줄, 밧줄 등 모든 장비를 러시아산으로 공급
한다."[19]고 쓰고 있다.

표트르의 러시아 해군 창설은 적절하게도 '표트르의 해군혁명'으로
불려왔다.[20] 그 미래는 지속적인 함대 작전(특히 발트 함대) 활동만이
아니라, 상트페테르부르크의 항해원을 통해서도 보증되었다. 이 기관
은 러시아에 설립된 고급 항해기술 교육의 첫 중심지가 되었을 뿐 아
니라 과학원이 문을 열 때까지 약 10년 동안 러시아에서 근대과학 연

구의 첫 중심지 역할을 했다. 영국의 학문적 전통과 영국인 거주자들의 교육 덕에 항해 항해원은 러시아에서 영국의 보루 역할도 했다. 러시아어로 쓰인 첫 영어 문법서와 첫 영러사전은 이 기관 출판부를 통해 1766, 1772, 1784년에 출간되었다. 항해원(후에는 해군군사훈련단과 해군학교로도 알려짐)은 1917년까지 제정 러시아 해군 장교의 중추적 교육기관으로 남아 있었다. 그 시기부터는 표트르 대제의 이름을 딴 고등해군간부학교가 항해원 구내에 세워져 그것을 계승했다.

항해원과 그 예비학교는 행정적으로 표트르가 선박을 건조하고 운용하기 위해 창설한 해군본부의 산하기관이었다. 표트르 치세의 이 유명한 기관은 1696년 보로네즈에 설립되었다가 1707년 상트페테르부르크로 이전했다. 바로 그 기관명에서도 알 수 있듯이(아드미랄테이스트보), 해군본부는 주로 암스테르담 소재 네덜란드의 동급 기관(아드미랄터이트)을 본딴 것이었다. 그러나 해군성은 곧 자신만의 정체성을 갖춰 나갔다. 1709년부터 해군성의 주요 임무는 발트 함대에 군선을 공급하는 것이었다. 이것을 위해 상트페테르부르크에 가건물이 세워졌고 그 옆으로 밧줄, 돛대, 돛, 방수제 상점들, 해병을 위한 막사, 노동자들을 위한 오두막 등이 들어섰다. 곧이어 해군성 교회가 건축되고 고급 장교들을 위한 사택도 추가되었다. 상트페테르부르크의 주요 방어 거점의 하나라는 특성을 감안하여, 해군성 구역을 방벽과 대포로 방비되는 요새로 만들기로 한 결정도 일찌감치 내려졌다. 그 결과 1718년까지 조선소를 중심으로 한 해군성 복합단지는 새 수도의 5대 주요 행정구역 중 하나가 되었다. 발트 함대의 존재를 제쳐놓고 보더라도, 해군성 구역은 도시 내의 도시였으며 전 러시아의 항해 관련 시설 중 으뜸가는 기관으로 부상했다. 수천 명의 노동자와 직원들이 근무한다는(1712년에서 1721년 사이에는 5만에서 6만 명의 노동자들이 조선소를 거쳐갔다) 점과 외곽을 설정한 요새와 감시탑, 구리와 철강 공장, 리넨 공장(범선의 돛 공급) 덕에, 단지는 두말할 나위 없이 러시아에서 가장 큰 단일 산업시설이 되었다. 그 위상은 18세기 내내 유지되었다.

1717년 말, 중앙정부에 부서별 집단 수뇌부 체제를 적용하려 시도하면서, 표트르는 새 행정조직 내에 해군원(海軍院)을 포함시키는 방안을 구상했다. 상급 해군 장교들이 운영하는 해군원은 1718년 기존의 해군과 관련기관을 인수했다. 인수 대상은 선박, 관련 조선소, 상점, 학교, 병원, 교회, 부두, 요새화된 시설, 주거지, 산업단지, 상트페테르부르크와 전 러시아의 관련시설을 모두 포함했다. 요약하자면 해군원은 제정 러시아 해군의 행정과 경제 생활을 모든 측면에서 책임지게 된 것이다. 그 역할은 1802년까지 계속되었다. 그 이후 다른 정부기관의 개혁이 이루어지면서 해군원은 해군성으로 개편되었고 그 기능은 오늘날까지 이어져 내려오고 있다.

표트르의 해군혁명에 대한 기억은 보티크(작은 배) 기념박물관에서도 잘 찾아볼 수 있다. 보티크란 1688년 모스크바 근교의 이즈마일로보 왕령지에서 십대 소년이던 표트르가 찾아낸 작은 배의 이름이다. 그 배는 분명히 1640년대에 영국에서 건조되었거나 네덜란드 장인이 '영국식'으로 러시아에서 만든 배였다.[21] 이것은 길이 7미터에 폭 2미터의 얕은물 항해용 단범선으로 선미재에 부착된 키에 연결된 방향타로 조종하는 방식이었다. 그것은 중세 이래 유럽의 해안지역에서 보편적으로 쓰이는 방식이었다. 모스크바 근교의 물가에서 처음으로 배를 띄운 경험을 기려 표트르는 보티크를 크렘린에 안전하게 보관했는데(1701년), 본인도 매우 특별한 것으로 간주했던 것으로 보인다. 몇 년 후 『해운법』의 서문 원고에서 보티크에 대한 언급을 발견할 수 있다. 실제로 출간된 판본에서 표트르의 편집자였던 페오판 프로코포비치는 "보티크는 어린 시절의 장난감이었을 뿐만 아니라 우리가 지금 경이롭게 생각하는 해군을 건설하는 동기가 되었다"고 쓰고 있다. 프로코포비치는 1720년 9월 표트르와 그의 측근들 앞에서 한 '러시아 함대를 칭송하는 설교'에서도 또다시 보티크를 언급하고 있다. 이 설교에서 그는 보티크가 "해군에 대해 씨앗과 나무와 같은 관계"이며 더 나아가 "이 씨앗으로부터 위대한, 경이로운, 고결하고 갑옷을 입은 나무의 숲"이 만들어졌다고 선언했다. 프로코포비치는 경탄한다. "오 보티크, 찬란할지어다. 어떤 이는 아라라트의 산에서 노아의 방주의 파편을 열심히 찾는다. 나는 보티크를 지켜 마지막 세대까지 잊지 말아야 할 기념으로 소중히 간직하길 바란다."[22] 이 충고는 매우 환영받았다.

일찍이 1722년 모스크바에서 표트르는 니스타드 평화 협정을 기념하기 위해 크렘린에서 보티크를 전시하라는 명을 내리고, 이어 상트페테르부르크의 알렉산드르-넵스키 수도원으로 운반하라고 지시했다. 알렉산드르-넵스키 수도원은 러시아의 중세 전투 영웅과 그가 독일과 스웨덴 침략군을 맞이하여 네바 강의 얼음에서 거둔 승리(따라서 표트르가 스웨덴에 거둔 승리의 선구자가 되는 셈이다)를 기념하기 위해 1721년 표트르가 세운 곳이었다. 1723년 5월 30일 그의 생일날, 표트르는 요트와 바지선, 그리고 다른 돛배의 호송을 받으며 네바 강을 따라 해군본부까지 보티크를 타고 갔다. 해군 본부에서 보티크는 발틱 함대의 배와 페트로파블롭스키 요새에서 축포로 환영받았다. 1723년 8월 발틱 함대에서 대규모의 경주가 조직되었고 표트르는 100척 이상의 소함대의 호위를 받으며 상트페테르부르크에서 크론슈타트 기지까지 깃발을 휘날리며 (천 개의 포에서 연이어 축포를 터뜨리며) 환영하는 거대한 함선의 열 사이로 배를 조종했다. 보티크는 페트로파블롭스키 요새에 "아이 시절의 놀이로부터 어른의 승리가 만들어졌다"는 문구가 새겨진 대좌 위에 전시되었다. 1724년 8월 30일 니스타드 평화 협정의 세 번째 기념일에 보티크는 성인의 유해를 수태고지 성당에 안장하는 알렉산드르-넵스키 수도원의 행사에 참여했다. 표트르는 매년 8월 30일에 이 행사를 기념하기 위해 수도원까지 배를 띄우라고 명령했다.

그래서 '러시아 해군의 할아버지(데두시카)' 전설이 굳어졌다. 지금은 조심스럽게 보존되고 있는 이 보티크에 관한 풍문은 표트르 자신이 떠벌린 결과였다. 그의 후계자들은 그의 유산을 이었다는 정통성을 보여주기 위해, 다양한 국가 행사에 이 보티크를 동원했다. 그래서 1745년 표트르 대공(표트르 1세의 손자이자 장차 표트르 3세가 되는 인물)과 예카테리나 대공비(장차 예카테리나 2세가 되는 인물)의 결혼식 때 엘리자베타 여제(표트르 1세의 딸)가 해군 복장을 한 채 네바 강에 보티크를 호위하고 나타난 적도 있다. 예카테리나 2세는 자신의 치세 초기인

1760년대에 페트로파블롭스키 요새 교회의 인근에 보티크를 보존하기 위한 별관을 지었는데, 이 별관은 곧 여행자들의 주목을 받았다. 더욱 인상적인 것은 1872년 표트르 1세의 탄생 200주년 기념행사와 관련하여, 보티크가 마차에 실려 모스크바로 보내진 일이었다. 이 운반 작업은 황제의 동생이 감독을 맡았다. 보티크가 모스크바에 도착했을 때 101발의 축포가 울려 퍼졌으며 흥분한 군중은 열렬히 환영했다. 보티크는 그해에 열린 모스크바 대축제 때 전시되었다. 최근의 조사에 의하면 러시아인들은 그 배를, 러시아를 열강의 지위로 승격시킨 해군의 상징으로 간주했다고 한다. 당시 어느 러시아 교육자의 말을 빌리자면 "거대한 해군의 선구자가 되었던 그 작은 보트는 표트르의 업적에 대한 가장 훌륭한 표현물이자 우리가 성공을 위해 싸울 때 마음에 새긴 최상의 조언"이었다.[23] 제정 시기의 기념물들이 대개 그랬듯이 소비에트 초기(1920년대와 30년대)에 보티크 박물관은 가치가 평가절하되었다. 레닌그라드라 불리게 된 그 도시의 가이드북에서는 보티크 박물관에 대한 어떤 정보도 소개하지 않았다. 그러나 제2차 세계대전이 발발하자 '게르만인'들에 대한 정복자이자 러시아(소련) 해군의 창설자인 표트르 대제에 대한 애국주의적 분위기가 고양되면서 그의 보티크 역시 위상이 높아져, 새로 창설된 중앙해군박물관(예전의 상트페테르부르크 증권거래소) 건물에 당당히 전시되었다. 1972년 표트르의 탄생 300주기를 맞아 러시아인의 자존심을 고취시킨 것도 여기였으며, 이곳은 오늘날까지 남아 있다. 소련이 무너지자 표트르의 도시는 원래 이름을 회복했다.

보티크에 투영된 '러시아 해군의 할아버지'라는 이야기는 종종 교훈적인 역할을 했다. 1997년 보티크는 처음으로 러시아를 떠나 뉴욕으로 옮겨졌다. 세계무역센터에서 열린 상트페테르부르

··· 오늘날 전시되고 있는 보티크

크 특별전에서 보티크는 가장 주목을 받은 전시물이었다. 뉴욕타임스의 한 기자는 관광객이건 미국에 사는 러시아인이건, 지식인이건 일반시민이건 모두 이렇게 말하는 것을 듣고 놀랐다. "마취에 걸린 것 같아요." "이 보트가 없다면 상트페테르부르크는 없었을 겁니다." "배에 사용된 목재를 만져보는 순간 전기에 감전된 것 같았어요." "이 배는 항상 우리가 진지하게 애국적 감정을 표현할 수 있는 러시아의 공식 상징물 가운데 가장 비공식적 존재였지요." 사업상 미국과 러시아 사이를 자주 오가는 어느 러시아인은 이렇게 말했다. "이 보트는 러시아의 낙후성과 고립을 끊고 서방에 합류하려는 표트르 대제의 시도를 상징합니다. 표트르는 결코 성취되지 않을 약속을 한 셈이지요." 24)

표트르 치세에 세워진 보티크 박물관은 러시아에 세워진 표트르 대제 숭배의 핵심적 장소로 남아 있다. 그 숭배는 시들 기색을 보이지 않으며 오히려 최근 몇 년 동안 더욱 열기가 고양되는 것 같다. 소련이 무너진 후 모스크바에 세워진 건조물 중, 소련 이전 역사의 으뜸가는 기념물은 표트르 대제의 거대한 동상이었다. 15층 건물과 맞

먹는 높이의 이 동상은 표트르를 러시아 해군의 창설자로 묘사했다. 항해를 나타내는 상징물들이 군데군데 조각된 거대한 대좌 위에 높이 올라탄 배가 있고, 표트르는 조타실 위에 우뚝 서 있다. 보는 사람이 어떻게 해석하건(그 크기와 도안에 대해 논쟁이 벌어졌다), 이 동상은 표트르와 러시아를 유럽과 근대 세계로 인도한 것은 해군이라는 사실을 일깨워준다.

제 3 부

외교 혁명과 관제 혁명

표트르는 그가 물려받은 국가를 좀 더 효율적으로 기능하게 했을 뿐 아니라, 진정으로 동시대의 유럽에서 빌려온 것에 맞먹는 수준으로 그 권력을 법제화했다는 점에서 결정적인 진보를 이루었다. 자신도 그 수혜자였던 유혈 쿠데타로 점철되는 고질적인 왕위 계승 위기는 그러한 조치를 더욱 전제적으로 만들 뿐이었다. 상대적으로 낙후된 러시아의 정치에 대한 그의 해결책은 유럽에서 경험한 관료제 혁명으로 러시아 정부를 인도하는 것이었다.

The Revolution
of Peter the Great

표 트 르 대 제

The Revolution of Peter the Great

1. 표트르와 동료들

2. 군제 혁명

3. 외교 혁명과 관제 혁명

4. 문화 혁명

5. 혁명과 저항

6. 상트페테르부르크

초 초기 근대 유럽의 군
사 혁명은 주로 왕조
의 팽창욕에 의해 주도되었다. 세습 통치자들이 경제적 이해와 전략
적 안전 확보를 위해 유사한 인근 경쟁국가들의 의도에 맞서 시도한
끊임없는 영토팽창의 결과물이라는 의미이다. 그러한 통치자들은 자
신들이 조종하는, 혹은 자신이 실제로 소유하고 있다고 생각하는, 국
가 기관 혹은 정부 기관을 '주권'으로 인식했다. 즉 그 어떤 다른 통치
자로부터도 간섭받지 않고 심지어는 법 위에 존재하는 것으로 생각했
다는 말이다.

이러한 주권국가 체제(대공국, 공국, 왕국)는 처음에는 14~15세기 이

탈리아 반도에서 등장했다. 그 체제는 로마 교황이 후원하는 신성로마 제국의 보편적 정치라는 주장이 점차로 붕괴하는 과정에서 발생했다. 이탈리아는 점차 인구밀도가 너무 높아졌고, 너무 부유해졌으며, 너무 도시화되었고, 문화적으로 너무 다원화되어 그러한 주장을 수용할 수 없게 되었던 것이다. 게다가 독일인 황제는 알프스 너머 먼 곳에 있었고, 교황은 순수하게 정신적인 지도자라는 인식이 점점 자리를 잡았다. 이탈리아 르네상스의 세속적, 인문주의적 성향과 민법과 공공연설에 의한 정치, 자연주의적 미술은 이러한 발전 경향을 더욱 강화했다. 또한 유사한 인구와 경제, 사회, 문화의 변화는 알프스 북방에서도 나타나기 시작했다. 16~17세기에 이탈리아에서 주권국가 체제가 점차 성장하여 유럽의 다른 지역으로 퍼져나갔다.

유럽사에서, 그리고 세계사에서, 어떤 기준으로 보아도 근대 유럽 국가의 탄생은 혁명적인 진전이었다. 이 거대한 주제에 대한 의미 있는 공동연구는 1500년 이후 유럽에서 보편적이 된 '주권국가'의 특징으로 네 가지를 꼽았다. 첫째, 국경선이 비교적 잘 구획된 연속적 영토를 다스리는 새로운 국가. 둘째, 비교적 중앙집권화한 행정체제. 셋째, 바로 그 영토에 위치했으며 다른 어떤 조직(교회, 상업단체, 가족, 씨족, 혹은 군사집단)보다 우월한 사법체제. 넷째, 영토 내에서 독점적인 방법으로 물리적 통합을 시도함으로써 그와 같은 요구를 강화하는 경향. 즉 '근대국가'란 전문화된 관료집단을 이용하여 확정된 영토를 다스리는 기구이자 다른 국가의 대리인으로부터 독립적이고 응집된 주권을 가진 조직이다. 다른 말로 하면 오늘날 우리가 받아들인 근대 외교의 등장과 주기적인 평화회담이라는 방식 또한 근대국가의 부상과 밀접하게 연관되어 있다. 이것은 특히 르네상스 이탈리아에서 기원했으며 그 과정에서 자연히 유럽사, 나아가 세계사에서의 외교혁명을 동반하게 되었다.[1]

대부분의 근대사가들은 초기 근대 유럽에서 '전쟁이 국가를 만들고, 국가는 전쟁을 만들었다'는 점을 강조한다. 그러한 견해의 대표자인 찰스 틸리의 말에 따르면,

> 효율적인 군수장비의 생산이라는 과제는 관련된 사람들에게 과중한 세금, 징발, 공납, 기타 각종 부담을 지웠다. 그것을 만들어내는 바로 그 행위(물론 제대로 작동해야 한다)는 정부에 또 다른 목적으로 각종 부담을 지게 했다. 그렇게 유럽의 모든 주요 세금은 특정한 전쟁을 위한 '특별 과세'로 시작되어 결국은 일상적인 정부 수입의 원천이 되고 말았다. 군수장비는 이러한 저항에 대한 정부의 강제력을 지닌 수단, 즉 군대를 만들어냈다. 군대는 영토의 안전과 중앙집권화, 정부 기구의 기능 분화, 통합 수단의 독점화를 촉진했고 모든 국가 기능의 기반이 되었다.

또한 주목할 만한 틸리의 견해는 다음과 같다.

> 상비군의 창설로 인해 (종속된 백성들에게서 자원을) 착취한다는 최대의 단일 동기가 생겨났다. 이는 유럽의 국가 형성이라는 장기간에

걸친 과정에서 국가가 강압통치를 펼 수 있는 가장 유력한 수단이 되었다. 극히 최근에 우리는 인과관계의 연쇄작용을 발견했다. 우선 육군의 팽창이 종속민으로부터 자원을 착취하려는 노력으로 나타났고, 이는 다시 관료제와 행정체제의 개혁을 불러왔다. 그것은 다시 종속민들의 반발을 샀고, 국가 자원은 지속적으로 견딜 수 있는 정도로 증대가 이루어졌다. (…) 즉 전쟁 준비는 거대한 국가 건설 작용의 토대였던 것이다.

나아가 국제적인 수준에서 볼 때, 전쟁의 일상화는 전체적으로 유럽의 국가체제를 만들어낸 최대 요인이었다. 30년 전쟁의 마침표를 찍은 베스트팔렌 평화조약(1648)에서 시작되어, 주요 근대전의 정착은 "전례없는 큰 규모로 유럽 국가들을 정체성과 관계에 따라 맺어주었다. 즉 전쟁은 유럽의 국가 체제를 만들어내고 재창출했던 것이다." [2]

근대 유럽사를 창출해낸 전쟁의 핵심 요소를 파악하기란 때로 쉽지 않은 일이다. 그러나 오늘날 역사학자들의 표현을 빌리자면 '전쟁의 관료화' 혹은 '전쟁 행위의 관료주의적 혁명'이라 불릴 만한 변화가 기반을 이룬다. 이 책은 바로 그런 면에 초점을 맞춘다. 이 분야의 모범적 연구로는 독일 사회학자 막스 베버의 성과가 남아 있다. 베버는 관료제를 근대적 혹은 '합리주의적-법치적' 정치체제의 핵심 요소로 파악했다(이것은 '전통적' 혹은 '이행기적' 정치체제와 구별된다). 널리 받아들여지는 베버의 관점에 따르면, 관료제의 결정적 성격은 구성원이 전문화되고 고도로 분화된 역할을 받는 데 있다. 그들의 고용은 보통 시험의 형태를 취하여, 신분이나 사회적 지위보다는 교육적 성취를 바탕으로 이루어진다. 그들의 직위 할당, 직무 이동, 승진은 특정 지역이나 사안에서만이 아니라 보편적으로 적용 가능한 기준에 의해 이루어진다. 또한 행정관료는 봉급을 받는 전문직으로서 자기 정체성을 확립하고 자신의 일을 경력으로 파악한다. 베버는 그러한 행정관료들이 위계질서와 책임감, 훈육이라는 관점에서 합리적이고 이해가 가능한 맥락에서 결정을 내리는 것 또한 근대 관료제의 결정적 특징이라고 말했다.[3]

물론 베버는 관료제가 기능하는 것이 항상 모든 면에서 '이상적 사회'라고 가정하지 않았다. 근대 유럽의 관료제 혁명을 연구하는 역사학자들 역시 결코 그런 가정을 하지 않는다. 유럽에서 귀족적 출신성분과 우월한 사회적 관계는 20세기까지 내내 경력으로 활용되어왔다. 군대에서조차 귀족은 평민보다 지휘 서열상 상위직에 도달하기가 훨씬 쉬웠다. 각종 후원이 일반적이었으며 장교들이 공공연하게 뇌물을 받기도 했다. 그러나 근대 초기 대부분의 군대 장교들은, 전문직이 되어가던 대부분의 공무원과 마찬가지로 그들을 고용하고 훈련하고 봉급을 지불하는 국가에 충성스러웠다. 공식적 명령 계통 안에서 이루어진 그들의 승진은 점점 더 사회적 지위보다 전공(戰功)이나 복무기간에 좌우되었다. 또한 그들의 장비와 규정, 군의 전술에는 점차 표준화가 이루어지고 있었다. 가장 중요한 것은, 군대 자체가 영구적인 특성이 되어갔다는 점이다. 군은 확고하게 확립된 국가 그 자체로 인식되는 기구였다.

이런 점들이 바로 표트르의 대규모 러시아 국가 개혁과 유럽적 국가 체제에 편입하고자 하는 노력의 배경이 되었다. 이에 대해서는 후반부에서 살펴보게 될 것이다. 표트르는 근대 유럽의 관료제 혁명을 러시아에 도입할 때, 그와 밀접하게 연관되어 있던 외교 혁명 또한 도입했다. 두 조치는 모두 전쟁을 준비하고 수행하는 면에서 뗄 수 없는 관계에 있었다. 이런 면은 특히 20년 이상 지속된 스웨덴과의 전쟁에서 명확하게 드러났다. 또한 이 두 방향의 개혁은 모두 옛 러시아의 정치적 가치와 실행 패턴이 심각하게 결여하고 있던 동시대의 유럽적 표준, 특히 전쟁 수행 표준에 대한 표트르의 인식이 점차 깨어나면서 이루어졌다.

역사학자들은 표트르가 물려받은 국가를 사실상 군주제와 왕조, 세습제와 신학적 요소들이 섞인 체제로 파악한다. 그러나 그런 복합성 때문에, 옛 러시아의 체제를 위에서 언급한 근대국가의 기준으로 파악하는 것 또한 위험하다. 표트르 이전 러시아 통치자들과 젊은 시절의 표트르는 스스로 물려받은 권한에 의해 전 국토와 가용자원(사람과 물질 모두)에 대한 지배권을 가지는 것으로 인식했고, 백성들 역시 그렇게 받아들였다. 그는 동시에 일종의 고위 성직자, 모든 러시아인이 소속되어 있으며 성찬식의 신비야말로 천국으로 인도하는 것으로 인식되는 유일한 동방정교회의 보호자로 인식되었다. 차르를 수장으로 하는 러시아는, 이러한 중세적 관점에서 볼 때 지상에 구현된 신의 왕국이자 신의 지상 대리인인 차르의 나라였다. 어느 역사학자는 이렇게 평했다. "주권은 정부의 신학적 비전의 핵심이었다." 또 다른 역사학자는 이렇게 평했다. "러시아정교회 공동체의 이미지는 러시아에서 통합의 기능으로 작용했으며 러시아 정치문화의 개요를 많은 부분에서 규정했다."[4] 1670~80년대에 그린 것으로 추정되는 두 점의 차르 초상화를 보면 (한 점은 표트르의 부친 차르 알렉세이를 그린 것이고, 다른 한 점은 이복형인 표도르 3세의 초상이다) 백성들이 예복을 입고 도열해 있는 가운데 차르의 형상은 성스러운 이콘의 형태로 그

··· 차르 알렉세이(표트르의 부친)

려져 있다. 이것은 르네상스 시기 유럽과 표트르 치세의 러시아에서 보이듯 자연스러운 인간으로서의 모습을 묘사한 세속적인 그림이 아니다. 그들은 오히려 구식의 왕이자 성인으로 그려져 있는 것이다.[5]

표트르가 물려받은 권력은 부왕 차르와 그의 가문에 주어진 것이었다. 또한 궁정은 수백 명의 대귀족(보야르)과 상층 귀족 조언자들로 이루어져 있었다. 그들은 모두 가족과 수많은 종속민을 거느린 채 모스크바 요새(크렘린) 주변에 거주했다. 예외가 있다면 그들이 주지사로서 지방에 발령되거나 군을 이끌고 전쟁에 나갈 때, 해외에 공무로 파견되었을 때, 아르한겔스크나 아스트라한에 가서 무역에 종사하거나 툴라 지역에서 철물공장을 경영하거나 우랄 지역의 소금 공장을 운영할 때뿐이었다. 이러한 체제는 모스크바에 있는 러시아정교회 총대주교의 훨씬 작은 궁정과 병존했다. 사실 총대주교의 항구불변하는 의례적

지위, 공동 주권자로서의 위상, 그에게 종속된 주교구와 사원들의 연결망은 러시아에 신정통치의 색채를 부여하고 있었다. 각지에 흩어진 반(半)봉건적 왕령지, 준정규적 무장병력 외에도 차르의 권력은 대귀족 의회에 속해 있었다. 사법 기능까지 대행하는 80여 곳의 중앙 관서들이 담당한 기능은 중복되고 난잡했다. 그들의 기능은 분명히, 공식적으로 조합된 근대국가의 이론가들이 주장하는 정부 기구와는 거리가 멀었다. 이 기구들의 관료와 직원들은 근대적 기준에서 보았을 때 전문성이 부족했으며, 광대하게 흩어진 지방관서들의 직원들과 마찬가지로 종속된 차르 직할령과 공국들의 광대한 영역에서 자원을 짜내고 고식적인 방식으로 통치하려 드는 집단이었다. 이렇게 흩어진 영역들은 다시 주로 궁정과 교회, 지방귀족에 의해 통제되고 농민가족들이 경작하는 농장으로 구성되어 있었다. 농민들은 크레포스트노예 프라보(예속 농노법)의 지배를 받으며 살아갔다. 농노 신분은 차르의 백성 중 압도적 다수를 이루는 기본적인 경제적 사회적 조건이었다. 역사학자들은 이렇게 농노제가 우월적 지위를 차지하는 현상을 곧 러시아의 '중세적' 혹은 전근대적 특징으로 해석했다. 그 결과 17세기 후반에 나타나는 러시아의 진전화된 도시화는, 인구 집중과 상업적, 행정적 발전의 측면에서 중국의 14세기 단계, 혹은 일본, 프랑스, 영국, 이탈리아, 독일이나 네덜란드의 15세기 말에서 16세기 초엽의 사회적 발전 단계에 있는 것으로 해석되었다.[6]

달리 말하자면 동시대 유럽의 기준에서 볼 때 당시 러시아는 변칙적인 면, 즉 압도적으로 중세적인 사회와 전근대적 국가경제를 지니고 있었다. 그 변칙성은 국가가 만든 법전, 즉 차르 알렉세이가 1649년에 공포한 이른바 『울로제니예』에 잘 반영되어 있다. 이 법전은 여러 측면에서 민법과 형법의 내용을 포함하고 있었다. 재산과 관련된 문제, 그리고 개인 간의 분쟁을 상당히 자세히 규정하고 있으며, 차르의 법을 어겼을 경우의 가혹한 벌칙에 대해 다양하게 설명하고 있다. 그러나 법전은 조세 납부, 임대, 요역 의무는 물론이고 차르가 일반 백성과 농민에게 가한 거주 제한에 대해서도 언급한다. 나아가 법전은 군사적 봉사의 대가로 엘리트 토지소유주들에게 베푼 재산권, 무엇보다 영구히 토지에 묶인 농민에 대한 권한(농노제의 핵심)을 보증한다. 당시 유럽에서는 로마법을 계승하였으며 후에 '근대 법사상' 의 전형으로 간주된, 합리적인 성문법이 공포되었다. 그러나 1649년의 『울로제니예』는 그런 법전이 아니었다.7) 비록 법전이 '주권자 차르와 전 러시아의 전제군주'로 체현되는 고도로 중앙집권화한 정부 기구를 언급하고 있긴 하지만 이 국가의 헌법, 그 세부사항의 규정, 기원이나 법률적 근간, 구성 부분들, 사법 절차 등은 어디에도 규정되어 있지 않다. 냉정하게 말해 『울로제니예』는 제법 근사한 법전의 몰골을 갖추고 있긴 해도, 러시아가 본질적으로 로마제국 붕괴 이후 르네상스가 도래할 때까지 유럽에서 지배적이었던 세습적 봉건국가임을 말해준다.

표트르는 그가 물려받은 국가를 좀 더 효율적으로 기능하게 했을 뿐아니라, 진정으로 동시대의 유럽에서 빌려온 것에 맞먹는 수준으로 그 권력을 법제화했다는 점에서 결정적인 진보를 이룩했다. 자신도 그 수혜자였던 유혈 쿠데타로 점철되는 고질적인 왕위 계승 위기는 그러한 조치들을 더욱 전제적으로 만들 뿐이었다. 그러한 위기와 상대적으로 낙후된 러시아의 정치에 대한 그의 해결책은, 러시아 정부를 17세기 유럽에서 경험한 관료제 혁명으로 인도하는 것이었다. 관료제 혁명은 프로이센과 몇몇 다른 독일 공국과 스웨덴의 절대왕정으로 구현되었고, 관방학(官房學, cameralism)의 교의 속에 정리되었다(cameralism은 라틴어로 '방' '사무실'을 가리키는 camera에서 왔다. 관방학은 정부의 목적이 사회와 경제를 정비하여 국가 역량을 팽창시킴으로써 국가의 수입 증대에 있음을 전제로 하는 학문이다). 표트르의 관료제 혁명이 가진 더욱 두드러진 형태를 좀 더 설명해보자. 우리는 관료제 혁명에 내재된 정치적 함의를 간과하는 경향이 있다. 엘리트 집단 가운데에서 발생하는 끝없는 기능분화, 음모, 공식적 지위와 왕실의 총애를 얻기 위한 술수 등의 문제점은 계속 존재한다. 그런 악덕 중 많은 부분은 표트르가 왕위를 계승하면서 얻어진 것이지만, 알렉산더 멘시코프의 경우처럼 상당 부분은 표트르 자신이 더욱 강화한 측면이 있다. 끝없는 정치적 계산은 의심할 여지없이 국면의 전개와 정부 개혁의 수준을 결정했다. 그러나 결코 본질적인 정신까지 해치지는 못했다.[8]

표트르의 관료제 개혁이 갖는 더욱 두드러진 특징은 인간관계나 관례보다는 복무기간과 업적에 따른 이해하기 쉬운 구조의 국역(國役) 서열제이다. 이것은 군사개혁과 해상법전을 모델로 삼았으며, 1722년 1월에 발표한 유명한 관등표와 관련 법규에 잘 반영되어 있다. 그 조항들은 또한 1718년부터 창설해온 새로운 국가 행정기구들에도 나타나 있으며, 그 기구들의 운용 과정은 1720년 1월에 발표한 상세한 보편

규례에 잘 정리되어 있다. 신설된 기구들 가운데 중핵을 이루는 것은 새롭게 보완되고 기능적으로 확실하게 정리된 집행부서의 존재이다(군무원, 외무원, 법무원, 상무원, 해군원 등등). 각 부서는 한 명의 장관보다는 관료들의 위원회가 통솔했는데, 모든 사안은 실무진과 종속된 감사원(피스칼리) 체제의 지원을 받았다. 1711년에 창설된 의회는 협의를 거쳐 집행부서들을 통제하는 기능을 담당했다. 감사원의 임무는 재정자문관의 임무와 사법부의 기능을 합쳐놓은 것과 유사했다. 그들의 존재는 모든 수준에서 정부의 정직하고 효율적인 행정을 보증하는 존재로 설정되었다. 일상화된 비즈니스가 아니라 점점 더 정부의 부패로 인식된 관행을 제거하는 데 있어, 특히 앞선 옛 러시아 정부와 자신의 치세에서 관례화된, 뇌물 수수와 봐주기 관행을 뿌리뽑는 것이야말로 표트르가 주도한 국가개혁의 핵심이었다. 의회 의원과 내각 부서의 구성원을 포함한(각 부서는 장관과 차관, 4명의 비서관과 4명의 고문이 있었다) 모든 고위공무원은 후보로 지명된 후 상원 혹은 담당 부서의 신중한 심사를 거쳐 군주가 임명했다. 황족이거나 귀족 집안 원로일지라도 무능한 자는 대상으로 고려되지 않았다.

표트르의 관료제 혁명은 러시아정교회로도 확장되었다. 정교회의 전통적 본부인 모스크바 총대주교좌는 1721년 군주가 임명한 성직자들로 구성되는 기구인 성무회의로 대체되었다. 성무회의는 의장의 감독 아래 의회와 유사한 관료기구에 의해 보조되었다. 총주교좌는 1700년 이래 공석으로 남아 있었다. 마지막 총대주교인 아드리안이 타계한 뒤 표트르는 후계자 선출을 거부했던 것이다. 총대주교좌를 대체할 성무회의를 만들어냄으로써 표트르는 행정과 교회 수입을 개혁된 신국가체제 안으로 포섭했다. 교회의 몫을 빼앗아 국가의 부와 권위를 제도적·법적으로 늘리며, 교회가 국가에 종속적인 지위로 떨어진다는 용어 자체의 의미대로, '세속화'야말로 오랫동안 정치적 근대화의 주요한 측면으로 간주되어왔다.[9]

표트르의 관료제 혁명에서 주목할 만한 또 다른 예로, 조세 수입을 기반으로 1724년 상트페테르부르크에 과학원을 설립한 것을 들 수 있다. 과학원은 국가에 봉사할 관리들을 육성하고 정부가 필요로 하는 책들을 펴내며, 전 러시아의 지도를 작성하고(러시아사상 처음으로), 국가가 후원하는 연구를 이끌었다. 황명으로 설립된 과학원은 통치자가 임명한 인물들에 의해 운영되었고, 표트르는 항상 과학원의 후원자였다. 표트르는 또한 국가의 경제와 사회면에서 전례가 없을 정도의 중앙정부 통제를 관철시키는 데에도 관료제적 수단을 사용했다. 그 대표적인 예가 인두세인데, 매년 모든 성인 남성의 '영혼'에 대해 부과되었으며 (귀족과 성직자는 제외) 초기에는 군이 징수를 담당했다. 감찰관망은 법의 적용을 강제하고 부패를 일소함으로써 사회와 경제에 대한 정부의 통제를 강화한다는 임무를 부여받았다. 중앙과 지방관서의 직원들도 유사한 활동을 함에 따라 감찰관의 기능을 수행하는 관리는 배증했다. 또한 그런 과정을 모두 정당화하기 위해, 표트르는 세속적이고 절대군주적인 황제의 이념을 채택했다. 절대군주 이념은 '민간적' 형식으로 새롭게 만들어진 언론 지면에 발표되는 일련의 구두 지시에 의해 퍼져나갔다. 뒤에서 그중 짤막한 훈령 두 편을 살펴볼 것이다. 훈령 외에 새로운 시각적 형상물들도 절대군주의 이념을 강화하는 작용을 했다. 시각적 형상물의 예로는 공식 초상화, 메달, 주화, 지도, 깃발, 인장, 국가문장 등이 있다.[10]

표트르의 정부 개혁 중 1722년 2월에 선언된 왕위 계승 절차에 관한 규정은, 동시대 유럽의 절대왕정 국가들이 도달한 것보다 훨씬 더 절대주의적 색채가 강하다. 이 선언에 따르면 왕위 계승은 표트르 이전의 옛 러시아나 유럽 다른 국가들의 경우처럼 상속권에 따라 자동적으로 이루어지는 것이 아니라, 통치하는 군주가 임명한다. 사실상 표트르의 선언에 의해 재위 군주는 무능한 자식에게 제위를 물려주지 않아도 되고(표트르 자신이 왕세자 알렉세이에게 한 것처럼), 누구든 자신이 고른 인물을(남성이든 여성이든) 제위에 올릴 수 있는 것이다. 그는 또한 러시아에서 여성이 통치자에 등극할 수 있는 길을 열어놓았다. 그 결과 표트르가 세상을 떠난 이후 뒤를 이은 예카테리나 1세를 시작으로 18세기의 나머지 75년 중에서 66년을 여성 황제가 통치하게 된다. 후계자들 중 아마도 가장 성공적인 인물일 예카테리나 2세(재위 1762~96)는 예카테리나 1세와 마찬가지로 로마노프 왕가와는 혼인을 통해 맺어졌을 뿐 실질적 혈연관계는 없었다. 그녀의 아들인 파벨 1세(재위 1796~1801)는 모친의 오랜 치세에 분개하여 그 이후 엄격한 남성 승계 원칙을 확립했다. 파벨 1세의 조치는 군주들의 자질을 향상시키지는 못했으나 새로운 통치자의 등극 질서를 안정시키는 데에는 기여했다(파벨 1세의 아들인 알렉산드르 1세의 경우는 예외다. 알렉산드르 1세는 후사를 남기지 않은 채 1825년 사망함으로써 계승 위기가 표면화되었다).

국가를 개혁(재구성)하려는 표트르의 주요 동기들 중 최신 유럽 모델에 바탕을 두고 이해하기 쉬운 사법 법전을 편찬하려는 노력에 주목할 필요가 있다. 그러한 시도는 이미 1649년의 『울로제니예』에 어느 정도 반영되어 있다. 표트르의 치세에 그러한 노력이 실패했다는 것은 사실이다(한 세기 뒤의 니콜라이 1세 때까지 후계자들에 의해 계속 산발적으로 시도되었다). 법전 초안은 이미 표트르 시기에 준비되었지만 공표되지는 못한 채 기록보관소에 남아 후대의 입안자들에게 자료로 쓰이는 데 그쳤다. 표트르는 정부 행정체계에서 벗어난 독립적 사법체제의 도입에도 성공하지 못했다. 그러한 구상은 옛 러시아의 전통에 어긋나는 것이었으며 1864년의 사법개혁 때까지 이루어지지 못했다. 또한 동시대 독일과 스웨덴의 사례에 따라 도시와 지방의 자치정부를 활성화하려는 노력도 제한된 성공만을 거두었을 뿐이다. 지방자치의 관념이 옛 러시아의 관습은 물론 차르와 그 대리인에 대한 권위 훼손으로 여겨졌기 때문이었다. 그러나 이 모든 실패는, 정부의 부정부패를 제거한다는 근본적 목표가 실패한 것에 비하면(놀라운 일도 아니다) 아무것도 아니다. 그러나 관료제, 군사, 법, 이념의 핵심적 측면에서 리시아 근대국가가 표트르 시기에서 출발한다는 사실을 부정할 수는 없다.

표트르의 국가는 어떤 정치조직인가? 지금까지는 동시대 독일 지역에서 부상하고 있던 '질서 잡힌 경찰국가'로 묘사되는 것이 일반적이었다. 어느 역사학자가 지적했듯이, 초기 근대 유럽(특히 독일)의 '질서가 잘 잡힌 경찰국가의 개념과 실행수단'을 '정력적으로, 또 체계적으로' 채용함으로써 표트르 정부의 구조는 점차 제도적 기반을 구성하고 표트르의 다른 개혁을 위한 틀을 제공하는 종합적 통치 구조를 갖추었다(이 문맥에서 쓰인 '경찰'의 의미는 백성들을 교육과 더 나은 의료혜택 등등으로 교화한다는 의미까지 포함하는 것이지, 단순히 범죄를 억압한다는 의미가 아니다).[11] 이 구조는 제정이 무너질 때까지(1919년) 유지되었다. 표트르의 개혁에 대해 깊이 연구한 다른 학자는 이로부터 '근대 서비스 국가'의 개념이 나왔다고 주장했다. 즉 '보편적인 서비스와 실행 체제'를 갖추고 '개인적 통치에서 관료제적 통치로' 이행하는 것이 특징인 국가를 의미한다. 그러나 이 연구자는 "전체적으로 살펴보건대 표트르의 내국 지배 체제의 최종적 형태는, 비록 완성된 형태는 아니지만 질서 잡힌 경찰국가에 대한 근대 초기의 이상형보다는 근대 경찰국가나 군사독재 국가의 형태에 가까워졌다"라고 평가했다.[12] 이 문제에 대해 또다른 의견을 제시한 연구자는 표트르가 러시아의 선대 통치자들로부터 물려받은 세습적 국가를 '부분적으로 흔들어놓는 데 그쳤으며', 그 결과 러시아의 장래에 암운이 드리워지게 되었다고 평가했다. 또 다른 연구자는 표트르의 국가가 단순히 전통적인 옛 러시아의 독재권력을 새롭게 군사화되고 관료화된 형태로 재편한 것에 지나지 않는다고 보았다.[13]

이러한 평가들은 모두 틀림없이 부분적으로 진실이다. 그러나 표트르의 개혁국가를 러시아적 맥락에서 이해하는 것만큼만 동시대 유럽적 관점에서 이해한다면, 표트르의 러시아는 동시대 프랑스, 프로이센, 스웨덴 등에서 부상하고 있던(혹은 이미 형성된) '절대군주제'로 묘사될 수 있을 것이다. 이들 절대군주국가는 모두 세속적, 왕조적, 군사적, 관료적, 사법적, 개인적 인물 구성 면에서 다양한 복합체의 특성을 보여준다. 그러한 세습왕권들은 모두 새롭게 근대화된 군사력과 국가 관료제를 갖추어 국내 통치를 다지고 대외적 요구를 강화했다. 또한 이 국가들은 백성들에게 완전한 주권을 주장하고 군주는 개인적으로 그들의 정부를 지휘했다. 이 국가들은 명료하고 자세하며(내용이 명료하고 자세하며 최종적으로 자연법에 의거했다는 점에서) 계몽주의적인 법률로 통치하고자 했다. 이 국가들은 영토 내에서 법정이나 교회, 봉건영주, 시의회 등의 어떤 다른 힘보다도 우선하는 최고 권위 혹은 절대권력을 정당화했다. 그리고 그 근거로 종교적인 용어보다는 상식적인 선, 혹은 국가 자체의 이익을 내세웠다. 이것이 바로 절대주의 유럽 국가의 초기 근대적인 형태였다. 초기 근대 유럽에서는 소수의 국가들만이 입헌군주제나 공화국이었으며, 공화국들도 귀족제에 가까운 과두정의 형태였다. 동시대 유럽 국가들이 압도적으로 절대왕정의 형태였다는 점을 감안하면 표트르가 그들을 모델로 삼은 것은 놀랄 만한 일이 아니다. 표트르는 특히 발트 해 지역의 패권을 놓고 경쟁했던 스웨덴의 모델을 적극적으로 참고했다.¹⁴⁾ 이런 맥락에서 살펴보면 표트르의 새로운 국가는 공통적인 유럽 국가들의 변형이며, 러시아의 위치와 시대적 배경을 고려할 때 대체로 성공적이었다고 평가할 수 있다. 표트르의 체제가 스스로 선택한 용어로 설명해볼 때, 러시아는 당시 정교를 신봉하는 기독교 공동체나 모스크바의 준아시아적 옛 중심에 세워진 세습왕조국가 이상의 존재였다. 러시아는 모든 기독교도 백성들(정교도, 루터교도, 로마 가톨릭)을 다스리는 유럽적 '제국'이었다. 상트페테르부르크에 본부를 두고, 비록 법적으로 절대적 권력을 가졌지만 군주조차도 보편적인 선에 도덕적으로 예속된 국가라는 것이다.

표트르의 정부는 새 국가의 성격을 규정하기 위해 두 건의 중요한 정치적 문서를 발표했다. 러시아사상 선례가 없는 일이었다. 하나는 「군주의 지배 유산을 지정하는 데 있어서 군주 의지의 권리(프라브다 볼리 모나르셰이 보 오프레델레니 나슬레드니카 데르자비 스보예이)」라는 제목의 글로 1722년 모스크바에 처음 발표되었다. 문건은 구식 키릴문자와 신식 키릴문자 두 종류로 인쇄되었는데, 신식문자 문건으로는 이례적이게도 대형 판형으로 1200부나 찍었다. 우크라이나 출신 성직자 페오판 프로코포비치가 그 문건을 편집했거나 최소한 부분적으로 작성했다. 프로코포비치는 1716년 교회 문제에 대해 조언을 하고 공공 선언문을 준비하는 역할을 맡아 상트페테르부르크에 온 인물이다.[15] 개정판은 1726년 모스크바와 상트페테르부르크 두 곳에서 출판되었으며, 신식문자로만 인쇄되었는데 놀랍게도 2만 부를 찍었다. 또한 1724년에는 베를린에서 독일어판이 나왔다. 표트르는 「프라브다」에 명백히 큰 의미를 부여했다. 그의 표면적인 목표는 1722년의 급진적 새 계승법을 설명하고 옹호하는 것이지만, 더 원대한 목표는 러시아에서 절대왕정의 새로운 교의를 찬양하자는 것이었다. 「프라브다」는 이 분야의 전문가라면 주의깊게 살펴보는 문건이지만 역사적 의미에 대해서는 일반적인 정설이 아직 확립되지 않았다. 전문가들 사이에서도 이 문건의 진가를 제대로 이해하지 못하거나 무시하는 경향이 있다.[16]

「프라브다」의 본문은 절대군주제와 새로운 상속법을 지지하는 16개 항목의 '이유 혹은 논쟁'으로 이루어져 있다. 그리고 각 항목은 다시 수많은 문단과 요점이 부가되어 있으며, 이 주장을 뒷받침하기 위해 '인류의 역사'와 성서에서 추출한 47개의 '사례집', 길지 않은 서문과 후기도 붙어 있다. 16개의 이유 중 9개 조항은 '모든 부모가 보편적으로 갖는 권위'에 대해 설명하고, 그 뒤의 7개 조항은 '주권자로서의 아버지(군주)가 갖는 권위'에 대해 말한다. 사례 중 6개는 성서에서 취한 것이며, 나머지 41개는 정선된 작가들이 집필한 '인류의 역사'에서 나온 것이다. 연대는 페르시아의 키로스 왕(유명한 네덜란드 법학자 후고 그로티우스의 저서에서 인용)에서 시작하여 15세기 모스크바 대공국의 이반 3세까지 이른다. 성서와 관련된 몇 구절은 초기 기독교 교회의 교부들이 저술한 그리스어와 라틴어 보충 인용에까지 범위가 미친다. 「프라브다」가 성직자들이 선호하는 교회 구전 슬라브어가 아니라 서유럽 언어(특히 독일어와 라틴어)에서 자유롭게 빌려온 용어들로 쓰였다는 사실은 주목할 만하다.

「프라브다」를 통해 옹호되는 절대왕정이라는 새로운 교의는 처음에는 기독교 세계의 동서방 전체를 아우르는 일련의 종교적 문헌까지 들먹이며, 문건을 작성한 이가 성직자(들)임을 암시한다. 그러나 이 문건에서 언급하는 '이유'들과 그들의 지원 '사례'는 러시아에서 여태 글을 읽을 줄 아는 평신도들이 쉽게 읽을 수 있는 형태로 발표된 적이 없었고, 절대주의를 옹호하는 데 동원된 적도 없었다. 나아가 「프라브다」는 초기 근대 유럽의 자연법 이론가들 사이에서 논쟁을 불러 일으켰다. 그중 가장 주목할 만한 인물이 앞서 언급한 후고 그로티우스이다. 예를 들자면 그 조문 중에는 러시아인 독자에게 이런 질문을 던지는 곳이 있다. "다른 유럽인들이 라틴어에서 온 표현대로 마에스타트 혹은 마에스테트라 부르는 영광스러운 왕가의 칭호 '폐하(벨리체스트보)'는 어떤 의미인가?" 곧바로 따라오는 설명은 다음과 같다.

이 단어는 문법적으로 단순히 한 존재가 다른 존재보다 우월하다는 것을 의미한다. 그러나 우리는 '폐하'를 이런 포괄적인 의미로 간주하지 않고 정치철학의 맥락에서 이해한다. 일반적으로 슬라브인을 포함하여 모든 민족은 마에스테트(벨리체스트보)를 바로 최상의 경의를 표해야 할 존재, 지고의 권위를 가진 이를 지칭할 때 쓴다. 따라서 폐하란 초월적 위엄을 지녔고 이 세상에서는 하나님에 다음가는 위대한 존재일 뿐 아니라, 거부할 수 없는 최고의 입법자, 실행자, 심판자의 권위를 가지며 그 자체로 어떤 법률에도 얽매이지 않는다. 그러므로 가장 저명한 법학 교수들 중 폐하의 의미를 설명한 후고 그로티우스의 말은 다음과 같다. "('폐하'라 불리는) 최고의 권위는 그의 행동들이 다른 이의 의지로 취소 가능한 다른 권위에 종속되지 않음을 의미한다. 여기서 말하는 다른 이란 최고의 권위를 가진 그 존재를 배제하고 말하는 것이다. 그는 자신이 의지를 자유롭게 바꿀 수 있다.(후고, 『전쟁과 평화에 관한 법률』, 제1권 3장 7조)."

「프라브다」는 이어서 다음과 같이 말한다.

법학자들이 최고의 권위를 지칭할 때 사용하는 '폐하'라는 호칭의 의미를 이해해야 한다. 이 권위를 지닌 이는 지상의 그 어떤 다른 권위에도 종속되지 않는다. 폐하는 신성한 군위와 인간의 마음속이나 십계명에 존재하는 신의 법률에만 종속된다. (…) 그러나 신성한 법에 종속되는 과정에서 그 권위는 인간의 판단이 아니라 하느님의 뜻에 부합되느냐만이 문제가 된다. (…) 우리는 이것을 자연스럽게 안다. 최상이자 최고의 궁극적 권위인데 어찌 인간의 법률에 얽매이겠는가? 만일 다른 존재에 종속된다면 최고라 부를 수 없을 것이다. 또한 주권은 그 자체로 법전의 역할을 하는데, 그 행동은 자발적 의지에 의한 것이지 다른 이의 요구에 따른 것이 아니다. 그러므로 주권자들은 자신이 모범을 보임으로써 백성들이 기꺼이 법을 준수하도록 한다. 혹은 법이 선하며 유익하다는 것을 입증한다.[7]

성서와 초기 기독교 교회 교부들이 한 말이 거기에 덧붙여진다. 그리고 그 모든 시도는 절대왕정이 상속권자를 지정하는 데 있어서 '완전히 자유롭고 전체적 힘을 부여받은' 존재임을 주장하는 것으로 귀결된다.

프로코포비치나 표트르의 명령을 받은 다른 이가 작성한 「프라브다」(《군주 의지의 권리》)는 그러므로 확연하게 근대적인(혹은 초기 근대적인) 정치적 관점을 드러낸다. 사실 이 문건은 1709년에 출판되었으며 마찬가지로 프랑스의 루이 14세의 절대왕정을 옹호하고 있는 부셰 주교의 선언이나, 영국의 제임스 1세의 절대왕정을 옹호하는 「자유로운 왕정의 진실한 법」(1598)과 잘 비교가 된다. 프라브다는 또한 그 문맥이 대표하는 지성적 지역적 경계의 확장이라는 면에서 주목할 만하다. 이 문헌은 러시아인을 '다른 유럽인들' 속에 있는 것으로 파악한다. 예를 들어 러시아어에 새로 도입된 '유럽(예프로파)'라는 단어가 있다. 이 신조어는 「프라브다」와 다른 표트르 시기의 러시아 문어를 통해 뿌리를 내렸다. 그밖에 「프라브다」는 러시아인들이 열렬히 속하기를 원하는 더욱 넓은 유럽 세계로 펼쳐 보인다. 그런 면은 다음과 같은 구절 속에 잘 나타난다.

> 민법에 관해 수많은 저자가 쓴 책들의 수많은 구절에서 언급하듯, 부모가 자식에게 물려주는 것을 결정할 권리가 있다는 것에 의문을 제기하는 곳은 없다. 전체 문명세계가 이 문제를 그렇게 인식한다. 누군가 그렇게 많은 스승과 법률 입안자들이 있다는 것을 의심한다면, 이곳 러시아에서조차, 심지어 황도 상트페테르부르크에서 누군가 그런 사람이 나온다면 사례를 들어줄 수 있다. 무가치한 아들에게 상속하지 않는 이유와 환경에 대해 설명한 300권 이상의 문건을 보여주겠다. 그래도 만족하지 못한다면, 유럽 전역의 유명 대도서관에 들어가서 함께 찾아보자! [18]

또한 「프라브다」에는 핵심 논지를 증명하기 위해 유럽사에서 채용한 시사적 사례들이 수없이 많다. 다른 곳에서는 비유적으로 암시되었던 사상(4장 참조), 즉 러시아를 유럽의 일부로 간주한다는 관점이 이곳에서는 직접적으로 드러난다. 그것이야말로 표트르의 전체 계획의 가장 큰 목표였다.

표트르 치세에 발표된 또 다른 중요한 정치적 문건은, 동시대의 번역된 제목으로는 다음과 같다. 「차르 표트르 1세 폐하가 1700년 스웨덴 왕 카를 12세에 대항하여 전쟁을 시작하게 된 정당한 법적 근거에 대한 강론」. 이 문건은 1장에서 살펴본 표트르 시기의 대표적 외교관 표트르 샤피로프가 작성한 것이다. 1717년 민용문자로 상트페테르부르크에서 처음 출판되었으며, 1719년에는 모스크바에서, 1722년에 다시 상트페테르부르크에서 재판을 찍었고, 그 다음에 동시대 독일어로 번역된 판이 나왔다(이것을 바탕으로 1723년 영어판이 처음으로 출간되었다). 이 문건 또한 수많은 부수가 팔렸다. 총 판매부수는 2만 2천 부에 달했다. 이러한 정황들은 가능한 한 널리 이 문건의 메시지를 전파하려는 표트르의 열망을 잘 보여준다. 간략히 말하자면, 러시아가 스웨덴과 치른 장기간의 전쟁은 필요하고 정당했다는 것이다. 나아가 「강론」은 처음으로 러시아가 동시대 유럽에서 이해되던 국제법 용어를 받아들였을 뿐 아니라, 러시아가 처음으로 유럽적 국가체제에 참여하고자 하는 공식적 소망을 표현한 물건이다.[19]

앞서 언급한 바와 같이 화려한 외교적 경력 덕에 샤피로프는 북방전쟁의 거의 모든 결정적 국면에 개입하게 되었다. 그는 1697~98년의 표트르의 대사절단의 일원으로 참여했다. 「강론」에 따르면, 당시 사절단이 리가를 통과할 때 스웨덴의 리가 지역 당국이 차르를 모욕했으며 그것이 결국 전쟁의 주원인이 되었다고 한다. 샤피로프는 1699년 협력하여 스웨덴에 대항하는 전쟁을 벌이기로 한 덴마크, 폴란드-작센, 러시아 동맹에 대표로 참석했다. 또한 1701년에는 표트르 자신과 폴란드-작센 왕 아우구스투스 2세의 사이에서 동맹을 강화하는 협상을 벌이는 과정에 참석했다. 1703년 그는 모스크바의 대귀족으로서 외무성 의장(실질적으로 외무상)이라는 새 칭호를 받아들인 F. A. 골로빈의 개인 비서가 되었다. 1706년 골로빈이 사망하고 또 다른 대귀족 G. I. 골로프킨이 직위를 승계하자 샤피로프는 부의장이 되었다. 그 칭호는 1709년 막후에서 부지런히 움직이며 러시아가 폴타바에서 스웨덴에 승리를 거두는 데 기여한 뒤 공식화되었다. 같은 해 샤피로프는 폴란드와 프로이센 왕으로부터 신성로마제국 남작과 기사 작위를 부여받았다. 1710년에는 표트르에게서 남작 작위를 받았으며 지방의 토지를 포상으로 받았다.

폴타바 전투 이후 러시아가 점점 더 유럽의 정세에 말려들게 되자 샤피로프의 외교적 활동 또한 활발해졌다. 그가 한창 왕성하게 활동하던 시기에 해낸 성과로는 표트르의 조카딸 안나(후에 여제가 된다)를 1710년 쿠를란트 공작에게, 1716년 예카테리나를 메클렌부르크 공작에게 혼담을 주선한 일을 들 수 있다. 1717년 샤피로프는 차르와 외무의장 골로프킨을 대동하고 파리와 암스테르담을 방문하여 프랑스-프로이센-러시아 간의 무역과 정치 조약을 체결했다(1717년 8월). 이로서 러시아의 유럽 열강으로서의 역할은 공식적으로 승인되었다. 샤피로프는 또한 러시아가 오스만투르크에게 패한 프루트 전투 이후 평화협정이 맺어질 때까지 1711~13년 사이에 많은 시간을 콘스탄티노플에서 러시아측 인질이 되어 가택연금 상태로 보냈다. 1717년 그는 새로 구성된 외무원 부의장이 되었다. 1719년에는 표트르가 고위귀족들만을 대상으로 창설한 새로운 성 안드레아 기사단의 기사가 되었다. 1722 년에는 의회 의원이 되었다. 간략히 말해 샤피로프의 경력은 옛 러시아의 대사처(샤피로프와 그의 부친은 이곳에서 직원으로 일했다)라는 닫힌 세계에서 거대한 유럽 정치외교무대로 발전하는 러시아 관리사회의 혁명적 변환을 체현한다. 「강론」 서문에서 샤피로프는 자신을 러시아의 충성스런 '애국자'라 칭하면서 차르 표트르를 두둔하여 스웨덴의 선전으로 그를 공박하는 이들에게 맞선다. 그 과정에서 탄생한 이 문건에 대해 어느 권위있는 연구자는 '특히 18세기 초의 국제법과 외교 이론 및 실행에 정통한 법적, 역사적 개요서'라고 평가했다.[20] 그것은 확실히 그의 시기 러시아인으로서는 괄목할 만한 성취였다.

마찬가지로 인상적인 것은 문건에 사용된 러시아어이다. 사전적 용어의 확장에 따라 필연적으로 일어난 러시아어의 의미론적 확장은 문법과 문체의 근대화를 촉진했다(이에 대해서는 다음 장에서 살펴보겠다). 「강론」은 문장의 바로 첫 페이지부터 당연히 포함되기 마련인 법률과 외교 용어는 물론이고 새로운 정부조직과 항해, 군사용어로 가득하다. 이 용어의 대부분은 영구히 러시아어에 정착했다. 또한 그 모두는 쓰인 문맥을 감안할 때 샤피로프가 동시대 유럽 외교문화를 잘 알거나 능통했다는 것을 잘 보여준다.

「강론」은 또한 절대왕정에 대한 확고한 지지라는 면에서도 주목할 만하다. 이 문건은 절대군주제를 이렇게 선언한다. "최고의 신의 심판을 제외하고는 세상에서 그 이상 가는 존재가 없는 위대한 주권자." 또한 이 문건은 개인적으로 표트르의 유럽화 정책을 지지한다. 표트르 이전 시대에는 "어떤 러시아인도 러시아어밖에는 읽고 쓸 줄 몰랐다. 그러나 이제 우리는 폐하 자신부터 독일어(혹은 네덜란드어)를 말하고, 수천 명의 러시아인 남녀 백성이 그리스어, 독일어, 프랑스어, 이탈리아어 영어, 네덜란드어를 능숙하게 구사한다. 그럼으로써 그들은 부끄러움 없이 모든 다른 유럽인과 견줄 수 있다." 이 서술은 표트르 혁명의 상당히 큰 부분을 표괄적으로 요약한다. 표트르 이전에 러시아의 세계적 위상이 어떠했든 간에, 이제는 그의 육군 재조직과 해군 창설, 스웨덴에 대한 승리, 새로운 예술과 과학의 도입, 정부의 개혁 덕에 논쟁의 여지없이 유럽의 강대국으로 발돋움했다. 또한 그럼으로써 다른 유럽 열강들로부터 동등한 대접을 받게 되었다.

표트르의 사망시까지 러시아는 주권국가들로 이루어진 유럽 체제의 완전한 일원이 되었다. 이것은 그 자체로 외교적 혁명이며, 시스템이 가져온 더 큰 의미의 혁명의 일환이었다. 유럽 모든 국가의 수도에는 러시아의 상설 대사관들이 세워졌다. 이것은 표트르가 즉위했을 때 오직 바르샤바에만 대사관이 개설되어 있던 것과 극명하게 비교된다. 표트르의 선왕들이 가끔 서쪽으로 보냈던 사절은 옛 러시아식 복장과 수염을 했으며 한 가지 언어밖에 못 했고, 방문국 인사들을 의심했으며, 틀에 박힌 지침만을 고수하며 상대방을 질리게 했다. 그에 반해 표트르가 파견한 대사는 패션에 맞춰 차려입고, 말쑥한 용모에 깨끗하게 면도를 하고, 프랑스어, 독일어, 이탈리아어를 구사하며 협상에 임했다. 놀랍게도 그들은 가끔 똑똑한 정부(情婦)를 동반하기도 했다. 사실상 표트르의 가장 유능한 외교관 중 하나였던 안드레이 마트베예프는 런던에서 임무를 수행하던 도중, 표트르의 열정적인 지원을 받아 유럽에서 외교적 면책 특권의 법률화라는 최종적 노력이 결실을 맺는 데 큰 공헌을 했다. 마트베예프는 빚 때문에 체포된 뒤 투옥되었다. 영국 정부는 격노한 차르를 달래기 위해 표트르에게 공식적으로 사과하고 마트베예프에게 보상했을 뿐 아니라, '전권을 부여받은 외국 왕공이나 국가의 대사나 기타 공식 장관들'에게 절대적 면책 특권을 부여하는 법안을 의회에 상정했다. 다른 유럽 국가들도 곧 그 선례를 따랐다. 그리하여 표트르를 대표하는 한 외교관이 근대 국제관계의 중요한 요소를 만드는 데 기여한 것이다. 나아가 러시아의 왕자들은 독일 공주들과 결혼하여 부인들의 나라에 거주하고 있었다. 발트 해는 스웨덴의 호수에서 러시아의 호수로 탈바꿈했다. 러시아군의 한 부대는 폴란드의 독립을 지켜냈다. 또한 발트 함대가 호위하는 상트페테르부르크는 신속하게 북유럽의 수도가 되어갔다. 예전의 고립된 러시아 왕국의 면모는 어디에서도 찾아볼 수가 없었다.

제 4 부

문화 혁명

표트르의 거대한 혁명 프로젝트의 각 구성 요소는 러시아인들로 하여금 수많은 새로운 문화적 실현, 가치, 용어들을 받아들이게 했다. (…) 제정러시아가 창시자의 서거 이후에도 북유럽의 열강으로 살아남기 위해 러시아인은 이 모두를 한 세대 안에 배워야 했다. 의복, 행동거지, 사교, 항해, 건축, 조경, 화기, 미술, 회계, 측량, 조각, 작문, 시각화의 새로운 방법이 도입되었다. 이러한 각 방면의 활동들과 그에 관련된 모든 무기, 기구, 도구들의 이름을 지어주기 위해 새 단어가 도입되고 새로운 사고가 채택되었다. 이렇게 정착된 문화적 혁명은 최종적으로 표트르의 모든 혁명적 계획과 연결되었다.

The Revolution
of Peter the Great

표 트 르   대 제

The Revolution of Peter the Great

1. 표트르와 동료들

2. 군제 혁명

3. 외교 혁명과 관제 혁명

4. 문화 혁명

5. 혁명과 저항

6. 상트페테르부르크

해군의 창설, 육군의 대규모 재조직, 국
가의 관료제화, 러시아의 유럽 편입······ 표트르의 거대한 혁명 프로젝
트의 각 구성 요소는 러시아인들로 하여금 수많은 새로운 문화적 체
험, 가치, 용어들을 받아들이게 했다. 근대 전함의 건조와 함대의 항
해, 제복 착용과 훈련, 장비, 보급, 전개, 근대 기계무기의 사용, 새로
운 방식의 관료제를 조직하고 운영하는 문제, 다른 유럽 국가들과 동
등하게 외교활동을 전개하는 것, 적절한 개념과 용어로 새로운 국가
운영체제를 합리화하는 것, 표트르의 새로운 국가, 즉 제정 러시아가
창시자의 서거 이후에도 북유럽의 열강으로 살아남기 위해 러시아인

은 이 모두를 한 세대 안에 배워야 했다.

의복, 행동거지, 사교, 항해, 건축, 조경, 화기, 미술, 회계, 측량, 조각, 작문, 시각화의 새로운 방법이 도입되었다. 이러한 각 방면의 활동들과 그에 관련된 모든 무기, 기구, 도구들의 이름을 지어주기 위해 새 단어가 도입되고 새로운 사고가 채택되었다. 이렇게 정착된 문화적 혁명은 최종적으로 표트르의 모든 혁명적 계획과 연결되었다. 인류가 만들고 행하고 생각하고 말하는 수많은 방법을 가리키는 공통적 용어인 '문화'가 도입된 것이다. 문학, 음악, 그림, 조각, 건축, 조형예술과 마찬가지로 언어 또한 문화이다. 요리, 경쟁, 의복, 통치, 춤, 축제, 기도, 재판 또한 그런 의미에서 문화라고 할 수 있다. 그러나 역사가들이 약간 광범위하게 사용하는 '문화 혁명'의 의미는 훨씬 모호해진다.

어느 역사학자는 이와 같이 지적했다. "종교개혁은 1559년의 종교재판으로 일목요연하게 결정된 법률적, 행정적 처분일 뿐만 아니라 심원한 문화적 혁명이기도 하다." 다른 역사학자는 18세기 후반 프랑스 대혁명의 정치적 사회적 변화와 관련하여 일어난 문화적 혁명의 모습을 보여주었다. 스탈린은 그의 독재를 강화하기 위해 1928~31년에 소련에서 문화 혁명을 시작한 것으로 이야기된다. 또한 17세기에 일어난 자연계에 대한 사고방식의 급격한 변화는 '과학혁명'(이 용어가 탄생한지 50년이 넘었다)이라 불리며 코페르니쿠스, 데카르트, 갈릴레이, 뉴턴, 라이프니츠의 이름과 관련된다.[1] 이렇게 다양한 문화 방면의 변화는 논쟁을 수반하는 경우가 대부분이었으며 동시대인들에게도 그렇게 받아들여졌다. 소수의 능동적인 집단들이 이러한 변화를 의식적으로 주도하였다. 이러한 변화들이 갑작스럽게 나타난 것처럼 보였기에 혁명 이후의 단계는 혁명 이전의 상태와 확연하게 구분되었다. 각각의 사회에서 출현한 변혁은 지속적으로 후대에 영향을 미쳤다. 정치나 경제, 사회 분야는 여전히 역사 연구의 주요 방면으로 남아 있지만 역사학자들은 문화를 인간 행동의 훨씬 함축적인 표식으로 보고 관심을 기울이기 시작했다. 정치적 경제적 사회적 혁명과 함께 발생했건 그렇지 않건 역사에서의 주요한 사건들, 다시 말하자면 결정적인 전환점은 문화 혁명이라 불리고 있다.

표트르 치하 러시아의 경우, 그의 체제가 추진한 경제적 혹은 사회적 변화들은 주로 전쟁을 지원하기 위한 것으로, 최종적으로 경제적 혹은 사회적 혁명으로 이어졌다. 상층귀족들은 서열에 따라 재편되고 대부분의 농민대중에게는 새로운 조세 부담이 부과되었다. 산업과 외국무역은 급속히 성장했다. 그러나 그 어느 것도 사회나 경제를 근본적으로 재조직하지는 않았다. 또한 표트르의 시기에는 비록 '관료제 혁명'은 있었지만 총체적으로 정치적 혁명이 이루어진 것도 아니었다. 지배계급이 대체된 것도 아니었고, 정부조직 자체에 근본적인 변화가 있었던 것도 아니다. 관료제 혁명은 육군의 대규모 재조직, 해군의 창설, 유럽에서의 러시아의 열강 지위 확보와 함께 이루어졌으며, 그 과정에서 정치적 혁명이란 부차적인 것, 혹은 덜 극적인 것으로 간주되었다. 오히려 표트르 시기에 일어난 변화 중 러시아사에서 큰 중요성을 지니는 것은 문화적 혁명이었다. 문화 혁명은 정치적·경제적·사회적 방면에서 동시대 러시아인의 삶에 일어난 변화들에 촉발되었지만, 그 변화들을 넘어선 것이기도 했다.

표트르의 문화 혁명의 3대 측면은 상세히 연구되어 있다. 건축, 시각예술, 언어이다. 문화 혁명은 앞서 언급한 기준으로 정의할 때 세 갈래 혁명이 함께 일어난 변화들을 결정적으로 잘 설명한다. 이 변화들은 의식적으로 의도되고 상대적으로 갑자기 발생했으며, 동시대인에 의해 주요 변화로 인지되었고, 효과가 지속될 변형을 만들어냈다. 각 변화들을 건축 분야부터 유형별로 살펴보자.[2]

1717년 프랑스 방문 시 표트르는 파리 과학원의 명예회원으로 위촉되었다. 프랑스 과학원의 회원 중 몇 명은 그가 상트페테르부르크에 유사한 기관을 세우는 것을 도왔다. 파리 과학원이 수여한 명예직은 분명히 스웨덴에 대한 군사적 승리와 유럽 내에서 높아진 러시아의 위상을 반영하는 것일 뿐 아니라, 동시대 유럽문명의 가치를 보존하는 방향으로 국가를 개혁하려는 노력을 높이 평가한 것이기도 했다. 후자의 평가는 1725년 표트르에 대한 추도사 때 다시 언급되었다. 과학원의 회원들이 모인 가운데 낭독된 이 추도문에 따르면 그는 "조잡하고 볼품없던 기존 건축을 완전히 바꿔놓았다. 그는 러시아에 건축이라 불릴 만한 것을 최초로 탄생시켰다."[3] 이러한 평가는 오늘날의 관점과 유사한데, 그 자체로 표트르 시기 교양 있는 유럽인의 시각에 대한 증거일 뿐 아니라 상당수의 러시아 지도층에 퍼진 인식이라는 점에서 더욱 중요하다.

초기 근대 유럽의 교양 있는 사람들은 건축에 대해 논의하기를 좋아했다. 그들은 건축을 확실한 방법으로 예술과 건축과학이 합체된 구성물로 인식했다. 그러한 구성물들은 교회, 궁전, 개인주택(민용건축), 요새(군용건축), 선박(해상건축)을 포함했다. 비록 이 세 갈래는 어느 정도 서로 접하고 있었지만, 그 사회적 중요성이 가장 큰 민용건축이 두드러지게 고려되었다. 유럽에서 민간건축은 국가의 발전에 따라 세 단계를 거치는 것으로 인식되었다. 즉 고대건축, 고딕 건축(중세건축), 근대건축이다. 그중 고대건축은 고전 그리스와 로마의 건축을 의미하는데, 미학적으로나 기술적으로 돋보인다. 이런 관점에서 볼 때 고대건축은 건축적 미와 장려함의 표준을 마련했다. 그 기준은 중세 고딕 건축 시기에 쇠락했다가 르네상스 시기에 되살아나 근대를 열었다. 이러한 해석에는 이견이 없다. 학자들이 나중에 르네상스, 매너리즘, 바로크, 신고전주의 등으로 분류한 형태를 받아들였건 아니건, 초기 근대 유럽은 기본적으로 고전주의의 비례와 장식 기준에 수렴되었다. 그러한 태도는 특히 도리스식, 이오니아식, 코린트식, 토스카나식, 복합식이라는 다섯 종류의 건축 양식에 체현되었다. 각 양식은 주두와 기둥으로 이루어지며, 정형화한 비례 법칙과 일련의 틀에 박힌 장식과 주형을 가지고 있었다. 이것들은 모두 16세기 이탈리아에서 세바스티아노 세를리오가 확립한 것이다. 이 다섯 양식은 비뇰라에 의해 대중화되었으며, 궁전, 저택, 일상주택, 교회 내외부, 무덤, 소방서, 아치, 문, 정원 등 유럽 전역의 건축물에 응용되었다. 파리 과학원의 추도사 낭송자가 표트르가 러시아에 이식했다며 찬양한 건축이란 이런 의미에서 한 말이다.

그 과정은 사실상 표트르의 젊은 시절의 군사와 항해 관련 경험에서 비롯되었다. 표트르가 즉위하기 이전 러시아에서는 요새 축조가 활발히 이루어졌다. 그러나 그 요새들은 목재와 흙을 재료로 한, 시대에 뒤떨어진 방어물이었다. 재목으로 쌓은 벽과 망루는 뾰족하게 깎은 말뚝으로 보강되어 긴 해자와 지상의 거대한 둔덕으로 보호되었다. 15세기 말이 되자 상당한 규모의 벽돌 요새 축조가 나타나기 시작한 것은 사실이다(예를 들면 모스크바의 크렘린). 그 요새들은 이탈리아 장인들에 의해 세워졌으므로, 중세 유럽 특히 이탈리아의 건축 양식에 맞춰 지었다. 천막 지붕과 같은 전통적인 러시아적 장식 양식이 곧 그에 추가되었는데, 유럽인이 보기에는 이국적이고 첨단 양식처럼 느껴지기도 했다. 17세기 이전 러시아의 요새 건축은 타타르나 다른 토착 유목민 혹은 평원지대 주민의 침입에 대처하는 남부와 동부 국경의 방어에는 효과적임이 입증되었다. 그러나 그것들은 서쪽의 폴란드나 스웨덴의 공격을 막아내는 데는 덜 효과적이었다. 동시대 유럽의 표준에서 볼 때 표트르의 즉위 직전 러시아의 군사건축은 전체적으로 보아 중세적이었고, 스타일 면에서는 생소한 것이었다. 한 전문가는 이렇게 평가했다. 최상으로 봐줘야 '약간 진보한 것보다 조금 더 나은 정도'라고. 지방은 여전히 서쪽으로부터의 공격에 취약했고, 이는 표트르 치세 초기 내내 존재한 위협이었다.[4]

유럽의 '근대적' 요새화는 일반적인 근대건축과 마찬가지로 르네상스 시기 이탈리아에서 비롯되었다. 건축주들은 중세식의 취약한 높은 탑을 줄이고 방벽을 두텁게 하며 곡면을 강화하면서 넓고 깊은 해자를 만들어, 강력해지고 사거리가 늘어나는 공성무기에 대응했다.

방어무기가 요새에 접근하는 적들을 쓸어버릴 수 있도록 삼각형 혹은 '화살촉형' 보루가 벽으로부터 돌출해 나왔다. 또한 전체 윤곽도 사각형보다는 오각형이 선호되었다. 우선적인 고려 사항은 수직적 방어보다는 수평적 방어능력이었다. 따라서 보루는 탑보다 핵심적인 역할을 수행했다. 보루의 돌출부와 연계되어 양측면으로 각각 최고 4문까지 포를 비치한 포대가 장막 같은 벽 뒤에 대기하고 있었다. 포대는 장막 자체와 이웃 보루의 노출된 면을 방호하는 기능을 했다. 도시 전체는 신식 보루로 둘러쳐져 사각지대가 없는 방어체제를 갖출 수 있었다. 그리고 보루로 보강된 요새를 둘러싼 해자 너머의 공간은 다져진 흙으로 긴 사면에 노출되어 공격자들이 요새의 포화에 쉽게 노출되도록 했다. 기타 무기들이 배치되도록 설계된 수많은 장치들은 심지어 포위 공격자들을 함정에 몰아넣을 수도 있었다. 포위공격은 점점 더 길고 어려워지고 비용이 많이 들었으며, 방어력에 상응하는 공성무기의 발전을 촉진했다. 부대와 무기는 포위 상황의 요새전을 중심으로 발달했으며, 주의깊게 계산되고 꼼꼼하게 실행된 방어 조치들이 등장했다. 요새와 그 외곽 방어선을 따라 토목공사와 참호 굴착이 이루어져 방호시설을 마련했다. 이러한 전술은 한편으로 요새 지휘관들로 하여금 고도로 정교한 방어시설 공사를 하도록 만들었다. 초기 근대 유럽에서 발생한 요새화와 포위공격이라는 상호 연계된 발전은 전례없는 규모와 복잡성을 지닌 군사 건축을 만들어냈고, 그 유물은 아직도 유럽 전역에서 목격할 수 있다.

젊은 차르의 전쟁놀이를 위하여, 러시아군에서 복무하는 외국인 장교들은 모스크바 근교의 프레오브라젠스코예와 콜로멘스코예의 왕실

영지에 근대 양식의 작은 요새들을 급조했다. 패트릭 고든 장군의 증언에 의하면 콜로멘스코예의 '놀이용' 요새는 1693~94년에 표트르 자신이 설계한 것이고, 스스로 모의 공성전을 지휘했다. 이 모든 것은 1695~96년의 아조프 요새에 대한 공격의 준비 작업이었다.[5] 아조프의 오스만투르크 요새는 아마도 표트르가 맞닥뜨린 가장 선진적인 요새였을 텐데, 그곳을 점령한 후에는 유럽 각지에서 징집한 수백 명의 건설자들에 의해 집중적으로 보강되었다. 수천 명의 러시아인 정착민이 아조프 요새로 이주했고 '페트로폴리스(표트르의 도시)'라 이름이 붙어 러시아의 주요한 항구이자 군사기지가 되었다. 그러나 전체 시설물은 러시아가 오스만투르크에게 1711년에 패배한 후 버려졌다. 이곳이 되살아나는 것은 1780년대 예카테리나 2세가 크림 반도와 흑해 북부 해안지대에 대한 항구적인 통제권을 지니기 시작하면서였다. 표트르

가 처음으로 근대적 공성무기와 요새화 전술을 사용한 것도 아조프 전투와 그 이후의 방어진 보강 작업을 통해서였다. 또한 처음으로 근대적 마을 계획을 세운 곳도 여기였다. 이 경험은 후에 그가 발트 해안에 또다른 '페트로폴리스'를 세우는 데 유용하게 쓰였다.

마찬가지로 표트르가 처음으로 진지하게 근대 함선 건조 문제에 몰입하게 된 것도 성공적인 아조프 전투 때였다. 표트르와 동료들은 1688년에서 1693년 사이 '장난감 함대'를 모스크바 북쪽 교외 호수에 띄워 시범 운항을 한 뒤 백해와 북극해에서 훈련을 마쳤다. 고든 장군은 아조프 전투의 승리를 이러한 준비의 철저함의 덕으로 돌렸다. 이 전투에서는 돈 강변의 보로네즈에서 건조된 갤리선과 화포선들이 오스만투르크 요새의 성공적 공략에 크게 기여했다. 이 함선들은 아르한겔스크에서 가져온 네덜란드식 설계도에 따라 건조된 함선이었다. 고든이 이야기했듯이, 아조프 전투는 "수많은 러시아인이 불가능하다고 생각한 것을 완벽하게 해낸" 성취였다.[6] 2장에서 살펴보았듯이, 표트르 자신도 나중에 러시아 해군의 창설은 바로 보로네즈와 아조프에서 1696년에 이루어졌다고 선언했다.

함선 건조 분야에서의 표트르 혁명은 군사 방면과 민간건축 방면의 진행과 마찬가지로, 곧 1703년 스웨덴에게서 빼앗은 영지에 세워진 상트페테르부르크 인근에 집중되었다. 새 수도가 되는 이 도시 최초의 주요 건축물은 페트로파블롭스키 요새였다. 이 요새는 성 베드로와 성 바울 교회의 이름에서 딴 것이다. 또한 조선소 단지가 들어섰다. 이 복합단지의 망루들은 도시의 1차적 방어체계를 구축했다. 목조 가옥을 곧 대체한 석조 요새와 교회들처럼, 요새의 건물들은 이탈리아–스위스계 건축가 도미니코(도메니코) 트레치니가 설계했다. 1710년경까지는 약 8천 명의 노동자, 군인, 선원 등 영구 거주자 외에 그 숫자를 능가하는 유동인구가 살았다. 그들은 조선소와 요새를 둘러싸고 서둘러 세워진 1만 6천 채의 목조 가옥, 상점, 교회에서 살아가며 일하고 종교 활동을 했다. 집들 중에는 표트르 자신의 도믹도 있었다. 도믹은 그가 1697~98년 사이 네덜란드에 체류하던 시절에 선호하던 네덜란드식의 단순한 목조 가옥이었다. 1710년까지는 도시의 초보적 윤곽이 잡혔다. 이 도시는 완전히 새롭고 근대적인 양식으로 지어졌다(러시아어로는 '새롭다'와 '근대적이다'를 모두 '노비'로 쓴다).

물론 러시아에서 상트페테르부르크의 민간건축보다 앞서는 소수의 선례가 존재한다. 표트르의 치세 초기와 심지어 그의 이전에도 모스크바 시내와 교외에 혼합적 '모스크바 바로크' 양식이라 불리는 교회와 가옥들이 지어진 사실은 잘 알려져 있다. '모스크바 바로크'란 20세기 초 러시아 미술사학자들이 고안해낸 용어로, 사실 정확한 개념 규정은 아니다. 유럽적인 관점에서 볼 때 진정으로 바로크와 관련된 요소는 거의 없기 때문이다. 사실 그 건축물들의 외장이나 내장 중 일부 요소만이 바로크적인 것으로 볼 수 있다. 이 건축 활동을 주도한 것은 옛 러시아의 최상층 귀족들이었다. 그중에는 표트르의 외척들도 포함되어 있었다. 그들은 새로운 건축양식을 도입하면서 폴란드, 우크라이나, 벨로루시를 통해 유입된 서유럽의 문화를 과시하고자 했던 것이다. 동시에 구조 자체는 건축가들이 아직 바로크 양식을 완전히

구현한 건축물을 세울 능력이
없음도 보여주었다. 바로크 양
식은 이탈리아 르네상스가 매
너리즘을 거쳐 도달한 소산이
며, 17세기 말 유럽 전역에서
우세한 양식이었다. 그럼에도
불구하고 오늘날까지 모스크바
에 일부 남아 있는 이런 구조물
들은 러시아에 도래할 새로운
양식의 선구자로 간주할 수 있

··· 바로크 양식과 전통적인 러시아 양식을 혼합한 17
세기 말 건축물(Church of the Intercession)

다. 마치 진품을 먹기 전에 시식해보는 샘플처럼.

정확히 언제 어디서 표트르 혁명의 건축 부문 활동이 시작되었는지
정확히 어떤 형태의 양식이 그 첫 개화기를 맞았는지(매너리즘? 바로크?
뭔가 또 다른 양식?)는 이 책에서 다루고자 하는 관심사가 아니다. 르네
상스 전통을 따르는 유럽 건축이 표트르 시기에 와서야 러시아에 최
종적으로 완전히 이식되었다는 것과, 유럽에서 데려온 수천 명의 건
축가들의 도움을 받았다는 것은 의심의 여지가 없다. 유럽인 건축가
들은 모스크바 근교는 물론이고 아조프와 보로네즈에서 우선 활동을
시작했다(17세기 전체를 통해 러시아에서 활동한 유럽인 건축가 중 알려진 사람
은 30명 정도에 불과하며, 대부분 요새 건축에 종사했다). 또한 상트페테르부
르크의 건설 과정에서 축적된 거대한 노력은 그로부터 거의 2세기 동
안 러시아에 유럽식 건축의 중심점으로 남아 있었다는 점 또한 의심

의 여지가 없다. 표트르가 세상을 떠난 1725년까지도 4만 명에 이르는 주민의 대부분은 나무집이나 초벽집에 살았다. 그러나 최소한 후자의 경우 유럽인 건축가들이 세운 집을 본따 짓거나 동시대 유럽 도시 주택의 외관을 모방했다. 나아가 도시의 수많은 관공서나 공공건물은, 동일한 건축가가 설계했든 다른 건축가가 설계했든 간에 대부분 벽돌이나 석재로 지어졌고, 방문자들의 찬사를 받았다. 비록 모든 유럽인 방문자가 기록을 남긴 것은 아니지만. 가장 중요한 것은 외관만이 아니라 도시의 총체적 윤곽 면에서 상트페테르부르크가 동시대 모스크바 혹은 다른 러시아 도시와 극명한 대비를 이루었다는 점이다. 이것은 도시의 성벽에 얽매이지 않는 상트페테르부르크의 자유로운 팽창의 결과였다. 직선으로 뻗은 거리와 넓은 대로는 모스크바의 좁은 골목길과 대조적이었다. 그 어떤 길보다도 규칙적으로 거리를 향해 가옥들이 늘어서 있었으며, 부지에는 외호가 맞댄 지붕과 창고에 가려져 있었다. 건축학적으로 상트페테르부르크가 동시대 유럽적 의미에서 '근대적' 도시였다면, 모스크바는 아직 '중세적' 도시였다.

17세기 유럽인 방문자의 눈에 비친 모스크바는, 금박을 씌운 반구 지붕을 가진 수많은 교회로 가득한 도시였다. 이 교회들은 요새화된 방벽과 귀족들의 저택과 더불어 도시에 초월적인 분위기를 부여했다. 그러나 다양한 보고서에서 그러한 첫인상은 곧 시들해졌다고 기록하고 있다. 러시아를 여러 차례 방문한 독일인 학자이자 외교관인 아담 올래리우스의 주목할 만한 기록에 의하면, "모스크바는 겉은 마치 예루살렘처럼 빛나고 있지만, 안에 들어가보면 베들레헴과 같았다."[7]

또 다른 방문자의 보고에 의하면, 엄청난 규모(약 20만 명의 주민이 거주)와 수많은 교회, 붐비는 시장에도 불구하고 모스크바는 "전체적으로 볼 때 뒤죽박죽인 도시였다. 아무런 건축적 양식이나 미적 가치 없이 세워진 도시였다."[8] 1697년 영국에서 표트르에게 고용된 항해기사 존 페리 선장은 1698년 자신이 본 모스크바에 대해 이렇게 서술했다.

어떤 여행자든 항상 도시에 다가가면 수많은 교회, 사원, 귀족과 유지의 저택, 첨탑, 교회의 꼭대기에 있는 금박에 덧칠한 반구지붕과 십자가를 목격하고는 이 세상에서 가장 부유하고 아름다운 도시 중 하나라고 생각하게 된다. 내가 노브고로드 가도를 따라 내려와 모스크바를 처음 보았을 때도 정말 그랬다. 그러나 좀 더 가까이 다가가면 속았다는 느낌을 받게 되고 기대 이하라는 실망을 느낀다. 거리를 거닐거나 집에 들어가보면, 귀족과 일부 부유층의 주택을 제외하고는 어디나 나무로 지은 집들이고, 설계는 조악하기 그지없다. 길이나 집 사이에 놓인 벽이나 울타리는 나무로 만들어져 있고, 길 자체도 돌을 깔아놓은 것이 아니라 나무로 가장자리를 둘러놓았을 뿐이다.[9]

동일한 방문자가 러시아의 지방도시를 방문했을 때의 느낌은 훨씬 덜 인상적이었다. 그들은 전통적 양식으로 지어진 몇 채의 교회와 귀족이나 상인 주택을 발견했을 뿐이다. 그 석조건물들은 언제든 불이 붙기 쉬운 단순한 목조가옥들이 다닥다닥 붙은 마을 곳곳에 흩어져 있었다(구식의 러시아 마을은 일 년 내내 화재에 시달렸다). 주거지들은 불규칙적인 도로로 나뉘어 있었는데, 도로의 표면은 목재(만일 뭔가 깔았다면)로 되어 있었고 마찬가지로 조악한 방어시설로 둘러싸여 있었다. 17세기 러시아를 방문한 유럽인 방문객들의 보고는, 원시적인 마을 모습이거나 전형적인 중세적 묘사라는 점에서 두드러지게 일치한다. 그들에게 러시아의 도시들은 유럽적인 면모가 거의 없었다.

방문자들이 무엇을 생각했는지를 왜 살펴봐야 하는가? 그렇게 할 때 젊은 차르 표트르를 포함하여 사회적 영향력의 핵심인 러시아 지배층이, 러시아의 건축적 유산에 대해 대체로 부정적인 관점을 공유하게 되었다는 점을 발견하기 때문이다. 이 핵심 지배층 중 수백 명은 1697~98년에 표트르 자신이 그랬던 것처럼 1680년대와 90년대에 공무상 폴란드, 오스트리아, 이탈리아, 독일, 프랑스, 네덜란드, 영국을 방문했다. 그들은 바르샤바, 빈, 로마, 라이프치히, 드레스덴, 파리, 암스테르담, 런던과 다른 유럽 도시에 몇 주 혹은 몇 달간 머무르면서 처음으로 새로운 건축을 경험했다. 그들은 선호하는 건축물의 도면이나 삽화가 든 역사책, 지리서, 건축 관련서들을 가지고 돌아왔다. 스스로 '새롭고 근대적인' 양식을 맛보고 나자 러시아 지배층 사이에서는 유럽 건축에 대한 선호가 확고해졌다. 그러나 전통적인 옛 러시아 기술로 훈련받은 토착 건축가들은 그러한 취향을 만족시킬 수 없었다. 그래서 탄생한 결과물이 앞서 언급한 혼합적 '모스크바 바로크' 양식이다. 그러나 일단 젊은 표트르가 왕권을 확고히 하고 나자 아무도 그를 제지할 수 없었다.

수십 명, 수백 명의 유럽인 건축가들이 표트르의 대리인에 의해 고용되어 러시아 각지의 현장에 투입되었다. 표트르의 치세에는 상트페테르부르크 건설에만도 그러한 건축가들이 1천 명 이상 투입된 것으로 추정된다. 그들은 또한 러시아인 조수들에게 그들의 기술을 가르쳤다. 건축학교들도 세워졌는데, 처음에는 비공식적인 형태로 나타났다가 점차 조직화된 형태로 발전해나갔다. 그 발전 과정은 상트페테르부르크 예술원의 설립(1757)으로 정점에 달했다. 예술원은 곧 화가, 조각가, 도형예술가만이 아니라 유럽 수준의 건축가를 길러내는 기구가 되었다. 러시아인 학생들을 위한 교재가 만들어졌다. 그중 가장 유명한 것은 삽화를 곁들인 비뇰라의 『건축의 다섯 양식의 규범』(1562년 로마에서 출간됨) 러시아어판이었다. 이 책은 아마 초기 근대 유럽에서 가장 보편적인 건축 매뉴얼이었을 것이다. 이 책은 전 유럽에서 헤아릴 수 없을 만큼 중쇄를 거듭했고 여러 언어로 번역되었다. 비뇰라 저서의 러시아어판은 1709, 1712, 1722년에 모스크바에서 인쇄되었으며 그 뒤로도 자주 중쇄를 찍었다. 이 책은 18세기 러시아에서 건축에 관해 가장 널리 알려진 책이 되었다.

표트르와 그를 계승한 황제들이 고용한 유럽인 장인들은 새로운 건축과 관련된 내장 기술을 수십 명의 러시아인 학생에게 가르쳤다. 그들은 또다시 수백 명의 러시아인 도제를 길러냈다. 그들은 모두 차르와 황실 가족, 혹은 다른 지배층 가문, 그리고 상관을 모방하고자 하는 보통 귀족들이나 관리들을 위해 일했다. 다양한 새 양식으로 수많은 궁전과 정부 청사가 지어졌다. 마찬가지로 많은 귀족 별장과 지방 유지들의 저택이 처음에는 상트페테르부르크 인근에, 이어 모스크바 근교에 지어지기 시작했으며, 지방으로 퍼져나갔다. 표트르의 교회 개혁은 교의나 의식 측면까지 침투하지 않았으므로 자연히 새로 지은 교회들은 전통건축 양식을 좀 더 많이 보전했다. 그러나 이곳에서조차 새로운 양식의 도입은 뚜렷했으며 때로는 압도적이기까지 했다. 그러한 경향은 특히 상트페테르부르크와 교외의 황실이나 지도층 대귀족 영지에 세워진 교회에서 두드러지게 나타났다. 러시아 각지에 들어선 새로운 도시들은 '규칙적인' 도시계획이라는 원칙에 따라 세워졌다. 이 원칙이 처음으로 완전히 적용된 곳이 바로 상트페테르부르크였다. 그리고 화재와 웃자란 이끼로 황폐해진 구시가지와 건물은 1723년 표트르가 선언한 것처럼 '상트페테르부르크처럼 규칙적으로(레굴라리아르노)' 건축되거나 재건축되었다. 그리하여 새로운 건축의 기술, 용어, 가치가 상트페테르부르크를 중심으로 그의 치세 때부터 러시아에 유입되기 시작했다. 그 흐름들은 심지어 광대한 러시아의 오지 농촌 마을까지 도달했다. 그리하여 전통적인 건축 형태와 무질서한 외관까지 영원히 바꿔놓았다. 1722년 8월, 표트르는 화재의 예방과 '더 나은 건물에 기거하기' 위해서, 마을을 세울 때는 새로운 '계획'에 따라 짓거나 재건해야 한다고 선언했다. 주택과 마당은 크기를 표준화하고, 그 사이에는 일정한 거리를 두어야 했다. 집들은 전면으로 입구를 내고, 직선으로 줄을 맞춰 지어야 하며, 가로계획과 동일한 높이로 지어야 했다. 많은 면에서 표트르를 의식적으로 모방하고자 노력한 예카테리나 2세의 치세 중, 상트페테르부르크 당국은 400개소 이상의 도시와 마을의 계획이나 재개발을 지휘했다. 이 모든 노력은 예카테리나 2세가 말한 대로 러시아의 건축

환경에 "좀 더 유럽적 외관을 갖추기 위한 시도"였다.[10]

건축 방면에서 추진된 표트르 혁명은 건물 예술의 모든 방면에 영향을 미쳤고, 늦든 빠르든 러시아제국의 모든 지역에 전파되었다. 그 결과 앞선 시대에는 상상조차 할 수 없었던 건축 환경의 변혁이 이루어졌다. 최초에는 요새화와 선박 건조라는 필요성 때문에 시작했고 본질적으로는 민간건축은 한 가지 색채만 지녔지만, 건축 혁명은 동시대 유럽 건축을 신중하게 러시아에 도입한다는 원칙에 의한 과정이었다. 18세기의 첫 몇십 년 동안 너무나 확고히 이식된 결과 그것들은 러시아 건축사의 향후 흐름을 결정지었다. 표트르와 그의 후계자들 치세의 다른 시각예술, 특히 그림, 조각, 드로잉, 에칭, 박공 등의 그래픽예술 분야도 마찬가지로 설명할 수 있다. 표트르가 즉위하기 전 이러한 예술들은 러시아에서 전형적인 중세적 방식으로 이루어졌다. 근대적인 요소는 (존재했다고 해도) 거의 없거나 제한적으로만 나타났다. 다시 한 번 동시대 유럽 예술과 비교의 표준인 르네상스 전통에 비춰보자. 르네상스적 전통은 '새롭고' '근대적' 형상과 그에 관련된 형상 표현 기술을 포괄한다. 표트르는 이것을 그가 물려받은 옛 러시아의 시각예술보다 선호했다. 이제 표트르의 문화 혁명의 둘째 측면을 살펴보자.

'르네상스'라는 용어는 통상적으로 15~16세기 이탈리아에서 일어난 시각예술 활동을 지칭하는 데 쓰인다. 르네상스는 고대 그리스와 로마적 양식을 신중하게 모방한다는 것을 표방했으며 의식적으로 고전적 표준으로 회귀했다. '르네상스'라는 말 자체가 이탈리아어 리나시타(rinascita, 재탄생)에서 온 것으로, 그 시대 자칭 '인문학자'들이 중세 시기 사라졌거나 무시당한 고대의 가르침이나 시각예술적 요소를 그들의 교양으로 삼고 고전적 또는 '인간적' 문화를 되살린다는 점을 강조하기 위한 시도였다. 이러한 되살림은 이탈리아에서 먼저 일어났고, 이탈리아적 모델을 따라 프랑스, 스페인, 독일, 영국, 이어 유럽의 다른 지역으로 퍼져나갔다. 새롭게 발견되거나 재편된 고대의 저술, 살아남거나 재발견된 고전 예술에서 동기를 얻어, 르네상스 학자와 예술가, 그들의 후견인들은 형상 묘사에서 자연주의의 가치를 발견하고 조각품의 사실성, 회화의 환상성, 3차원적 사실성을 찾으려 했다. 그 결과 중세 예술과 비교할 때 혁명적이고 새로운 양식의 표현이 등장했다. 중세 예술가들은 자연의 모방이 아니라 종교적 이야기를 전달하기 위해 기존의 방식으로 형상과 상징을 배치하는 데에만 관심이 있었던 것이다.

르네상스 예술의 성취 가운데 원근법과 해부학의 전례 없는 숙달이 있다. 그 자체로 완성된 예술이건 채색화를 위한 준비 작업이건 스케치와 구도잡기가 완전히 새롭게 강조되었다. 또한 색과 빛과 명암에 대해 새로운 인식이 요구되었다. 이것은 달걀 템페라화 대신 유화가 등장하고 목판 대신 캔버스가 쓰이기 시작한 것에 크게 기인한다. 이탈리아의 르네상스는 프레스코화(젖은 회벽에 그리는 회화)가 재등장했다. 메달 주조 공예도 부활했다. 틀을 갖추고 자체적으로 수납 가능한 이젤 그림도 소개되었다. 대리석, 청동, 납, 왁스, 석고, 설화석고, 점토를 재료로 하는 자연주의적 조각이 번성했으며, 판화미술도 등장했다. 자연주의적 초상화가 크게 유행했고, 풍경화도 독자적 장르로 자리를 잡았다. 고전 역사와 신화학은 성서나 기독교적 가르침과 함께 형상 표현의 소재로 받아들여졌다. 아직 전반적으로는 종교적 내용이 주류를 이루고 있긴 했지만, 세속적 초상화의 유행과 고전적 주제에 대한 선호는 양식에서의 자연주의적인 면의 선호와 함께 외관상 르네상스 조상의 표현에서 세속적 동기들이 강해진다는 것을 암시했다. 어쨌든 세속 인물의 초상화와 조상, 지역의 경치와 도시적 풍경, 지상과 바다에서의 전투 장면 묘사, 이른바 일상생활의 장르 회화의 등장 등은 르네상스 예술이 발원지인 이탈리아를 떠나 '매너리즘' 국면을 거쳐 진화하고 17세기 후반 유럽 전역에서 '바로크'적 형태로 우세해짐에 따라 점점 더 두드러졌다. 그러나 새로운 시각예술의 놀라운 개화 성과 중 러시아에 도착한 것은 아직 거의 없었다.

바로크 예술가들이 강조하고 싶어 한 르네상스적 시각예술의 가치는 자연주의, 올바른 디자인, 조화로운 구성, 고풍스런 맛 등이었다. 이것은 왕조, 교회, 귀족주의를 찬미할 목적으로 웅장한 전시품을 만들어냈다. 바로크 시각예술은 르네상스 자체보다 훨씬 더 힘이 넘치는 예술로 사회 지배층의 영광을 찬양하고 그들의 요구를 과시했다. 차르 표트르는 1697~98년과 1716~17년에 유럽을 여행할 때 그 점을 놓치지 않았다. 그는 주로 바로크적 형태로 새로운 예술과 건축을 러시아에 이식했다. 그러나 표트르는 개인적으로 좀더 온건한 네덜란드 화파의 그림에 끌렸다. 네덜란드 화가들은 사실주의에 있어 추종을 불허하는 대가들이었다. 표트르는 암스테르담에서 바다 그림, 초상화, 풍경화, 정물화, 장르 풍경화 등을 사들여 그가 좋아하는 작은 궁전 페터호프의 '몽플레지르'에 걸어두었는데, 이것이 사실상 러시아에 설립된 최초의 화랑이었다. 곧 그의 동료들 중 선도그룹이 그의 경우를 따라했다. 그중에는 멘시코프 대공, 브루스 육군원수, 마트베예프 백작, 이름을 언급할 필요가 있는 러시아의 모든 귀족 가문이 포함되어 있었다.

표트르는 새로운 시각예술적 표준에 완전히 매료되었다. 그러자 지배계층의 대부분 역시 그를 따랐다. 이것은 표트르의 문화적 혁명의 명백한 전환점이 되었다. 그러나 옛 러시아의 형상 표현에 대한 유럽적 영향력은 옛 러시아의 건축에 대한 영향만큼이나 수십 년 동안 기반을 다져왔다. 예를 들면 표트르 이전에도 러시아 궁정에서 자연주의적인 초상화 그리기에 대한 취향의 증가에 따라, 새로운 예술의 몇 가지 특징을 드러내는 통치자나 대귀족의 그림이 나타났다. 화가가 외국인이든 러시아인이든 유럽의 주류와는 상당히 고립되어 있었고 진짜 초상화보다는 화폐 등에 주조된 형태가 대부분이긴 해도, 남아 있는 작품들을 분석해보면 쉽게 알 수 있다. 옛 러시아의 성상화, 즉 교회 벽이나 목판에 템페라화로 그렸으며, 어디서나 찾아볼 수 있는 성스러운 이콘들은 낡은 비잔틴 전통을 따랐는데, 이것들 역시 유사하게 새로운 시각예술의 징후들을 보여주었다. 즉 더 자연주의적인 얼굴 모습과 더 사실적인 의복의 세부 묘사와 배경, 선형원근법의 광범위한 시도, 선이 가늘어진 스케치 등이 그것이다. 그러나 새로운 예술 분야의 흐름은 분명히 러시아의 르네상스가 도래할 조짐은 아니었다. 게다가 이 무렵 러시아에 도입된 새로운 형상 표현의 주된 원천은 네덜란드나 독일에서 만들어진 판화나 동판화였다. 그들의 독특한 디자인과 성서에 나오는 풍경의 자연주의적 묘사는 충분히 러시아인 구매자들의 마음을 사로잡았고, 작든 크든 모방품을 만들도록 자극했다. 충실하게 기록된 사례 한 건만 들어보자. 1650년 암스테르담에서 처음으로 출판된 삽화 성경 안에서 사도행전에 기록된 대로 성 빌립보의 행적 중 한 순간을 묘사한 그림과 유명한 네덜란드 예술가 매르텐 반 헴스케르크(1498~1574)의 스케치를 모사한 판화는, 17세기 말엽 러시아 각지의 서로 다른 네 곳의 벽화와 서로 다른 두 점의 목판 이콘에 영감을 주었다.[111] 유럽 전역에서 후원자와 예술가들을 매혹시킨 확대된 자연주의적 묘사 기법과 더욱 세밀한 디자인은, 이제 러시아의 후원자와 예술가들 사이에서도 최선의 상태에 도달했다. 당시 유럽에서는 혁명적인 새로운 인쇄 매체가 이미 르네상스 예술을 전파하는 주요 대리인으로 기능하고 있었다.

표트르가 새로운 예술적 표준으로 향한 결정적 사건은 1697~98년에 유럽으로 파견된 대사절단이었다. 당시 북독일, 네덜란드, 영국, 오스트리아에서 그들은 새로운 형상 표현을 목격했다. 그 형상들은 르네상스, 매너리즘, 바로크적 영광을 새로운 건축과 함께 구현하고 있었다. 그들은 교회와 궁전을 방문하고 회화와 판화를 구입하고, 러시아에서 일하게 될 화가를 최소한 5명 고용했으며 자신들의 초상화를 그려 받았다. 표트르의 초상화를 그린 화가 중에는 당시 런던의 가장 유명한 초상화가로 독일에서 태어나 네덜란드와 이탈리아에서 공부한 고드프리(고트프리트) 크넬러도 있었다. 크넬러가 그린 표트르의 전신 유화 초상화는 자세, 의복, 배경 설정 등 모든 면에서 매우 인공적으로 관습적인 궁정화풍을 따르고 있다. 그러나 원경에서는 표트르의 뒤로

··· 크넬러의 표트르 대제 초상

전함이 보인다. 이 전함은 자신을 영국으로 데려온 해양에 대한 야망을 상징하는 것이 틀림없다. 동시대인들은 표트르의 얼굴이 호감을 주는 인상이라고 생각했으며, 그의 초상화 복제품은 널리 팔려나갔다. 표트르는 그 초상화를 가지고 돌아가 러시아에 귀화한 화가 샤를 부아에게 어깨와 두상 부분만 표현한 다량의 축소화를 그리도록 명령했다. 이 세밀화들은 그가 유럽에서 외교적으로 상대한 인물들, 즉 왕공과 고위 귀족들을 그리던 방식의 유행을 따라 그려졌다. 이 화풍은 그가 귀국한 후 총애하는 신하들을 그리는 데에도 적용되었다. 크넬러의 초상화는 러시아 통치자의 최초의 공식적 초상화가 되었다. 마찬가지로 부아가 그린 세밀화 중 한 점은 곧 모스크바에서 일하는 러시아인 화가들의 모델이 되었다. 왕실 공방에서 상당량의 복제본이 제작되었고, 차르는 그것들을 사용하여 공을 세운 관리나 친구들에게 초상화를 하사하는 일을 계속할 수 있었다. 유사한 세밀화들이 멘시코프 대공을 대상으로 하여 그려졌다. 왕세자 알렉세이와 다른 대귀족들의 초상화도 그려졌다. 그리하여 왕실의 호의를 상징하는 기념물로서 에나멜 유화 초상화를 하사하는 러시아적 유행이 태어났다. 유의할 것은, 모든 표트르 초상화와 세밀화에서 배경은 전통적인 러시아 복장이 아니라 동시대의 유럽적인 의상으로 그려졌다는 점이다.

표트르는 1698년 암스테르담에서 직접 동판화 기법을 배웠다. 그의 스승은 아드리안 쇼네벡이었다. 쇼네벡은 우수한 동판화가일 뿐 아니라 인쇄출판업자이기도 했다. 그는 차르의 요청에 따라 전함, 화기, 군사적 승리, 지도, 초상화, 건축 도면을 조각한 수많은 동판화를 납품했다. 나아가 그는 러시아에 처음으로 인쇄소를 설립했다. 그곳에서 쇼네벡은 어느 모로 보나 러시아 최초의 도형예술가인 알렉세이 주보프를 발탁하여 훈련시켰다. 주보프는 1710년 모스크바에 자신의 인쇄소를 설립했다. 표트르가 쇼네벡에게 발주한 수많은 일감 중에는 페터호프의 근경과 상트페테르부르크의 근경도 포함되어 있다. 이것들은 도시의 역사적인 면에서 보든 러시아 도형예술사의 면에서 보든 매우 귀중한 자료이다. 1698년 암스테르담에서 쇼네벡의 지도를 받아 표트르가 제작한 동판화 가운데 남아 있는 유일한 작품은, 1696년에 네덜란드에서 주조된 메달을 모델로 한 것이었다. 이 메달은 아조프 전투에서 오스만투르크에 대한 표트르의 승리를 기념하기 위한 것으로 전형적인 바로크 양식 상징의 형태로 묘사되어 있다.[12] 승리에 대한 그의 자부심이 담긴 작품이기도 하거니와, 새로운 형상 묘사에 대한 그의 입장 표명으로 볼 수도 있다.

한편 당시 러시아 지배층 구성원 중에서 표트르와 마찬가지로 사고

방식이 전환된 사례는 쉽게 찾아볼 수 있다. 대표적인 예로 표트르 톨스토이(나중에 백작이 됨)를 들 수 있다. 그는 1697~99년에 항해술 및 관련 기술을 배우기 위해 베네치아에 파견되어 상세한 일기를 남겼다. 기록에 의하면 톨스토이가 로마를 보았을 때 나타낸 반응은 거의 황홀경의 수준이었다. "2000개의 교회와 사원은 웅장하게 건설되어 있고, 내부에는 놀라운 장식이 되어 있으며 외부 역시 놀랍게 조각된 장엄한 설화석고와 대리석 꽃으로 영광스럽게 장식되어 있다." 분수에 대한 기록은 "웅장한 조각상들로 장식되어 있는데 그 다양성이란 누구도 말로 표현할 수 없을 정도이다." 성 베드로 바실리카에 대한 묘사는 다음과 같다. "세계에서 가장 큰 교회이며 가장 경이로운 건축물이다. 천정과 기둥은 가장 경이로운 방식으로 조각되어 있다. 놀랍게 조각된 천사들은 모두 휘황찬란하게 금박에 덮여 있다. 내부는 가장 놀라운 설화석고 조각들과 함께 온통 흰 대리석으로 장엄하게 치장되어 있다. 벽과 천정의 그림들은 가장 장엄하고 영광스러운 이탈리아 양식으로 그려졌다."[13] 이와 유사한 감동이 마트베예프 백작을 비롯하여 이 무렵 서방을 여행한 다른 러시아인들의 일기, 노트, 외교적 통신문에도 나타난다. 마트베예프가 파리에 체류하는 동안(1705~06) 얻은 유럽 예술, 특히 프랑스 예술에 대한 이해는 러시아에 새로운 취향이 퍼져나가는 데 영향을 미쳤을 뿐 아니라 궁극적으로 상트페테르부르크 예술원의 설립에도 영향을 미쳤다.[14]

형상 표현 방면에서 표트르 혁명은 대체적으로 건축 분야 혁명의 길을 따라갔다. 이는 놀라운 일이 아니다. 이 두 방면은 여러 면에서 긴

밀하게 관계되어 있기 때문이다. 네덜란드, 독일, 프랑스, 이탈리아 예술가들이 러시아에 초빙되어 와서 가르쳤고, 유럽 르네상스의 전통에 따라 제작된 상당한 규모의 그림, 인쇄물, 조각이 모스크바, 상트페테르부르크는 물론이고 왕실이나 대귀족 소유의 교외의 주거지나 시골 주택에까지 침투했다. 그들의 사례는 곧 하위 귀족과 그 일가가 모방했다. 곳곳에 인쇄소와 화실이 설립되었다. 예술을 배우려는 러시아인들이 네덜란드, 프랑스, 이탈리아로 파견되어 그들의 훈련을 마무리했다. 표트르와 그의 후계자들이 수집한 미술품들은 러시아의 첫 공식 화랑이 되었고, 미술을 공부하는 학생과 상류층에게 개방되었다. 표트르가 사망한 지 50년이 채 지나기 전 상트페테르부르크는 유럽에서 관련된 미술품들을 가장 많이 보유한 곳 중 하나가 되었으며 유럽식 예술원의 중심지가 되었다. 표트르의 딸인 엘리자베타 여제가 1757년에 설립한 상트페테르부르크 예술원은 러시아에서 새로운 예술의 거대한 팽창의 중심지가 되었고, 그로부터 50년 이내에 700명 이상의 화가, 조각가, 건축가, 도형예술가를 배출했다. 그들의 작품은 제국의 한쪽 끝에서 다른쪽 끝까지 퍼졌다. 한 러시아 예술사가는 이렇게 평했다. "예술원은 18세기와 19세기 전반 러시아의 예술적 삶 전체를 이끌었다."15) 이런 측면에서 볼 때 건축과 마찬가지로 미술 방면에서도 러시아는 유럽의 주류에 진입했다.

또한 러시아적 형상 표현 방면에서 표트르 혁명은 상류층 예술에 한정되지 않았다. 러시아정교의 숭배 예술도 많든 적든 영향을 받았다. 교회건축과 마찬가지로 이 부문 또한 형상 표현의 다른 분야보다는 영향을 적게 받긴 했지만. 표트르가 교회의 전통을 보존하도록 해준 데 힘입어 지배권만 바뀌었을 뿐 교육적 수준은 향상되었다. 대중예술과 민속예술 분야에서도 비슷한 현상이 일어났다. 소련 시기에 들어와 대부분이 사멸할 때까지, 표트르 사후 몇 세기 동안 러시아 민속예술은 전통적 농민예술의 상징(태양, 꽃, 새, 동물, 인어)과 새로운 예술 혹은 고급예술적 요소들을, 장식적이건 새로운 장르 풍경이건(차 마시기, 산책, 마차 타고 가기, 미끄럼) 복식, 몸짓, 배경의 구체적 묘사건 간에 환상적으로 융합시킨 작품들을 만들어냈다.[16]

아마도 더욱 중요한 것은 혁명의 영향이 공식적 형상 묘사, 즉 위상과 권력의 시각적 표현이라 할 분야에 미친 영향일 것이다. 표트르와 그의 후계자들은 유럽에서 그들의 특권을 고양하고 러시아에서 통치를 강화하기 위한 목적으로 시각예술을 이용했다. 앞서 언급한 수많은 회화나 판화 초상화 외에도, 그러한 형상 표현 중에는 그들을 상징적으로 표현한 것과 인장이나 메달, 알맞게 주조된 동전, 깃발, 기사단 문장, 새로운 귀족 표지, 도자기(황실 도요에서는 유명한 식기세트를 생산했다), 태피스트리(프랑스의 고블랭의 지원을 받아 표트르 시기에 황실 직조공장이 설립되었다) 등에 새겨진 형상이 포함된다. 동전만 예외로 치면, 물론 이 새로운 형상 표현의 소비자 혹은 수혜자는 관리와 상류층 귀족이었다. 이런 행태는 다시 그들을 차별화된 지배계층으로 뭉치게 했다. 그들은 자신이야말로 문화적·정치적·사회적으로 러시아제국의 중추라는 자부심을 가졌다. 상류층은 군주가 부여한 새로운 문장과 메달과 기사단 표식을 자랑스럽게 착용했으며, 새로운 깃발 아래 육군과 해군 장교로 복무했다. 그들은 황실 요리를 먹어치웠고 황실 태피스트리를 숭배했고, 장교 임용을 뿌듯해했고 새로운 국가 인장이 찍힌 귀족 신분 증명을 뽐냈다. 반면 누구나 손에 넣을 수 있었던 동전은, 표트르 치세에 규칙적인 십진법 화폐체계에 의해 전례 없는 양으로 주조되어 금화, 은화, 동화가 러시아에 소개되었다. 동전들은 모두 새롭게 고안되거나 도안을 수정한 군주의 상징물을 지니고 있었다. 러시아제국은 유럽의 최고품위의 화폐 체계에 구현된 것처럼 동전에 주조 시기와 주조자를 표기했다, 1701년에서 1724년 사이에 50만에서 450만 루블에 이르는 새로운 은화가 매년 주조되었다(상대적으로 금화와 동화는 이보다 적었다). 이는 표트르 이전 시기 매년 주조된 주화 총액의 5배에서 10배에 달하는 양이다. 또한 주화가 차르를 로마 황제처럼 표현하는 새로운 정치적 이미지를 담아 러시아의 방방곡곡으로 퍼져나갔다. 이는 동시대 오스트리아 황제나 영국과 프랑스 국왕이 시도한 상징적 시각화와 매우 유사하다.

그것이 전부가 아니었다. 표트르 치세에 러시아에서는 처음으로 체계적 지도 작성이 이루어졌다. 이 작업은 매우 의미심장한 정치적 작업일 뿐 아니라 심리학적 의미를 담고 있었다. 지도들은 직접적으로 보이는 것 너머의 공간에 대한 인간의 관념을 규정한다. 그러므로 지도 작성은 실제로 영토 팽창과 통제에 영향을 미칠 뿐 아니라 기호화하고 권위를 부여하는 기능까지 수행하는 수단이 된다. 유럽에서 르네상스 지도들에는 고도와 길이를 표시하는 선들이 삽입되고, 정치적 관할 경계, 법적 초상화와 설명, 정복된 민족의 형상, 신화적 형상, 주요 도시들이 기입되어 있었다. 그리하여 좀 더 정확한 시각적 형태로 지리적 정보를 제공했을 뿐 아니라 통치자의 지식과 권력을 드러내는 효과도 있었다. 지도들은 그런 관점에서 평가되고 수집되고 전시되었다. 그러나 그런 지도 중 어떤 것도 표트르 이전 러시아에는 존재하지 않았다. 또한 유럽인들은 '무스코비(모스크바 대공국 혹은 차르 러시아 왕국)'를 그저 모호하게 동쪽 변경에 포함시켰을 뿐이었다. 사실 러시아인들이 처음으로 1500년대 이후 유럽에서 발전해온 지도제작 기술을 익히고 좀 더 정확하고 이해하기 쉽게 러시아를 표현한 지도를 제작하기 시작한 것은 표트르의 행정개혁에 의해서였다. 지도 제작은 표트르가 러시아를 유럽 열강으로 끌어올리고 좀 더 효율적으로 국가를 통치하기 위한 또 다른 수단이 되어주었다.

지도 제작도 일반적 차원에서 표트르의 문화적 혁명의 궤도를 따라갔다. 유럽에서 전문가가 초빙되었고, 러시아인 측량사와 지도 제작자들이 훈련되었다. 최신의 천문학적 방법으로 각지의 상세한 자료가 모여들었다. 그렇게 제작된 지도는 판각되고 인쇄되었다. 이 일을 담당할 기관인 상트페테르부르크 과학원에는 지리국이 조직되고 막대한 비용이 투입되었다. 1765년까지 과학원은 약 300장의 러시아와 세계 각지의 지도를 만들었다. 그중 상당수는 예전에는 아예 지도가 없거나 모호하게 작성되었던 지방이었다. 이런 지도 제작의 가장 중요한 성과는 러시아제국의 일반 전도(아틀라스 루시카)였다. 이 지도는 과학원 출판국을 통해 1745년에 처음으로 라틴어, 독일어, 2종의 러시아어판으로 발행되었다. 이 지도를 작성하는 데는 20년 이상의 세월이 걸렸다.

이 지도로 인해 러시아는 유럽의 최상급 표준에 보조를 맞춰나갈 수 있게 되었으며, 러시아인과 유럽인의 눈을 지도에 고정시켰다. 이제 모든 이가 제국의 광대한 영역을 동쪽, 남쪽, 북쪽 경계에 이르기까지 있는 그대로 쉽게 파악할 수 있게 되었다. 유럽과 아시아 사이의 대륙 경계는 우랄 산맥으로 정해졌다. 이로 인해 러시아제국은 유럽 쪽 심장부와 식민지적 혹은 준식민지적 아시아 영토라는 확실한 두 덩어리로 구분되었다. 그것은 괄목할 만한 지도학적 성과 이상의 성과였다. 러시아적 정체성, 그리고 유럽적 정체성에 대한 비판적 관점이 시각적으로 해결되었기 때문이다. 1745년 이후 유럽 지도는 어느 지역에서 만들어진 것이든 러시아(유럽에 속한 러시아)를 유럽의 핵심 지역으로 묘사하며 우랄 산맥을 유럽과 아시아의 경계로 인식했다. 그리하여 러시아는 지리적으로 유럽에 남았다.

이름을 붙일 가치가 있는 인류의 그 어떤 문화도 그 핵심은 구어적 유산이지 시각적 유산이 아니다. 그러니 이제는 표트르의 문화 혁명의 셋째 주요 측면을 살펴보고자 한다. 그것은 표트르 치세에 러시아에서 일어났던 언어 방면의 극적인 변화였다. 예를 들면 러시아를 지도로 작성하는 작업은 프랑스 천문학자와 지도 제작자를 고용하고 그 지식을 습득해야 했는데, 그 과정에서 러시아인 학생들은 새로운 기술적 용어들을 배워야 했다. 좀 더 크고 뚜렷한 사례를 들어보자면, 해군을 창설하는 과정에서 러시아인들에게 적절한 기술을 가르칠 네덜란드, 이탈리아, 영국 조선공과 장교들을 고용해야 했다. 그 과정에서 항해와 조선에 관한 네덜란드어, 이탈리아어, 영어로 된 매뉴얼들이 러시아어로 번역되었다. 러시아인들이 관련된 기술적 용어들을 고르는 과정에서 러시아어 사전은 훨씬 두꺼워졌다. 그러나 상황은 그보다 훨씬 더 나아갔다. 표트르의 다양한 계획들을 보조할 목적으로 유럽의 모든 기술적 매뉴얼, 법적, 역사적, 과학적 성과들의 번역판을 만들어내는 과정에서 러시아어 스펠링, 문법, 구두법이 동시대 유럽의 기준에 맞춰 표준화되어야 했던 것이다. 새로운 수사 체계도 채택되어야 했다(유럽적 표준 수사법). 전통적 키릴 문자의 복잡함을 극복하고 새로운 모든 문장을 인쇄하는 데 더욱 적합한 새로운 알파벳이 고안되었다. 유럽에서는 인쇄혁명 자체가 중세에서 근대로의 이행을 그 무엇보다 명확하게 보여주는 사례였다. 그 인쇄혁명의 성과도 드디어 러시아에 도입되었다. 이것 역시 표트르가 직접 해낸 성과였다.[17]

새로운 인쇄기술은 인쇄용지와 나사식 압착기에 의한 인쇄용지와 탈착식 금속활자의 기계적 생산을 수반했다. 이 기술은 15세기 중엽 독일에서 발명되어 1550년대에 이미 러시아에 들어왔다. 1560~70년대에 16종 정도의 인쇄물이 제작되었다. 그러나 내용은 모두 종교적인 것들이었다. 이 시기 유럽 전역에 세워진 수백 곳의 인쇄소에서 종교 문헌만이 아니라 문학, 철학, 과학, 기술 서적들을 해마다 수천 종씩 찍어내던 것에 비하면 극히 미미한 수준이었다. 그러나 러시아에서 인쇄업을 확립하고 필요한 종이를 만들어내는 첫 노력은 곧 실패했다. 적절한 공공 지원이 부족했고, 식자층이 부족했다. 심지어 성직자층에조차 문맹이 많았다. 또한 인쇄기를 외국인의 사악한 발명품으로 인식하는 분위기가 널리 퍼져 있었다. 러시아에서 인쇄술은 혼란의 시기가 지난 1620년대에야 부흥했다. 하지만 1620년대부터 1690년대까지 고작 500종이 인쇄되었을 뿐이다. 그나마도 대부분은 기도서였고 모스크바 총대주교구가 관할하는 유일한 인쇄소에서 찍어낸 것이었따. 몇 건 안 되는 비종교적 인쇄물 중에는 1649년의 『울로제니예』(법전)와 교회 슬라브어 문법서가 있다(교회 슬라브어는 러시아, 우크라이나, 벨로루시, 세르비아, 불가리아 정교회에서 사용하는 고전적이고 고도로 양식화된 언어였다). 한편 17세기에 러시아인들은 인쇄에 사용되는 모든 용지를 수입했다. 운송 거리를 감안할 때 비쌀 수밖에 없는 상품이었다. 용지는 보통 프랑스산이었고 육로로 운반되든가 해로로 아르한겔스크를 통해 들어와 그곳에서부터 강과 도로를 따라 모스크바로 운반되었다.

표트르 치세에 처음으로 본격적 제지공장이 세워졌다. 그의 치세에 발생한 인쇄 수요의 급증에 대응하기 위한 조치였다. 17세기에 러시아의 수요는 매년 4천~8천 연(連)에 불과했다. 그러나 1719년에는 종이 수요가 5만 연에 이르렀고 그중 10퍼센트만을 수입했다. 나머지는 1708년에서 1718년 사이에 네덜란드, 독일, 스웨덴 기술자의 도움을 받아 러시아 각지에 세워진 5곳의 제지공장에서 충당한 것이다. 동시에 표트르는 '티포그라피'라 부른 신식 인쇄소들을 가동하기 시작했다. 티포그라피라는 용어는 유럽 언어의 표준적 어휘(타이포그래피)에서 가져온 것이다. 그가 세상을 떠날 즈음에는 모스크바의 구식 인쇄소 외에 상트페테르부르크에 4곳의 인쇄소가 가동되고 있었다(1726년에는 상트페테르부르크 과학원 소속의 또 다른 인쇄소가 문을 열었다). 그들이 1700년부터 표트르가 죽은 1725년 1월까지 찍어낸 인쇄물은 총 1312종에 달했다. 몇십 부를 찍은 것에서부터 수천 부를 찍은 것도 있었고, 1만 부를 넘긴 것도 있었다. 1312종이라는 숫자는 책과 소책자, 낱장 인쇄물을 모두 합친 것으로 그중 종교적 문건은 308종에 불과했다. 나머지 세속적 인쇄물 중에는 기술서와 표트르의 다양한 개혁안들을 보조하기 위한 작업, 상류층을 계몽하기 위한 문건, 수많은 법령과 선언문이 포함되어 있었다.[18] 이렇게 25년간 1300여 종이라는 성과는, 러시아에서 16세기 중반에서 17세기까지 150년 동안 찍어낸(그나마도 대부분은 종교적인) 인쇄물 종수의 두 배를 훨씬 넘는 것이었다.

이렇게 폭발하는 인쇄 수요를 충당하기 위해, 알파벳 개혁도 요구되었다. 당시까지 쓰이던 키릴 알파벳은 교회 슬라브어로 알려진 말을 필사하기 위한 중세 슬라브어에서 유래했다. 교회 슬라브어에는 40여 개의 문자가 있었는데, 그중 절반 이상이 그리스어 문자나 그리스어 문자를 기반으로 만들어진 것이었고, 나머지는 슬라브어 특유의 발음을 기입하기 위해 고안된 문자였다. 서체에는 신중하고 형태가 뚜렷하며 대문자만 사용하는 언셜 체와 이어쓰기에 편하고 발음 구분기호와 강세점이 함께 사용되며 다양한 생략과 축약이 쓰인 반언셜 체가 있었다. 교회 슬라브어의 모체가 된 언셜 체는 점차 지위를 상실하고 비공식적으로 쓰이던 반언셜 체가 보급되었다. 이러한 변화는 종교적 문건을 쉽게 빨리 필사할 수 있게 해주었으므로 바쁜 속기사들에 의해 이루어졌다. 필사 수요의 증가는 점점 교세가 확장되는 모스크바 대공국과 다른 슬라브 정교회 관할구역의 요구에 대응하기 위한 것이었다. 그러므로 이 지역 국가들에서 인쇄업자들이 최초로 선택한 활자는 자연스럽게 덜 난해한 반언셜체가 되었다. 반언셜체는 그리스어나 로마와 이탈리아식 서체에서 빌려온 새로운 자체를 계속 받아들였으므로 당시 유럽 인쇄업계에서 표준이 되어 있었다. 모스크바의 인쇄업자들은 이러한 변혁을 받아들이는 데 있어 우크라이나나 벨로루시보다 훨씬 느렸다. 그러나 1649년에 법전이 발표될 때나 표트르 이전에 러시아에서 세속적 인쇄물을 발간할 때, 그들은 교회의 반언셜 체와 차르의 관리들이 사용하던 더 단순화한 서체를 대충 섞어서 쓴 이른바 법원체를 채택했다. 충분히 상상할 수 있는 일이지만, 이렇게 다양한 실험의 결과 다소 정교한 서체와 양식 및 그에 상응하는 잡다한 활자체들이 뒤죽박죽이 되어 쓰였다. 이러한 상황은 표트르의 계획에 따라 점증하는 정부 문서와 기술적 매뉴얼을 제작할 때, 전 유럽에 표준이 되어가던 신속하고 효율적인 인쇄에 지장을 주었다. 표트르가 젊은 시절 모스크바에서 발행된 초보 독본들을 보면, 41개에서 45개, 심지어는 47개의 알파벳을 사용하고 있다. 각각의 자모는 수십 종의 다양하고 공들여 제작한 글꼴을 가지고 있었다.

표트르와 그의 측근들은 이러한 복잡한 상황을 타개하기 위해 모든 정부 문서와 세속적 내용을 담은 문건에 적용할 새로운 인쇄용 알파벳을 고안해냈다. 전통적인 키릴 알파벳은 교회 문건을 찍는 데에만 사용하도록 보류되었다. 이 작업은 처음에는 암스테르담의 인쇄업자 얀 테싱에게 의뢰되었다. 표트르가 1700년 2월에 발행한 허가서에 의하면 테싱에게는 "표트르 전하의 신민이 이용하고 가르침을 얻을 수 있는 모든 예술과 전문지식 관련서, 전하의 이름을 찬양하고 전 러시아

··· 16세기의 키릴 문자   ··· 표트르 대제의 새로운 '민용' 키릴 문자

의 주권을 유럽 왕공들 사이에 떨치기 위해"'러시아 전토에서 판매용으로 사용할' 수량 미정의 '유럽, 아시아, 아메리카의 육지와 바다의를 소재로 한 그림과 도면, 모든 종류의 인쇄된 용지와 초상화, 수학, 건축, 도시계획, 군사, 해운, 기타 예술 방면의 도서를 슬라브 문자와 라틴 문자로, 혹은 슬라브 문자와 네덜란드어로 동시에 혹은 별도로' 인쇄할 권한이 부여되었다. 이러한 특권은 "그리스 송가를 담은 교회 슬라브어 도서"까지 확장되지는 않았다. "교회 슬라브어로 쓰인 그리스어 책은 동방정교회 당국의 승인에 따라 왕도(王都) 모스크바에서 인쇄되고 있기 때문"이었다.[19]

그리하여 운명적인 분할이 시작되었다. 그로부터 몇 년 동안 테싱이 암스테르담에서 러시아 시장을 위해 찍어낸 책들 중에는 산수, 천문학, 군사전술, 항해, 역사서들이 포함되어 있었다. 그 외에도 이솝 우

화, 1696년 표트르가 아조프에서 거둔 승리에 대한, 라틴어-러시아어 대역 라틴어 문법서, 두 종류의 간단한 어휘집(러시아어-라틴어-독일어, 러시아어-라틴어-네덜란드어), 천문도, 의전용 텍스트, 슬라브-러시아어 문법 지침서 등이 포함되어 있었다. 이러한 결과물에는 러시아, 우크라이나, 벨로루시에서 그때까지 찍어낸 그 어떤 책들보다 세속적인 주제들이 담겨 있었다. 그러나 이러한 출판물의 대부분은 러시아의 발전에 거의 영향을 미치지 못했다. 번역자가 벨로루시인인 관계로 엉뚱한 잡탕 러시아어로 인쇄된 데다가 인쇄 부수도 극히 적었고, 그중에서 발주처에 도착한 것은 극소수였기 때문이다. 그러나 테싱이 러시아 시장을 목표로 비종교적 출판물을 찍기 위해 설계한 활자체는 동시대 유럽의 다양한 등급의 서체를 견본으로 삼아 만들어진 것이어서 표트르와 그의 동료들의 눈길을 끌었다. 이것은 그 후의 상황 전개에서 효율적임이 입증되었다.

표트르도 불만스럽기는 마찬가지였다. 급하게 필요한 책들을 암스테르담에서 찍은 뒤 선적하여 러시아까지 위험한 장거리 운송을 해야 했기 때문이다(1700년 10월 스웨덴과의 전쟁 발발 직전이었다). 1699년 『보병연대 조직을 위한 간략한 표준 지침』이 모스크바 인쇄소에서 발간되었고 1700(2회), 1702, 1704년에 중쇄를 찍었다. 1703년에는 산수 교과서인 『아리프메티카』를 같은 인쇄소에서 찍었다. 이것 역시 러시아에서 인쇄된 최초의 수학 분야 책이었다. 물론 다른 활자가 없었기 때문에 이 두 종의 책은 전통적인 키릴 문자체로 인쇄되었다. 그러나 두 종 모두 본문은 기술적으로 새로운 논리를 담고 있어 상대적으로 평이

한 러시아어로 쓰였다. 책의 주제를 감안할 때 그리 놀라운 일이 아닌데, 이것은 표트르가 난해한 교회 슬라브어보다는 쉬운 말로 쓰도록 명령했기 때문이었다. 표트르는 이 책들이 성직자와 종교적 학생들보다는 본래의 대상 독자인 군인과 군인 후보생들, 정부 서기와 견습 선원이 읽도록 하는 데 관심이 있었던 것이다. 그 결과 서체는 물론이고 언어학적 전통이 심각한 도전에 직면하게 되었다. 1703년 후반, 모스크바의 수학—항해학교 학생들이 사용할 목적으로 대수학 도표 지침서가 모스크바에서 인쇄 발간되었다. 원본은 암스테르담에서서 라틴어로 출간된 것을 편집한 것이었다. 수학—항해학교는 표트르가 영국에 체류할 때인 1698년에 고용한 스코틀랜드인 헨리 파커슨이 운영하는 학교였다. 이곳에서는 전통적인 슬라브적 숫자 체계(이어지는 키릴 알파벳을 숫자로 사용)를 버리고 새로운 유럽적 공통 아라비아 숫자 체계를 사용했다. 일부는 『아리프메티카』에 인쇄된 연습문제에도 적용되었다. 이에 더하여 두 책 모두 로마식 혹은 이탈리아식 자체가 도입되었다. 그리스어 용어는 그리스식 자체로 인쇄하는 한편 라틴어 용어는 라틴 자체로 인쇄하기 위한 것이었다.

최초의 공식 신문인 「베도모스티」는 1703년 모스크바에서 처음으로 발간되었다. 베도모스티는 유럽의 군사적 정치적 소식을 전하던 필사본 백서(쿠란티)의 인쇄물판이었다. 쿠란티는 차르의 조정 내에 회람하기 위한 목적으로 모스크바 대사처의 서기관(외국인인 경우도 종종 있었다)들이 외국 소식통(주로 독일)을 통해 입수한 정보들을 전해왔다. 이제 그 정보는 다루는 소재를 러시아 국내 소식(주로 궁정 소식이나 개발계획)

까지 포함하여 새로운 신문을 통해 좀 더 넓은 독자층에 전해질 수 있게 된 것이다. 그렇기 때문에 「베도모스티」는 종종 러시아 최초의 신문으로 간주된다. 「베도모스티」 역시 처음에는 전통적인 키릴 자체로 나타났다. 그러나 1710년 2월 1일자부터는 앞서 언급한 대수학 인쇄물과 마찬가지로 새로운 '민간' 자체로 인쇄되었다. 이 민간 자체는 러시아와 네덜란드 장인들이 테싱의 예를 모범 삼아 만들어낸 자체를 바탕으로 한 것으로 본래는 도서나 다른 순수한 세속적 출판물을 인쇄하기 위한 것이었다. 두 인쇄체의 분리, 즉 전통적 키릴 자체로 인쇄된 '교회서적'과 더 단순하고 유럽적인(근대적인) 자체로 인쇄된 세속적 인쇄물의 차이는 점점 굳어져갔다.

사실 1703년경에 표트르는 이미, 군사, 해운, 그리고 이와 관련된 교육 계획을 공격적으로 추진하기 위해 필수적인 의욕적 출판 프로그램을 마련하려면 러시아에 새로운 알파벳 표준을 수립해야 한다는 사실을 깨달았다. 표트르가 그 점을 인식하고 어떻게 근대적 알파벳을 고안해냈는지에 얽힌 이야기는 오랫동안 학자들을 매료시켰다. 결정적인 시기는 1708~10년 사이였다. 새로운 자체를 제안한 전문가들은 걸러내져 그에게 보내졌다. 심지어는 전장에 있는 표트르를 방문한 경우도 있었다. 그가 지명한 러시아인과 네덜란드인 인쇄업자들과 함께, 표트르는 점진적으로 연구 결과를 다듬었다. 그 결과 전통적 키릴 알파벳 중 9개 글자가 탈락했고, 남은 자모들도 동시대 유럽 자체와 일상적 모스크바 법원체에 따라 형태가 크게 단순해졌다. 이것만으로도 표트르의 혁명이 러시아 문화에 미친 주요한 성취를 설명할 수 있다.

1710년 표트르는 전통적인 키릴 자체와 슬라브식 수사 체계는 인쇄물 형태의 모든 '교회서적'에 한정한다고 선포했다. 이것은 명백히 고위 성직자들의 견해에 반하는 것이었다. 모든 세속적 문헌, 즉 도서, 공문서, 학술지 등은 적절히 줄을 맞춘 '민용' 자체를 쓰도록 규정되었다. 전통적인 키릴 알파벳과 그에 상응하는 자체는 그들이 기원한 정교회의 유산 속에 간직되었다. 동시에 민간 알파벳 및 그와 관련된 자체는 약간의 변형만 겪었을 뿐 그 이후의 모든 인쇄물의 표준이 되었다. 신자체는 라틴 자모와 모스크바 법원체의 영향 아래 키릴 자모로부터 떨어져나와 별도로 발전하게 된 것이다. 신자체는 근대 러시아의 표준 자모가 되었다. 수많은 교회서적, 특히 교리문답과 의식 지침서들은 1710년 이후에도 계속 구자체로 인쇄 보급되었다. 그러나 전통적 키릴 자체로 인쇄된 것보다 양적으로나 다양성 면에서 훨씬 압도적인 민간 서적들이 새로운 민간자체로 인쇄되었다는 사실에는 이론의 여지가 없다. 18세기 러시아 서적 출간 목록에 의하면 약 1500종의 도서가 키릴 구자체로 인쇄되었다. 이는 1710년 이후 민간체로 인쇄된 약 1만 종의 도서에 비하면 7분의 1에 불과한 수준이다.

표트르는 그의 언어 개혁을 알파벳에만 한정하지 않았다. 그는 일찍부터 새로운 기술서, 과학 문건, 역사서와 다른 도서들을 라틴어, 독일어, 네덜란드어, 이탈리아어에서 번역할 것을 주장해왔다. 또한 정부 규정과 기타 유사한 문건들이 새로운 방식으로 작성되어야 한다고 주장했다. 즉 쉽고 간단한 형태로(프로스토이) 쓰여야 한다는 주장이었다. 이런 견해를 통해 그는 언어란 것이 교회 슬라브어에 정통한 당시 교양 있는 성직자 상류층만 쓸 수 있는 것이 아니라 군대와 해운에 종사하는 잠재적 독자층, 외교관, 기술관료, 행정관료, 자연과학자, 그리고 다른 세속 학문 분야의 학자, 예술가, 건축가, 숙련된 장인, 장차 직업을 갖게 될 학생들까지 광범위하게 접근할 수 있는 매체여야 한다고 생각했다. 그것은 난해한 교회 슬라브어의 문법적 형태, 진부한 용어와 문구, 비의적(秘義的) 필기수단을 정화하고 좀 더 명료해진, 살아 있는 러시아어를 의미했다. 신러시아어는 새롭게 빌려온 언어로 가득했으며, 여건이 허락하고 작가의 기술이 뒷받침되는 한 열심히 동시대 유럽 문어 표준을 모방하려고 애썼다. 결국 표트르의 노력은 근대 러시아 문어의 기초를 마련했다. 신러시아어는 그것은 18세기에 진행된 러시아어 문법서와 사전, 러시아어 성서의 발간에 의해 점차 자리를 잡아갔다. 그러한 시도들은 이미 표트르 시기에 시작되었다. 반면에 교회 슬라브어는 곧 자체의 전통적 역할 속에 굳어져버리고 공식적인 교회와 일부 세속적 지파의 공식 용어로 만족했다. 교회 슬라브어는 그 풍부한 옛 어휘들 덕에 정기적으로 러시아 언어학자들이 슬라브어의 뿌리를 찾는 작업에 공헌했다. 그리고 그 상태로 지금까지 내려오고 있다.

표트르의 혁명이 가져온 언어 방면의 충격은 무엇보다 어휘집 편찬 방면에서 분명하게 나타났다. 어휘집의 편찬을 통해 수많은 새 단어가 소개되었다. 학자들은 표트르 시기에(1695~1725) 약 4천5백 개의 새 단어가 러시아어에 들어온 것으로 판단한다. 그의 전 시대 30년 동안에는 760개 정도였던 것에 비하면 무려 6배나 폭증한 것이다(1500년에서 1700년 사이에 영어에 새로 들어온 외래어가 1000개, 1700년에서 1900년 사이에 새로 들어온 외래어도 대충 그와 비슷하다는 점을 유의할 필요가 있다. 이것은 1500년 당시 영어가 러시아어보다 어휘 보유량이 풍부했다는 점과 아울러 러시아어보다 영어의 어휘 확장 속도가 느리다는 점을 보여준다). 이러한 거대한 유입의 기본적 원천은 물론 표트르 치세에 독일어, 네덜란드어, 이탈리아어, 라틴어, 프랑스어, 영어, 스웨덴어 원전에서 번역한 수많은 번역물이었다. 러시아인 번역자들은 원전의 새로운 기술적, 법적, 기타 용어들을 옮길 때 러시아어의 상응하는 표현(차용어)을 찾으려 노력하기보다는 단순한 러시아화를 해버리는 경우가 많았다는 점도 주목할 만하다.

학자들은 표트르와 상류층 인사 사이에 오간 서한, 표트르의 법령, 당시 러시아어로 쓰인 1차 저작물(예를 들면 1717년에 쓰인 샤피로프의 『강론』), 나아가 표트르의 명령으로 번역된 수많은 번역서들 속에서 그러한 신조어들을 수없이 발견했다. 물론 새로운 용어의 상당수는 얼마 가지 못해 사라졌다. 완장범선의 각 부위를 지칭하기 위해 네덜란드어와 영어에서 빌려온 수백 개의 항해용어와, 인력으로 나아가는 갤리선의 부위를 가리키기 위해 이탈리아어에서 빌려온 단어들이 그 단적인 예이다. 마찬가지로 무기들을 가리키기 위해 빌려온 독일어 어휘들은 곧 시대에 뒤떨어졌고, 초기 근대 요새화와 포위전 요소들을 설명하는 독일어 어휘들도 후에 도태되었다. 표트르의 통치체제가 국가를 개혁하는 과정에서 빌려온 수많은 독일어 정치 행정 용어, 즉 관직의 이름이나 관공서 부서명, 관료적 규약 관련 용어 등등도 또한 조만간 낡은 어휘가 되어버렸거나 단순히 러시아어 내의 외래어로 남아 있다. 그럼에도 불구하고 표트르 치세 30년 동안 러시아어에 자리잡거나 그 단어들에서 파생한 러시아어(주로 형용사, 동사, 부사가 명사에서 파생된 형태)의 숫자는 러시아사상 전례가 없는 규모였을 뿐 아니라, 세계 어느 시대 어느 곳에서도 찾아보기가 쉽지 않을 정도였다. 이 신조어들의 의미론적 범위를 살펴보면 관련 용어들의 주제나 의미가 매우 광범위한데, 이러한 어휘 유입 현상만으로도 혁명적이라 부르기에 부족함이 없다. [20]

좀 더 구체적으로는 표트르 시기 러시아어에 도입된 대략 600개의 항해 관련 용어들 중 반 정도가 아직 쓰이고 있다. 나머지 어휘 중 상당수는 다른 부문과 마찬가지로 항공기 시대, 나아가 우주비행의 시대가 열림에 따라 새로 적용된 의미로 변용되었다. 이와 유사하게 표트르 시기에 수백 개의 군사 관련 용어가 도입되어 정착한 뒤 아직 쓰이고 있다. 이 두 방면 모두 어휘 유입은 기초를 놓는 과정이었다. 이런 과정을 통해 근대 러시아의 항해와 군사 방면에서 사고 체계의 바탕이 마련되었고, 표트르의 통치 시기에 도입된 새로운 전략과 전술, 기동전, 무기, 장비의 정확한 표현을 위한 잠재적 능력을 의미하는 '사고'가 이해되었다. 이것은 표트르 시기 러시아어에 채용된 행정 부문의 새 어휘들에서도 어김없이 나타났다. 정치적 근대화 혹은 근대 유럽의 행정적 법적 외교적 언어의 도입이었다. 이 언어는 채용된 후 표트르의 관료제와 외교적 혁명을 수행하고 그의 절대왕정 교의를 구현하는 과정에서 적절히 러시아화했다. 표트르 시기에는 또한 수백 개의 수학, 의학, 음악, 문학, 예술, 건축, 철학, 기술, 과학 용어들이 독일어, 라틴어, 네덜란드어, 프랑스어, 영어, 이탈리아어, 폴란드어에서 들어와, 다른 나라에서 그러했듯이 근대 러시아어 어휘의 근간이 되었다. 수십 개의 중요한 상업적 혹은 산업적 어휘들이 마찬가지로 도입되었고(은행, 은행가, 회계원, 장부, 공장, 광산) 또한 고급 식재료와 음료 방면에서도 수많은 어휘가 들어왔다(아티초크, 셀러리, 굴, 커피, 캔디, 샴페인). 호화의상 관련 용어(넥타이, 캐미솔, 장식용 소매끝, 화장복), 유흥(불꽃놀이, 발레, 당구, 남녀 사교 모임), 이국적인 과일과 꽃(무화과, 살구, 복숭아, 오렌지, 튤립), 식기(굽 달린 잔, 냅킨, 정찬 서비스), 기타 용구(우산, 자루냄비, 부채), 가구(옷장), 생활공간(아파트, 홀) 등등도 마찬가지였다. 이런 용어들은 표트르 시기 러시아어에 쏟아져 들어온 수백 개, 수천 개에 이르는 새 어휘 중 일부 예에 불과하다. 다시 말하지만, 이러한 용어들 자체만으로도 역사적 중요성을 갖는 광범위한 문화 혁명의 증빙이 된다. 비록 처음에는 상류층의 수준에서 시작했지만, 이 과정을 통해 러시아 사회는 유럽의 주류와 근대성의 공간에 진입할 수 있었다.

상트페테르부르크 과학원은 여러모로 이러한 언어 혁명, 넓게는 표트르 시기 문화 혁명의 축소판이었다. 이 기관의 탄생은 표트르가 런던의 왕립협회를 방문한 1698년으로 거슬러 올라간다. 표트르는 첫 방문 이후에도 특히 제임스 브루스를 통해 왕립협회와 접촉하였다. 당시 왕립협회는 유럽에서 가장 우수한 새로운 과학 연구 기관으로 인식되고 있었다. 위대한 과학자 아이작 뉴턴(표트르는 만났을 것이 유력하며, 브루스는 확실히 만났다)은 왕립협회의 오랜 의장이었으며, 그 때문에 상트페테르부르크 과학원이 1726년 10월 11일에 라틴어로 그 첫 공식 교류를 시도한 대상이 바로 뉴턴이었다.[21] 그러나 러시아에 그러한 기관을 설립하게 된 배경에는 또 다른 동기도 작용했다. 그중 가장 잘 알려진 것이 표트르가 1697년부터 서신 교환을 하고 그 뒤 몇 차례 만난 과학혁명의 또 다른 위대한 인물 고트프리트 W. 라이프니츠였다. 라이프니츠는 베를린 과학원 설립에 큰 역할을 한 인물이기도 하다. 1717년 파리 과학원 방문도 빼놓을 수 없다. 표트르는 그후에도 이 평판 높은 왕립 과학연구 기관과 계속 연락을 취했다. 통치 초기부터 표트르는 과학 도서관을 점차 증설해왔으며 과학자를 초빙하고 과학 실험 기구를 갖추었다. 계속 팽창하는 그의 지리적 계획 또한 이 모든 욕구를 관리하고 미래를 위한 계획을 수립할 기구를 필요로 했다. 유럽 다른 군주들과의 경쟁심리가 작용한 것은 말할 나위도 없다. 이런 활동 중에 '러시아 의학의 아버지'로 불리는 표트르의 팔방미인적 활동도 있다.[22]

표트르는 근대 약학과 의학의 기초를 배운 최초의(그리고 유일한) 러시아 군주였다. 처음에는 그저 치료 과정을 지켜보기만 하다가, 러시아는 물론이고 해외 순방 중에도 의료기관을 드나들기 시작했다. 1697~98년에는 네덜란드에서 병원을 방문했고, 식물원을 즐겨 찾았으며, 정신병원도 들렀다. 표트르는 레이던 대학의 의학 강의에도 출석했다. 당시 레이던 대학에서는 헤르만 보어하베 교수가 사체 해부를 통해 얻은 해부학적 지식을 바탕으로 혁신적인 외과 수술을 선도하고 있었다. 표트르는 암스테르담의 유명한 프레드릭 루이쉬 해부학박물관도 방문했다. 1717년에는 네덜란드를 방문하고 돌아오는 길에 루이쉬의 해부학 수집품들을 사서 상트페테르부르크로 운송했다. 그것들은 아직도 쿤스트카메라(호기심의 방)에서 볼 수 있으며, 이 방은 그가 러시아에 세운 최초의 박물관이 되었다.

 갓 태어난 러시아 해군을 위해 1698년 네덜란드에서 약 50명의 의사가 고용되었다. 또한 표트르의 명령에 따라 네덜란드 의사 니콜라스 비들로는 모스크바에 병원과 외과의학학교를 세운다. 이 학교는 러시아에 세워진 최초의 의과대학이었다. 1723년까지 비들로의 학교는 최소한 73명의 러시아인 의사를 길러냈으며(18세기 말까지는 800명에 달한다) 상트페테르부르크를 비롯한 러시아 각지에 9개소의 유사한 기관을 설립했다. 해군본부의 요구에 의해 두 곳의 병원이 설립되었으며 곧 부속 의학교도 설립되었다. 이 모든 것은 표트르의 「해군본부 관련법(1722)」 속의 '병원 관련 조항'에 반영되어 있다. 이 문건은 프랑스의 「해군령」(1689)에서 상당 부분을 빌려왔으며, 다시 러시아의 모든 병원에 관한 사항을 규정한 1735년의 법률에 큰 영향을 미쳤다.[23] 한편 「군사법」(1716)으로 육군의 의료 서비스도 갖춰졌다. 이 법에 의하면 모든 연대에 한 사람씩의 의사가 할당되었고 의사와 휴대용 약통을 비치하게 되었다.

 표트르 이전 러시아의 유일한 의학 기관은 16세기에 설립된 모스크바 소재 약학국이었다. 이 기관은 1653년 이래 외국인 의학 전문가들이 초빙되어 러시아인 조수들과 함께 일했다. 그러나 약학국은 차르 왕실 가족을 위한 기관으로 남아 있었다. 전쟁시를 제외하고는 거의 왕실 가족만을 위해 일했다.[24] 반면 표트르는 모스크바 시내에 개인적으로 8곳의 약국을 열어 시민들에게 개방했다. 나아가 러시아인으로는 처음으로 의학 박사학위를 받은 표트르 포스트니코프가 파두아,

파리, 레이던 대학에서 공부하는 것을 지원했다. 한편 그의 주치의 중 두 사람은 당시 유럽의 통상적 관례에 따라 과학원의 설립에 결정적인 역할을 했다.

최초로 활동한 의사들 중에 스콧 로버트 어스킨이 있다. 어스킨은 1704년부터 러시아에서 일하기 시작했는데, 1707년에는 의약국 국장이 되었고 1713년에는 리프메딕(어의)이 되었다. 이 직위에 있으면서 한편으로 의학 교육을 담당했고, 외국인 의사를 고용하고 상트페테르부르크의 의학기록보관소를 설립하는 과정을 살펴보았다. 그는 의학기록보관소의 소장이 되어 표트르의 늘어나는 도서관과 과학적 수집품들의 관리 업무도 떠맡았다. 그것들은 1714년에 새 수도로 옮겨져 새로 지어진 여름궁전에 수납되었다. 1714년에는 또한 독일 출신 의사 요한 다니엘 슈마허가 왔다. 슈트라스부르크(오늘날의 스트라스부르) 대학에서 학위를 받은 그는 어스킨의 조수로서 특히 차르의 도서관을 조직하고 과학적으로 '호기심을 자극하는' 수집품들을 조직하는 특별 임무를 부여받았다. 사실 1714년 여름궁전에 들어온 표트르의 소장도 서와 과학적 수집품들을 관리하는 임무는, 어스킨의 감독과 슈마허의 직접적 통제 하에 이루어져 과학원 부속도서관(오늘날에는 세계적인 연구소로 발전했다)과 부속 쿤스트카메라(자연사박물관. 독일어의 '쿤스트캄머'에서 온 용어)의 기초가 되었다. 두 곳은 모두 자체 건물을 갖게 되었다. 어스킨은 1718년에 사망했으며, 차르의 어의 직위와 선임 의학관료 직위는 라우렌티우스 블루멘트로스트가 물려받았다. 블루멘트로스트는 1692년 모스크바에서 태어났으며 차르를 위해 일하던 독일인 의사의 아들로 레이던에 유학하여 보어르하베에게 배웠다. 블루멘트로스트는 상트페테르부르크 과학원의 첫 원장으로 취임하며, 과학원의 실질적 설립에 크게 관여했다.

독일에 있는 동료들로부터 조언을 구하고, 슈마허를 시켜 북유럽에 장기간 출장을 보내 도서를 구입하고 과학기구를 사들이며 유능한 학자들을 고용해오게 한 뒤, 블루멘트로스트는 1723년 말 어느 시점에 표트르에게 상세한 계획안을 제출했다. 이 계획안에서 그는 '다른 나라의 사례들을 살펴본 결과 러시아에도 예술과 과학을 진흥시킬 기관을 설립해야 한다'고 제안했다. 과학원이라 불릴 만한 성격의 이 기구는 연구센터와 대학의 기능을 결합해야 한다는 주장이었다(러시아에는 이 둘 모두 없었다). 그럼으로써 '국가의 위신을 높이고 첨단과학 수준을 높일 뿐 아니라 교육을 시키고 그것을 국내에 퍼뜨림으로써 장래 백성들에게 도움이 되도록' 하자는 것이었다. 표트르는 즉각 그 제안을 받아들여 그 기구의 설립을 위한 재정지원이 이루어졌다. 1724년 1월 8일, 과학원의 설립을 선언하는 포고령이 발표되었다. '과학원 담당국'이 즉시 설립되어 관련된 연락을 맡았다. 기초작업은 상트페테르부르크에서 이루어져 입주할 건물이 설계되고(당연히 신식 설계로), 1726년에 모습을 드러냈다. 과학원 설립에 관한 소식은 유럽 각지에 보내졌고 초청장을 발송했다.

1725년 말, 16명의 학식 높은(심지어 일부는 독보적인) 독일인, 스위스인, 프랑스인 학자들이 상트페테르부르크에 정착하여 그들의 직위를 부여받았다. 그들 중에는 두 명의 천문학자, 한 명의 동물학자와 의사,

세 명의 수학자, 한 명의 고전학자, 두 명의 '자연철학자(한 명은 물리학자, 다른 한 명은 화학자이자 의사)', 몇 명의 '도덕철학자(역사, 웅변학, 법학 전문가)'가 포함되어 있었다. 1725년 여름 새 과학원의 비정기적 회합이 상트페테르부르크에서 열렸으며 11월에는 첫 공식 회합이 열렸다. 과학원의 설립자이자 첫 후원자인 표트르 자신이 1725년 1월 28일에 사망한 상태였지만 계획은 후퇴하지 않았다. '표트르가 과학원 설립 직후 병에 걸렸지만, 죽기 전 마지막까지 후계자 예카테리나 여제에게 이 과업을 마무리해줄 것을 부탁했다'라는 이야기는 전설이 되었다.[25] 실제로 예카테리나는 1724년의 계획안을 곧 승인했고, 공식적으로 블루멘트로스트를 과학원의 첫 원장으로 임명했다. 슈마허는 수석 사서 겸 수석 서기관으로 승인되었다. 이 직위는 그가 1759년까지 계속 과학원의 행정구조와 이익을 지킬 수 있는 자리였다(블루멘트로스트는 1733년까지 원장 자리에 있었다).[26]

상트페테르부르크 과학원이 좁은 의미의 러시아적 연구기관이기보다는 유럽적 기구였다는 사실은 잘 알려져 있다. 과학원은 수학, 물리학, 화학, 심리학을 비롯한 여러 학문 분야에서 국제적인 명성을 얻었다. 약간 덜 알려지긴 했지만, 과학원은 과학과 신문화를 러시아 국내에 널리 보급하는 과정에서도 큰 역할을 했다. 출범 후 첫 몇십 년간은 공식적인 업무와 관련된 출판물에는 라틴어를 사용했다. 러시아인 학생들에게 동시대 유럽의 교양 있는 세계에서 쓰이던 언어를 소개한다는 한 가지 목적 때문이었다. 그러나 그후에는 차츰 최신 과학, 학술, 다른 학문적 개념과 용어들을 러시아화했다. 과학원의 출판부는 18세기 말까지 러시아에서 과학과 문학, 다른 세속적 학문 성과들을 출간하는 가장 중요한 인쇄소였다. 과학원의 임원들 중에는 오랫동안 러시아에서 활동한 최상급 번역자와 최초의 러시아어 문법서와 사전 편찬자들이 포함되어 있었다. 과학원 인쇄소는 1757년 예술원이 설립될 때까지 러시아에서 가장 중요한 도형예술의 중심지였다. 초창기 과학원의 다양한 구성원 중에는 수많은 독일인이 포함되어 있었다. 그들은 수년 동안 주목할 만한 성과를 냈고, 러시아에 자연과학만이 아니라 고고학, 지리학, 역사학의 기초를 닦았다.

　수십 명의 러시아인 젊은이들이 상트페테르부르크 과학원의 첫 수강생이 되어 과학과 외국어 훈련을 받았다. 그러한 젊은이들 중 한 명인 V. E. 안도두로프는 수학 방면의 조교수가 되었다. 그는 또한 유능한 독일어 통역이었으며 장래의 예카테리나 2세(독일 태생)에게 러시아어를 가르쳤다. 안도두로프는 1762년 신설된 모스크바대학 총장으로 임명되었으며 1778년에는 과학원 명예회원이 되었다. 안도두로프의 뒤를 이어 G. N. 테플로프(1742년 이후 식물학 조교수, 1745년 이후 화학 교수), M. V. 로모노소프(1742년 이후 물리학 조교수, 1747년 이후 아카데미 정회원), V. K. 트레댜콥스키(1745년 이후 변론학 교수), S. T. 크라셰니니코프(1745년 이후 자연사 조교수, 1750년 이후 식물학과 자연사 교수) 등이 등장했다. 다시 1750년대부터 18세기 말까지 그들의 뒤를 이어 또 다른 24명의 러시아인 교수가 과학원의 고위직에 임용되었다(외국인은 60명이었다). 등장한 러시아인 스타 중 한 명이 테플로프였다. 그는 러시아어로 최초의 철학서를 집필했다. 한편 로모노소프와 트레댜콥스키는 근대 러시아문학의 탄생과 근대 러시아 문어의 확립에 큰 기여를 했다. 로모노소프는 또한 모스크바대학의 창립자 중 한 명으로 유명한 과학자이기도 했다.

모스크바대학의 뒤를 이어 설립된 러시아의 공식적 둘째 대학인 상트페테르부르크대학(1819)은 표트르가 1724년에 세운 과학원의 직접적 산물이었다. 과학원은 초등교육에서부터 항해와 군사 방면의 중등교육기관을 거쳐(이에 대해서는 앞 장에서 검토했다) 앞서 언급한 시각예술과 건축 방면의 고등교육기관에 이르기까지, 표트르가 구상한 수많은 다양한 교육적 동기의 상징물이었다. 1723년의 본래 계획안에 따르면 과학원은 심지어 성무회의를 대체할 신학 연구소도 지원할 예정이었다. 그러나 이 제안은 곧 폐기되었다. 1721년의 교회법에 의해 별도의 신학원이 설립되었기 때문이다. 신학원은 페오판 프로코포비치의 주도로 상트페테르부르크에 점차 형태를 갖춰갔다. 그것은 결국 표트르가 창시한 교구 학교망을 지배하는 네 곳의 신학원 중 최초의 학교가 되었다.

1725년 이후 러시아인이 근대 유럽 과학의 개념과 용어를 받아들이고 적응하는 노력의 구심적이 되었다는 것이 상트페테르부르크 과학원의 가장 중요한 기능이었다. 과학원의 가르침과 연구와 출판물, 저작에 대해 저명한 미국인 러시아사학자는 이렇게 평가했다. 18세기 후반 동안 "러시아 문화의 광대한 영역에서 과학원의 엄격한 테두리 안에서 과학적 사고가 흘러넘쳤다." 이 주목할 만한 견해의 요지는 다음과 같다.

18세기 러시아의 과학 분야에서 이루어진 사회적 노력은 아무리 강조해도 지나치지 않다. 그것은 낡아빠진 스콜라철학과 신성불가침이란 미신에 의존하는 교회의 지성적 권위를 영구히 파괴했다. 그것은 무지에 대한 정면공격의 출발점이 되었다. 과학은 러시아인의 떠오르는 민족의식에 힘을 불어넣었다. 역사적 지리적 연구의 결과와 과학적 탐사 결과는 문학 영역에서 좀 더 넓고 광범위하게 퍼져나갔다. 교사들은 글을 쓰고 번역을 했으며, 과학자들은 러시아 민중의 교육 수준을 높이기 위해 싸웠다. 천천히 고통스럽게, 그들은 러시아어를 과학적 의사소통이 가능한 도구로 가꿔나갔다. [27]

아마도 이 평가는 조금 지나치게 긍정적이거나 과장되었을지도 모른다. 그러나 본질적으로는 진실이라는 점에 의심의 여지가 없다. 과학원의 창립자와 그를 도와 그것을 현실로 만든 이들에게는 찬사를 보낼 필요가 있다는 점에도 의심의 여지가 없다.

제 5 부

혁명과 저항

표트르의 통치에 대한 저항의 본질은 주로 광범위하게 영향을 미친 문화 혁명에 대해 즉각적으로 반응한 문화적 반동이었다. 개인적 행동, (…) 교회에 지배권을 행사하려는 시도, 알파벳과 역법, (…) 귀족과 성직자의 사회적 역할, 수도의 위치와 외관, 정부의 운영 방침, 무장병력의 조직, 세금과 통화 체제 등 공공 영역의 모든 부문과 사적인 삶조차 극적인 변화를 겪었다. 불과 20~30년 사이에 이 모든 것이 통치자와 그의 대리인의 손으로 넘어간 것이다.

The Revolution of Peter the Great

표 트 르   대 제

The Revolution of Peter the Great

---

1. 표트르와 동료들

2. 군제 혁명

3. 외교 혁명과 관제 혁명

4. 문화 혁명

5. 혁명과 저항

6. 상트페테르부르크

표트르의 혁명에 대해 러시아 내에서 가장

극적으로 반기를 든 것은 바로 그의 아들, 왕세자 알렉세이였다. 알렉세이가 구속되어 재판을 받고 부왕에 대한 반역죄 판결을 받아 상트페테르부르크의 페트로파블롭스키 요새에서 사망한 일에 대해서는 1장에서 이미 설명했다. 표트르는 이미 1715년 1월에 알렉세이에게 보낸 편지에서, 자신이 알렉세이가 즉위했을 때를 위해 백성들에게 베푼 선정의 결과를 무엇이든 파괴하려 한다고 그를 비난했다. 이제는 비록 왕세자의 공범으로 몰려 처벌된 사람은 거의 없었지만, 알렉세이에게 공조하는 자들이 광범위하게 퍼져 있었고 구성원도 교회의 고위 성직자, 정부의 고위 관료에서 평민에 이르기까지 다양했다는 점을 강조하고자 한다. 나아가 입수 가능한 증거들(당시 공표된 자료와 후대 역사학자들이 밝혀낸 것들)을 바탕으로 검토해보건대, 알렉세이를 중심으로 한 불발된 '음모'의 목표는 표트르의 사망과 함께 권력을 장악하는 것, 혹은 아마도 그의 사망을 앞당기는 것이었으며, 그리고 난 뒤에는 그의 혁명을 되돌리는 것이었다.

그들 자신의 말에 의하면, 음모자들은 "옛 관습으로 돌아가고 옛 방식대로 살기를" 갈망했다. 그들은 상트페테르부르크를 불살라 잿더미로 만들고 해군을 없애버리며 차르의 조정에서 고위직을 차지하고 있는 외국인들을 죽이거나 추방하고자 했다. 이러한 시도를 위한 조직적인 노력이 있었다는 증거는 아직까지 발견되지 않았지만 어쨌든 표트르와 그의 조정, 그들의 지지자와 동료들이 탄압의 명분으로 삼기에는 충분했다.

사실 표트르에 대한 개인적 반감에서건 그의 정책에 대한 반대건 저항은 그의 치세 내내 여러 형태로 계속되었다. 표트르가 열 살의 소년으로 즉위할 당시, 표트르의 이복형인 이반을 지지하는 왕실 근위대(스트렐치)가 반란을 일으켰고 유혈사태가 벌어졌다. 7년 뒤인 1689년에도 왕실 근위대는 이복누이 소피아의 사주를 받아 쿠데타를 일으키려 했다. 소피아는 당시 섭정 지위에 있었으며 권력을 계속 유지하고자 했다. 어린 시절에 이런 일들을 겪으면서 표트르는 생명의 위협을 느꼈다. 어떤 반대의 조짐에도 민감하게 반응하는 그의 태도나 '장난감 군인들'을 그의 충성스런 친위대로 삼은 것은 이러한 경험에서 기인한 것으로 생각된다. 표트르의 친위대(군주 경호대)는 그가 재조직한 육군의 중추를 이루었다. 1690년에 그는 이 부대들 중 하나인 프레오브라젠스키 연대(모스크바 근교의 왕실 영지 마을인 프레오브라젠스코예에 본부가 있어서 이런 이름이 붙었다)를 모스크바 경비대로 삼았다. 그 임무는 공식적으로는 스트렐치가 수행해오던 것으로, 표트르의 입장에서는 스트렐치를 불신할 충분한 이유가 있었다(스트렐치의 입장에서도 마찬가지였다). 1696년 그는 프레오브라젠스키 연대의 수뇌부에 러시아 전역에서 정치범에 대한 사법권을 부여했다. 그들은 정치범의 지위 고하를 막론하고, 혐의에 관계 없이 수사권을 행사할 수 있었다. 이것은 러시아사상 처음으로 출현한 정치경찰이었으며, 표트르의 관료제 개혁의 시초가 되었다.

스트렐치는 이러한 조치에 불만을 품었으며, 그들의 불평은 왕조의 안정을 뒤흔들 수 있는 잠재적 위협이 되었다. 이반 뇌제가 1550년대에 국가의 으뜸가는 표준 군사력으로 신식 보병대를 창설한 이래, 17세기를 거치며 신식 보병대가 러시아의 군사작전에서 점점 큰 역할을 담당하게 되었고 스트렐치는 퇴물이 되어갔다. 1680년대까지 그들은 모스크바와 몇 군데의 국경 마을에 주둔했으며, 그곳에서 스트렐치는 이미 언급된 바와 같이 정치적 임무와 의식용 부대의 역할을 수행했다. 그들의 보수는 형편없었고 훈련은 엉망이었으며 자신과 가족을 먹여살리기 위해 다양한 밀거래를 행했다. 그들의 서열은 전통주의자들의 러시아정교 신앙에 따라 결정되었다. 이 종교는 고립주의적이고 묵시론적이었으며 보통 구교로 알려졌다. 그 결과 이 모든 요소들에 의해, 그들은 쉽게 동요하고 군사력의 지원을 받아 위세를 과시하려는 정치권력에 좌우되었다. 따라서 그들은 1682년과 1689년의 사태에 개입하게 되었다. 나아가 1680년대와 1690년대 초, 표트르는 점점 심각해지는 그의 전쟁놀이에서 스트렐치 부대들을 선봉 친위대의 상대 역할로 활용했다. 스트렐치는 이런 역할을 받아들일 수 없었다. 또한 표트르가 그들의 지원을 얻어 승리한 1695~96년의 아조프 전투에서 그들이 일반 부대로 활용되었다는 점도 견딜 수가 없었다.

그러나 스트렐치는 여전히 말썽을 일으킬 정도의 힘은 가지고 있었다. 1698년 표트르가 대사절단을 이끌고 유럽을 방문하기 위해 자리를 비운 사이, 스트렐치는 반란을 일으켰다. 반란은 패트릭 고든 장군이 지휘하는 신식 연대에 의해 쉽게 진압되었다. 모스크바에 돌아온 표트르는 가혹한 처벌을 단행했다. 1천 명 이상의 반란 가담자들이 공개적으로 고문을 당하고 처형되었으며 잔여 인원은 모두 해산시켰다. 1705년 여름에는 볼가 강 하구의 아스트라한에 주둔하던 스트렐치 출신 병사들이 다시 반란을 일으켰다. 표면적인 이유는 새로운 군율에 따라 착용하게 된 군복에 대한 거부였다. 반란군은 늘어나는 세금과 부역에 대한 지방민의 불만에서 지지를 끌어내고자 했다. 그들은 또한 항상 전투 대기 상태로 있는 반독립적 국경 부락민인 코사크에게도 도움을 요청했다. 반란군은 코사크에게 이렇게 설명했다. "우리와 아내, 아이들에게 옛 러시아식 복장으로는 교회에 예배를 볼 수 없도록 하기 때문에, 기독교 신앙을 지키고 면도와 독일식 복장에 대항하기 위해 아스트라한에서 봉기했소." 그들은 나아가 표트르와 동료들이 즐기는 가장무도회를 비난했다. "신을 찬미하는 성가를 부르는 대신 그들은 가면을 쓰고 유희에 빠져 있소. 궁정 신하 중 한 명이 어릿광대가 되어 총대주교라는 이름을 쓰면서 다른 자들을 대주교라 칭하오." 표트르는 이들을 처음에는 달래어 사태를 무마하려 했으나 반란군은 거부했다. 그러자 북방전쟁에 동원한 정규군에서 빼돌린 병력이 1706년 3월 아스트라한을 덮쳤다. 300명 이상의 반군이 처형되었는데, 그 대부분은 모스크바로 압송되어 프레오브라젠스키 본부에서 재판을 받았다. 그 과정에서 추가로 45명이 심문 중에 사망했다.[1]

표트르의 통치에 대해 군사적으로 가장 심각한 반란은 1707~8년에 콘드라티 불라빈의 지휘 아래 돈 코사크가 일으킨 반란이었다. 이번에도 반란은 특정한 이유로 불만을 가진 특정 집단의 불만이 좀 더 보편적인 불만과 결합하는 형태를 취했다. 발단은 돈 지역의 코사크인들이 표트르의 정부가 그들의 전통적인 자치권을 침해하려 한다는 의심을 품은 데에서 출발했다. 그들의 불만은 궁정의 '독일적' 영향과 강제로 수염을 깎을 것이라는 공포, 다양한 대귀족과 그들의 대리인이 '진실한 신앙'을 탄압한다는 소문과 결합하면서 파괴력이 커졌다. 표트르에게는 힘든 시기였다. 당시 그는 스웨덴의 카를 12세와 싸우고 있었는데, 1708년 초에는 스웨덴군이 러시아에 침입한 상황이었다. 불라빈과 코사크인들은 남부 우크라이나의 코사크 집단으로부터 지원을 받았고 보로네즈 조선소와 아조프 지역의 징집 노동자들도 이에 가담했으며 동남부 러시아의 다양한 토착부족들도 불라빈에게 가담했다. 구교도와 탈주 농노들도 합세했다. 사실상 이 모든 과정은 1670년대의 러시아를 뒤흔든 스텐카 라진의 반란을 연상시켰다. 혹은 1770년대에 일어날 푸가초프 반란의 예고편 같기도 했다. 그러나 이번에도(그 이후에도 마찬가지로) 대규모 정규군이 투입되어 반란을 진압했다. 가혹한 처벌이 뒤따랐고, 당시의 민요에 잘 나타나듯 폭군이라는 표트르의 평판은 더욱 확고해졌다. 불라빈의 반란만큼은 아니지만, 이후로도 표트르의 치세에는 국경지대에서 세금이나 요역에 대한 저항이 계속 일어났고, 때로는 폭력 사태가 벌어지기도 했다. 이러한 현상은 특히 우크라이나에서 두드러졌다. 1708년 코사크인 수령 헤트만 이반 마제파와 수천 명의 추종자들은 차르에 대한 충성을 거부하고 스웨덴 침략군에 합류했다. 그러나 이 두 세력의 연합군은 곧 1709년 폴타바 전투에서 패했다. 이로 인해 표트르는 우크라이나의 분리주의 경향에 대해 깊은 의심을 품게 되었고 우크라이나인 수령들은 그러한 기대에 부응했다. [2]

1709년 이후 표트르는 더 이상 국내적으로 대규모의 혹은 조직적인 군사적 저항에 직면하지 않게 되었다. 이것은 부분적으로는 폴타바에서 무력으로 입증된 군대의 위력 때문이었고, 다른 한편으로는 이제 강력한 군주로 인식된 전설적 명성 덕이었다. 그러나 좀 더 복잡하고 개인적인 종류의 내부적 반대는 끈질기게 계속되었다. 프레오브라젠스키 본부의 기록에 의하면 그러한 반대파의 형성 시기는 1696년으로 추정된다. 프레오브라젠스키 본부가 러시아 전역에서 정치범에 대한 사법권을 획득한 바로 그해였다. 본부가 조사한 초창기 사안 중 하나는 아브라미라는 사제와 관련되어 있었다. 아브라미는 수도사이자 모스크바 근교 어느 사원의 원장으로, 그의 사원은 아브라미의 존재 덕분에 다양한 신분의 순례자와 탁발승이 모여드는 중심지가 되었다. 표트르는 어린 시절에 아브라미의 사원을 방문했는데, 공공 업무에 관심을 보이는 데다 서방의 학문에 대한 식견까지 갖춘 이 선량한 수도승은 곧 표트르의 눈에 들었다. 표트르는 그를 1688년의 항해 모험에 초청하기도 했다. 그러나 1690년대 후반에 이르러 표트르의 직접 통치가 시작되고 몇 년이 흐르자 아브라미는 골칫거리 인물이 되었다. 그는 대담하게도 불만을 가진 동료들을 공개적으로 찾아다녔다. 1697년 1월, 아브라미는 표트르에게 서면으로 백성들이 그의 통치에 괴로워하는데 국가 업무에 분주하게 움직이기보다는 '하느님을 불쾌하게 만드는' 일에 몰두해 있으니, 결혼을 통해 모든 이가 바라는 성숙하고 나은 인간이 되길 바란다고 말했다. 계속해서 표트르가 "눈 뜨고 봐줄 수 없는 불필요한 놀이"에만 몰두하고 있으며 위엄 있는 출발을 하는 대신 어리석은 이야기와 헛소리, 하느님을 불쾌하게 하는 행동을 통해 널리 퍼진 슬픔과 비통함을 만들어냈을 뿐이라고 비난했다. 아브라미에 의하면, 외국인들는 그의 통치가 제대로 될지 심각하게 우려하고 있었다. 그래서 자신이 차르의 앞을 막아서서 심판자와 통치자로서의 무거운 책무를 일깨우고자 한다는 것이었다. 그는 정부 행정 처리의 지연과 비효율성과 부패는 표트르의 무책임과 개인적 지도력 부재 때문이라고 강하게 암시했다. 아브라미는 많은 이가 자신과 같이 느끼지만 공개적으로 불평하기를 두려워한다는 경고의 말로 끝을 맺었다. 그의 견해에 의하면 "이러한 악덕이 제거되고 선업이 시작되는 시간을 창출할" 때가 이르렀다는 것이다.

본인에게는 원통한 일이었겠지만, 아브라미는 체포되어 프레오브라젠스키 본부로 압송되었다. 그가 접촉한 인사에 대해 심문이 이루어지고, 그 후에는 멀리 떨어진 사원으로 추방되었다(그러나 그곳에서도 아브라미는 계속 표트르에게 편지를 썼다). 한편 차르의 정치경찰은 이반 치클레르를 조사하고 있었다. 모스크바의 귀족으로 근위대의 대령으로 복무한 경력이 있는 치클레르는 아조프 근처의 타간록에서 항만 건설에 종사하고 있었다. 그는 표트르에 반대하고 어린 왕세자 알렉세이를 지지했다는 이유로 고발되었는데, 소피아를 다시 섭정으로 세우려는(혹은 표트르를 폐위시키고 좀더 뜻이 맞는 대귀족을 추대하려는) 계획을 품고 있는 혐의도 포착되었다. 이것은 표트르의 스트렐치에 대한 처분과 귀족 자제를 강제로 해외유학시키는 등의 다른 잔혹한 조치들 때문이었다. 1697년 3월 치클레르와 몇 명의 동료 음모꾼들은 근위대 출신과 구교도로 구성된 동조자들과 함께 처형되었다. 다른 공모자들은 구타를 당하고 재산과 신분을 빼앗긴 채 유배되었다. 아브라미와 치클레르에 대해 이러한 처분을 내린 표트르는 대사절단을 이끌고 장기간 유럽 순방을 떠났다. 참으로 신기한 상황이었다. 신성한 모스크바의 차르가 라틴 종파주의자들과 프로테스탄트 이단자들의 땅으로 무기한 체류하는 여행을 떠난 것이다. 그것 자체만으로도 치클레르의 공모자들에게는 (그들이 고백한 바에 따르면) 심각한 두려움을 안겨주었다.[3]

　1696년에서 1725년 사이의 프레오브라젠스키 본부 문서들에 대한 체계적 연구에 의하면 수천 건에 이르는 반역 사안 중 귀족이 관련된 것은 5퍼센트에 불과했고, 스트렐치가 관련된 것이 5퍼센트, 성직자가 관련된 것이 20퍼센트였으며, 나머지 70퍼센트는 평민과 시민들이 혐의자였다. 그들이 관련되어 고소당한 범죄 명목 중에는 노골적인 반란 활동(1698년의 스트렐치 반란, 1705~06년의 아스트라한 반란과 1707~08년의 불라빈 반란), 첩자 활동(1696년 아조프), 차르 시해 기도, 왕위 찬탈, 이미지 훼손, 칭호 모독, 이름에 대한 모독 등이 포함되어 있었다. 또한 폐위된 섭정 소피아, 혹은 1698년 폐위되어 수도원에 칩거하는 표트르의 전 황후 예프도키나에 대한 지지나 공감 표시도 포함되어 있었다. 기타 '꼴불견 언사'의 대상으로는 표트르 외에도 그의 개인적 신하, 친인척, 동료, 둘째 부인인 예카테리나와 자녀들, 왕가의 다른 구성원, 멘시코프 대공과 같은 통치계급 수뇌부 인사도 포함되어 있었다.

1718년의 알렉세이의 재판과 처형 이후 알렉세이에 대한 지지나 공감 표현도 정치범죄의 목록에 올랐다. 이 때는 모스크바 근교의 프레오브라젠스키 본부 외에도 상트페테르부르크의 비밀 재판소도 처벌에 가담했다. 상트페테르부르크의 비밀 재판소는 알렉세이에 대한 재판을 주관하기 위해 만들어진 기관으로, 1718년에서 1725년 사이에 370건의 '중범죄'를 심판했다. 때로는 표트르 자신이 재판을 주관하기도 했다. 1721년의 교회 규례에 따라 총대주교좌를 대체하여 교회의 수장이 된 성무회의는, 1722년 규례 조항 중에 성직자들에게 고해성사 중에 들은 반역죄에 대해서 프레오브라젠스키 본부나 비밀 재판소에 보고하도록 하는 조항을 삽입했다. 나아가 1722년 5월에 발표된 성무 보완 성명(이것의 작성 과정에도 표트르가 개입했다)에 의하면 성무회의는 사실상 전통적 성무상 고해성사의 비밀 원칙을 파기하는 조항의 몇 가지 '실제 사례'를 정당화했다.

이러한 사례들은 표트르의 통치에 대한 국내적 반대의 성격과 정도를 심각하게 보여준다. 그중 한 사안은 왕세자 알렉세이의 재판(1718) 중에 발생한 사건이었다. "고해성사 중 그(알렉세이)는 고해 신부에게 아버지가 죽기를 바랐다고 말했다. 그래서 고해 신부는 하느님의 이름으로 그를 용서하고 자신도 그가 죽기를 바란다고 말했다. 알렉세이는 심문 중에 이 사실을 털어놓았다. (…) 그리고 이러한 사악한 행위에 대해 그(알렉세이)는 죽어 마땅하다." 또 다른 사안은 1722년 초에 재판에 회부되었다. 이에 대해 성무회의는 다음과 같이 보고했다.

> 펜자에 도착한 어느 죄인은, 가장 위대한 황제 폐하에게 많은 사악한 짓을 했노라고 공개적으로 말했다. 또한 국가에 대해 가장 간악한 말들을 떠벌렸다. 그에 대해 현재 비밀 당국의 조사가 진행 중이다. 그러나 조사 과정에서 이미 이 죄인은 그 사악한 말들을 고해성사에서 사제에게 슬쩍 흘린 바가 있다고 털어놓았다. 사제는 그 말들 중 몇 마디에 대해 동의하는 것 외에 어떠한 금지 조치도 취하지 않았으며, 이제 이 괘씸한 사제 본인이 심문을 받고 고백 중이다.

여기서 문제의 '죄인'은 후에 처형되는데, 본질적으로는 표트르를 적그리스도라 불렀기 때문이었다. 그의 재판은 성무회의가 주관하는 비공식 재판에서 의장인 스테판 야보르스키가 참석한 가운데 진행되었다. 야보르스키는 우크라이나 출신의 유력한 고위 성직자로, 피고에게 표트르는 적그리스도가 아니라 성상파괴주의자(당시 정교회에서 개신

교도를 칭할 때 사용한 용어)일 뿐이라고 선포했다.

성무회의가 1722년의 선언문을 통해 언급한 유사한 셋째 사안은 '죄인 탈리츠키'에 관한 사안이었다.

탈리츠키는 사제에게 고해성사 중 그의 가장 사악한 의도를 밝혔다. 말하자면 선동하는 편지를 쓰겠다는 것이었다. 그는 자신의 생각이 정당하기 때문에 버림받아서는 안 된다고 주장했다. 사제는 그의 주장에 혐오감을 느꼈지만 그럼에도 불구하고 그와 대화를 계속했다. 그리고 그 결과를 적절히 당국에 보고하지 않았다. (…) 그래서 이 죄인은 그의 범죄적 의도를 실행에 옮겼다. 그래서 그는 그때까지 법에 걸리지 않았고, 그 결과 유혈사태와 재앙이 발생했다! 탈리츠키와 그의 담당 신부가 저지른 고해성사는 이 얼마나 사악한가!

프레오브라젠스키 본부의 기록은 탈리츠키가 세상이 곧 멸망할 것이라는 예언을 담은 리플릿을 배포한 죄로 1700~01년에 재판에 회부되고 처형되었다고 기록되어 있다. 그는 모스크바는 바빌론과 같은 죄악의 도시이며, 표트르를 적그리스도라 칭했다. 또한 사람들은 차르를 위해 봉사하지 말고 세금도 내지 말아야 한다고 주장했다. 탈리츠키는 한 명의 동조자와 정부에 불만을 가진 근위대 병사들의 도움을 받아 전장에 나가 있는 표트르를 폐위시키고 그가 호감을 갖는 귀족을 추대하려는 의도를 명백히 드러냈다. 탈리츠키가 그의 동조자로 거론한 17명의 인사는 프레오브라젠스키 본부로 끌려가 조사를 받았다. 그중 두 명의 성직자를 포함한 5명은 조사가 끝난 뒤 처형되었고, 8명은 태형을 받은 뒤 수족이 잘리고 시베리아로 유배되었다. 관련자 중에는 탐보프의 주교도 있었는데, 그는 직위가 해제된 후 러시아 최북단의 사원으로 유배되었다. 이 사건은 불라빈의 반란이 정점에 달한 1708년에 표트르가 성직자들만을 대상으로 한 비밀 회합에서 이야기가 오간 사건이었다. 그러다가 1722년 1월의 불량 신도들을 대상으로 한 공식 훈계에서 공표되었고 그해 5월의 선언문에서 다시 언급되었다. 표트르와 그의 지지자들이 보기에 탈리츠키는 표트르의 통치에 반대하는 모든 사례의 종합적 표본이었던 듯하다.[4]

요약하자면 공식 기록, 외국인 대사의 보고, 종교적 기록, 민담, 기타 동시대 기록에 포함된 표트르의 통치에 대한 반발의 증거는 풍부하다. 그러나 이러한 증거들이 우리에게 말해주는 동기나 원인은 무엇인가? 우선 그것들은 표트르의 반대자들 중 상당수가 기반이 확실히 갖춰진, 혹은 해묵은 불만에서 기원했다는 것을 말해준다. 그러한 불만은 왕실 근위대의 반란을 포함한다. 점점 낙후되어가는 근위대의 부담을 경감하기 위해 표트르는 아무런 조치도 취하지 않았을뿐더러 오히려 군사적 근대화를 위해 조치를 취하는 과정에서 그들을 희생시켰다. 반면 그들이 막상 반란을 일으켰을 때는 서둘러 그들의 규모를 축소하거나 해산시킴으로써 거칠고 잔인하게 근위대를 탄압했다. 또 다른 명백한 예를 찾아보자면, 그렇게 불가피한 반대 세력 중에는 궁정 내의 적대적 집단이 있었다. 그들은 1689년 표트르의 역쿠데타로 제거되었는데 대부분은 전 섭정이었던 소피아의 인척과 우호세력, 친구들이었다. 그들의 권력과 재력 상실은 갑작스러웠다. 표트르에게 반대할 것을 선동했다고 기록된 부패하거나 무능한 관리들 역시 이 범주에 포함될 것이다. 그러한 행동은 어느 시대의 러시아 정부, 나아가 어느 나라의 정부에서건 어느 정도는 존재하기 마련이다. 표트르는 주기적으로 관리들의 숙청을 단행했지만, 그들은 표트르가 제거할 능력을 넘어선 곳에 있었다.

마찬가지로 1660년대의 종파 분리에서 기원하는 구교도의 불만은 주로 공식 교회에 대한 저항이었고, 그것을 지원하는 세력이라는 점에서 통치자에게도 저항했던 것이다. 이것은 표트르의 부왕 때부터 부딪쳤던 문제이고, 어떤 통치자라도 피할 수 없는 것이었다. 표트르는 사실 처음에는 선왕의 유지에 따라 백성들 중 확실히 자신이 구교도(성호를 긋는 방법, 기도문 등에서 차이가 난다)임을 표출하는 자들만 박해하는 정책을 계승했지만, 최종적으로는 정책을 완화하여 충성을 맹세하고 특정한 세금이나 벌금을 내는 대가로 제한된 관용책을 폈다. 그러나 지속적으로 불만의 원천이 되어온 해묵은 농노제의 부담은 표트르의 정부가 완화할 수 없는 수준의 문제였다. 프레오브라젠스키 본부의 조사에 의하면 이와 관련된 문제의 일부분은 심각한 수준에 이르러 있었다. 그에 대한 대안으로서 전쟁과 건축 계획을 뒷받침하기 위한 새로운 세금과 군대의 증가, 노역 징집 등은 농민의 부담을 가중시키기만 했다. 이러한 측면에서의 농민의 불만은 그후 오랫동안 광범위한 불안정의 원천이 되었다. 이렇게 표트르에 대한 일반적인 불만이나 내재적인 불만은 능동적인 방식 대신 도주, 납세와 요역의 회피와 같이 수동적인 저항의 형태로도 나타났다. 이에 대해서는 차르의 모병관, 세리, 특별 조사관들이 항상 불만을 토로했다. 달리 말해 표트르 정부가 상대해야 했던 적들의 목록에 관리를 피해 숨거나 골탕먹이고 도망쳐 숨은 수많은 그의 백성을 덧붙일 수 있다.

몇몇 의심스러운 증거들을 통해 표트르에 대해 저항하는 세력에게 동기를 부여한 것은 그의 개혁이었음이 드러난다. 특히 의복과 종교에 관련된 문제에서 그러했다. 반대자들은 흡연, 면도, '독일식' 복장 착용과 머리 모양 하기(가발 착용 포함) 등과 같이 그가 장려한 행실, 유럽 공통 역법의 채택(구식 율리우스력은 18세기에 이미 대세가 되어가던 신식 그레고리우스력에 비해 11일이 뒤쳐져 있었다) 을 비난했다. 이 역법은 그리스도의 탄생일로부터 기산하며 1월 1일에 시작했다. 반면 오랫동안 러시아에서 써온 비잔틴 역법은 '세계 창조(기원전 5509년에 일어난 것으로 상정)'로부터 기산하며 9월 1일에 시작했다. 따라서 그동안은 9월 1일이 주요 축일이 되었으나 표트르는 1699년의 선언에서(전통적 역법에 따르면 7208년) 러시아에서 새로운 세기와 새해는 1700년 1월 1일에 시작한다고 공표했다. 그리고 이 행사는 '적절한 축제'로 축하되도록 규정되었다.[5]

이렇게 의복과 외관, 축일과 역법에 영향을 미치기 위한 표트르의 모든 노력은 결국 문화적 유럽화라는 야심찬 계획의 일부였다. 즉 러시아의 문화적 실상을 유럽에서 따르는 요소들에 맞추기 위한 시도였다. 이러한 시도들은 과정에서 필연적으로 가장 영향력이 강한 집단 중에서 반발을 불러 일으켰다. 적절하거나 뿌리깊은 러시아적 관습과

금제를 훼손하려는 것처럼 보였기 때문이었다. 따라서 이러한 반발이 표현된 언어가 전통적 러시아 문화와 관련된 용어로 표현된 것은 놀라운 일이 아니었다(다른 대안이 있었겠는가?). 종교적, 애국적, 묵시록적, 비타협적 용어들이 구사되었다. 이러한 불만은 이미 언급한 것처럼 좀 더 엄격한 다른 경제적·정치적 본질과 연계되었다. 즉 표트르의 수많은 문화적 개혁은 그의 통치에 대한 반항의 구실이자 변명이 되었다.

러시아의 옛 귀족과 러시아정교 성직자들은 확실히 표트르가 주도한 변화에 대해 불만이 많았다. 그렇기에 이 두 집단의 반대가, 특히 성직자들이 그들이 차지하는 사회적 인구비율에 비해 비정상적으로 커 보이는 것은 놀라운 일이 아니다. 표트르 이전 러시아에서 차르의 통치는 항상 고급귀족들과의 공조를 통해 이루어졌다. 귀족들은 다시 차르 정부의 관리들과 군대에 영향력을 행사했다. 관직과 군직의 요직은 대부분 그들의 친족으로 채워져 있었다. 더욱 근대적인 유럽식 군대와의 분쟁은 표트르가 즉위하기 훨씬 전부터 점점 도태되어가는 전통적인 귀족 기사 계급의 몰락을 촉진했다. 그러나 귀족들에게 예속된 농민들과, 명목상은 차르가 하사했지만(군사적 봉사의 대가로 주어진다기보다는) 사실상 세습 점유되는 토지는 17세기 내내 묵인되었다. 우리가 이미 살펴보았듯 표트르는 이 이상한 체제를 깨뜨리려 했다. 그 요체는 모든 귀족을 평생 국가를 위해 봉사하게 만들고, 그 대가로 정부는 봉급과 부수입과 그들의 토지를 안전하게 점유할 권리를 부여한다는 것이었다(이 의무의 면제는 꼭 필요한 경우에만 한정되었다. 예를 들면 가문의 장원을 경영하기 위해 과부의 외아들만 남은 경우). 표트르는 또한 자식 중 한 명만이 귀족 장원을 물려받을 수 있고, 부친이 남녀를 불문하고 모든 자식에게 재산을 분할해 그들 모두가 귀족적 토지 소유자 신분이 되는 관습을 파기하려 했다. 나아가 귀족들이 적절한 기술교육을 받아야 한다는(심지어는 외국인에게서) 방침과, 승진이 공적에 따라 좌우되어야 한다는 표트르의 방침 때문에 국가에 대한 봉사는 갑자기 부담이 되었다. 다른 신앙을 신봉하며 이상한 언어로 말하는 외국인들이 육군과 해군의 고위직에 넘쳐났다(일시적으로 고용된 외국인들만은 아니었다). 따라서 표트르 통치 기간에 귀족들의 불만이 격화되었던 것은 놀라운 일이 아니었다. 그는 또한 전통적인 정부 기구를 뒤집어놓았다. 이른바 관료제 혁명이었다. 중앙정부와 지방정부가 유기적으로 구성되는 체제였고, 적절한 전문지식 습득과 공적에 의한 승진이라는 동일한 원칙이 적용되었다.

그렇다면 전통적인 러시아식으로 성장하여 자신의 특권에 대한 기대를 가진 귀족들은 어떻게 대처했는가? 그들은 지방의 장원에 있는 집에서 편안히 머무를 수 없었다. 자신만의 세계에서는 소황제의 지위를 누려왔지만, 이제는 경력을 쌓기 위해 모스크바나 상트페테르부르크에 가서 새로 세워진 기술학교 중 한 곳에서 훈련을 받아야 했다. 그렇다고 해서 승진과 보상이 자동적으로 보장된 것도 아니었다. 귀족들은 점차 분할 상속과 의무적 국역로부터의 해방을 위해 싸우기 시작했고 결국 성공했다. 단일 상속을 규정한 표트르의 법령은 1730년에 폐기되었고, 의무적 국역 제도는 1762년에 폐지되었다.[6] 그러는 사이 아이러니컬하게도, 생애의 상당 부분을 할애해야만 함에도 불구하고 국가를 위한 봉사는 대부분의 귀족들에게 점점 더 중요하게 여겨지기 시작했고 특히 고급귀족 사이에서 점점 더 인기를 끌었다. 복무함으로써 재정적 보상과 사회적 특권을 얻을 수 있기 때문이었다.

이와 유사하게 성직자의 전통적인 자치권과 특권도 표트르에 의해 극적으로 삭감되었다. 표트르는 총대주교좌의 기능을 마비시켜놓았다가 결국은 폐지하고 자신이 임명하는 고위 성직자들이 좌지우지하는 기구(성무회의)로 대체해버렸는데, 그 과정에서 교회 행정을 새롭게 재조직하는 국가체제에 맞췄다. 그는 또한 성직자의 교육과정도 새로운 표준을 마련해야 한다고 주장했다. 그럼으로써 전통적인 의무를 더 잘 수행하고 새롭게 부여된 임무도 잘 수행할 수 있다는 것이었다. 새로운 임무란 교구 주민의 기록 관리(출생, 결혼, 사망)와 종교적 이단자나 다른 의심스러운 정치적 행동을 적절한 정부 기관에 보고하는 것이었다. 관련된 조항을 마련하기 위해 만든 「교회 규례」(1721)에 따라 위임받은 성직자를 교육시키기 위해 주교구마다 학교가 개설되었다. 교구 사제들은 모든 공식 발표문과 선언문을 예배 때 신도들에게 읽어주어야 하고 그것을 교회에 공시해야 했다. 독신 성직자(사원과 수도원에 기거하는 수도사와 수녀)들은 대폭 삭감되었고, 그들도 퇴역병을 보살핀다든가 범선 돛대용 천을 짠다거나 하는 새로운 의무를 져야 했다. 세속 승려(사제와 다른 교구 성직자)의 숫자는 국가에 봉사하는 비율에 따라 엄격하게 규정되었다. 세속승이나 독신승이나 민법이나 형법을 어겼을 때 법 적용을 면제받는 경우(특별 교회 법정에서 재판을 받을 권리)는 사실상 폐지되었다.

일부 사제와 수사, 주교는 설교를 통해 자신들의 위상 변화에 대해 비판하고 공개적으로 반대를 표시했다. 그들은 자신들의 권위에 대해 전통적 러시아정교의 관점은 물론이고 심지어 로마 가톨릭의 가르침까지 끌어와 변론했다. 또 다른 이들은 요직에 있는 외국인의 존재에 대해 저주를 퍼붓거나 표트르 본인을 직접적으로 비판했다. 앞서 살펴보았듯이, 일부는 표트르를 적그리스도라 몰아붙이기도 했다. 그러므로 실제 인구비에서는 2퍼센트에 불과한 성직자들이 표트르 치세에 프레오브라젠스키 본부에 접수된 정치범 사안의 20퍼센트 정도를 차지한 것은 거의 놀랄 일이 아니다. 반면 최소한 일부 성직자는 표트르의 교회 개혁을 교육과 사회봉사의 측면에서 환영했다. 성직자의 교육 수준이 확대됨으로써 러시아정교회가 동방정교 세계에서 가장 개명된 분파가 될 것으로 생각했던 것이다. 역사적으로 고찰할 때, 달리 말하자면 러시아의 귀족과 성직자에 관한 표트르의 기록 중에는 부정적이거나 혐오감을 표시하는 것보다는 압도적으로 긍정적이거나 진보적인 것이 많았다.

　물론 반대파 중 상당수는 표트르의 독단적이거나 잰체하는 태도 때문에 그를 싫어한 사람들이었다. 기록이 거듭 보여주는 바에 따르면, 흡연과 음주, 공공 석상에서 주정을 부리는 것, 종종 천박해 보이는 외국 의상이나 점잖지 못한 의상을 입는 것, 자주 허풍스런 농담을 하는 것(대상이 교회와 그 의례인 경우가 적지 않았음), 정비와 이혼하고 하층계급 외국인 여자와 재혼한 것, 자신의 자식이자 가장 유력한 상속자인 왕세자 알렉세이에 대한 처분 등이 원인이었다. 다른 말로 하면, 표트르 반대파의 상당수는, 그때까지 러시아 사회에서 고귀하고 신성한 존재로 여겨지던 차르가 악덕과 타락의 추태를 공개적으로 드러내 보인 것에 자극을 받아 형성된 면이 있다. 사실 표트르의 통치에 대해 가장 보편적인 불만이자 프레오브라젠스키 본부나 비밀법정에서 흔히 다루는 사안은, 그의 정책만큼이나 개인적인 품행의 문제였다. 그들이 보기에 표트르는 차르의 자격에 미달하는 군주였다. '폭군' '협잡꾼' '적그리스도' '적그리스도의 종'이며 하고 다니는 꼬락서니는 '독일인' '스웨덴인'이며 '이단자' '불경스러운 자' '성상파괴주의자'였다. 이러한 이야기들을 얼간이들의 헛소리로 치부하고 그러한 호칭에 감춰진 비난을 무시하는 것은 쉬웠다. 또한 문화적인 틀을 망각하고, 즉 표트르의 반대파들이 활용할 수 있었던 제한된 개념적, 언어학적 자원들을 망각하고 차르라는 개인에 대한 그들의 초점을 순진한 왕권주의로 묘사하는 것도 역시 쉬운 일이다. 이제 역사가들은 이러한 실망스러운 접근법보다 좀 더 나은 방법을 알게 되었다.7)

대부분의 기록을 이리저리 짜맞춰보면, 표트르의 통치에 대한 저항의 본질은 주로 광범위하게 영향을 미친 문화 혁명에 대해 즉각적으로 반응한 문화적 반동이었다. 대부분의 의복과 개인적 행동, 신과 모친, 성자, 교회에 지배권을 행사하려는 시도, 알파벳과 역법 문제, 통치자로서의 초상화, 귀족과 성직자의 사회적 역할, 국가 수도인 상트페테르부르크의 위치와 외관, 정부의 운영 방침, 무장병력의 조직, 세금과 통화 체제 등 공공 영역의 모든 부문과 사적인 삶조차 극적인 변화를 겪었다. 불과 20~30년 사이에 이 모든 것이 통치자와 그의 대리인의 손으로 넘어간 것이다. 친숙하고 관습적인 일처리 방식을 전에는 알려지지 않았던, 두려운, 조롱해왔던 대상으로 그렇게 갑작스럽게 대체한 것은 당시 러시아와 같은 전통적이고 식자층이 얇은 사회에서는 단순하고 하찮은 일로 치부될 수 없었다. 반면 이러한 변화에 대해 사회가 자주 극단적인 방식으로 저항한 것은 그 변화가 얼마나 극적이었는지에 대한 척도가 된다. 러시아인 사이에서는 여전히, 심지어 표트르의 혁명에서 몇 세기가 지났으며 긍정적인 결과들에도 불구하고, 그가 갑자기 싹쓸이식으로 강권적인 혁명을 추진했다고 비판하는 세력이 있다.[8]

이른바 표트르 혁명의 문화적인 핵심은 앞선 장들에서 설명했다. 우선 건축 표준과 기술의 변화가 러시아 건축의 전 영역에 걸쳐 나타났다. 이것은 무대를 설치한 것에 비유할 수 있다. 그 다음으로 형상 묘사의 신기술에 따라 표트르의 이미지가 전 러시아에 이식되는 총체적 변화가 일어났다. 건축 혁명에 따라 세운 새로운 러시아라는 무대를 채울 수 있도록 배경 화면과 소도구와 의상을 가져다놓은 셈이다. 그런 다음에 언어 혁명이 일어났다. 이로 인해 그 무대에 등장할 배우가 읽거나 낭독할 대사 원고가 마련되었다. 즉 러시아인의 삶이라는 극장에서, 특히 황실 궁정에 집중된 상위 계층 러시아인의 삶은 변형되었다. 그러나 이러한 비유는 겉보기에는 그럴듯하게 느껴질지 모르지만, 역사가 전하는 혁명의 복잡함을 지나치게 단순화했다. 게다가 이 책이 엄청나게 축약된 내용임을 감안하면 왜곡의 우려까지 있다. 그 복잡함의 한 가지 측면만 언급하자면, 건축, 시각화, 언어화의 새로운 방식은 공직자—귀족 상류층의 서열에 비례하여 점진적으로 동화되었다는 것이다. 사회의 대다수를 구성하는 일반 도시민과 농민 사이에서는 좀 더 천천히 진행되었다. 또 독자들은 앞의 비유를 통해 1725년 표트르의 죽음으로 혁명은 무산되어버린 것이 아닌가 하고 생각할지도 모른다. 즉 러시아 내에서의 저항으로 그가 수행했던 총체적 유럽화와 근대화가 무산되고 옛 러시아적인 것이 살아난 것 아닌가 하고 말이다. 그러나 가장 극단적인 입장에서 보아도 그렇지 않았다.

낡은 러시아의 영향력은, 표트르 대제의 유럽화된 러시아와 더불어(혹은 등장에도 불구하고) 다양한 형태로 살아남았다. 건축 분야를 보면 목재는 20세기 들어서도 한참 뒤까지 러시아 대부분의 지역에서 가장 선호되는 건축재였다. 비록 목재 건축에서도 새로운 기술과 양식이 점차 전통적인 것을 대체했지만(톱질한 축, 간단한 덩어리의 골격 건축, 따로 이은 지붕, 작은 유리창, 모호한 바로크적 혹은 고전적 형태의 장식), 전통적인 목재 형태에 대한 향수는 주기적으로 건축물에 되살아나 재현되었다. 전통 양식은 전 시기를 통해, 별장(다차), 시골 오두막, 도시 건축가들이 지은 모든 건축물에서 보인다. 교회 건축 역시 이와 유사하게 상트페테르부르크에서 유래한 새로운 표준을 양식적으로 가져오는 것에 대해 저항했다. 성상화나 교회 슬라브어의 잔재가 아직 남아 있는 언어 면에서도 마찬가지였다. 공식적인 교회의 다양한 구교도 분파들은 특히 이런 면에서 보수적 태도를 드러냈다. 다양하고 간접적인 방식으로 표트르 상류층의 형상 표현 기법이 러시아 민속예술 속에 전파되는 과정이 상당히 점진적이었음은 4장에서 이미 설명했다. 러시아어 구어와 문어에서 구별되거나 상호 연관된 언어문화의 공존이 20세기에 들어와서도 한참 뒤까지 지속되었다는 점을 더 설명할 필요가 있을 것 같다. 한 쪽은 표트르 시기에 탄생한 러시아어 표준 문어에 사용된 언어이고, 다른 하나는 다양한 지역에서 말해지며 방언의 집합체인 언어로, 러시아의 가장 오래된 과거에서 유래하는 언어이자 상당수의 표트르 이전 시기 용어와 형태를 가진 언어이다. 말하자면 옛 러시아의 문화적 생존은 수많은 러시아인이 극히 최근까지 사용한 바로 그 언어에서 명백하게 나타난다.

전근대 러시아의 언어적 잔재라 부를 수 있는 것의 지속성은, 러시아의 예술과 건축에 살아 있는 순수한 민속적 요소들과 마찬가지로 '낙후된' 사회적 경제적 여건을 지닌 광대한 국가적 특성의 지속성에 기인한다. 20세기에 들어온 뒤 한참 뒤까지 러시아인의 대부분은 고립된 전원에 살며 자급자족적 촌락공동체에서 토지를 경작하며 살았다. 주로 구전문화인 그들의 문화란 유럽화된 상류층의 기준에서 볼 때는 전통적이고 가부장적이며 종교적 가치를 중시하고 때로 고전적이거나 뒤떨어진 어휘를 구사하는 농민의 언어였다. 러시아 농민 문화는 성공하고 교육받은 상류층이 볼 때 정치적, 종교적, 사회적, 경제적, 개인적 태도와 행동을 복합적으로 가리키는 단 한 단어, '원시적'인 것으로 인식되었다(반면 일부 교육받은 러시아인들은 농민사회를 이상화하며 그 안에서 표트르 시기 이전 '진짜' 러시아의 가치를 발견하곤 했다).[9] 나아가 오래된 농민문화의 지속성은 농노제에 의해 강력하게 강화되었다. 농노제는 법적으로는 1861년에서 1881년 사이에 해체되었다. 수세기 동안 농노제는 러시아 인구의 절반 이상을 방어, 예속, 소규모 경작의 습관에 묶어놓았다. 그것은 생계와 도덕적 본질이 세속화, 확대, 범세계적 동기라는 표트르 혁명의 동기에 본질적으로 접촉하지 못한 채 남아 있던 영역이었다.

러시아 농민사회는 러시아와 외국을 막론하고 19세기 이래 역사학자들의 관심을 상당히 끈 주제였다.[10] 출간된 최고의 연구서 중 하나이자 미국인이 쓴 러시아사 관련서로서는 최고의 책 중 하나인 거로이드 T. 로빈슨의 『구체제하 러시아 농촌』(1932년 초판)이 있다. 이 책은 공감이 가는 작품이며, 상황을 충분히 이해한 국외자로서 저자 자신이 미국의 농촌에서 성장한 경험을 바탕으로 하여 수년간 기록보관소와 도서관을 뒤지고 1920년대에 러시아를 여행한 경험을 바탕으로 쓴 것이다. 1920년대까지만 해도 러시아에는 전통적 농민생활이 아직 많이 보존되어 있었다. 이 책은 1861년의 농노해방과 로빈슨 자신이 '농업혁명'이라 부른 1917년 사이의 상황에 초점을 맞추고 있다. 그가 지적한 한 가지 사안을 살펴보자.

오늘날에도 여행자는 러시아 농촌을 마차로 여행한다. 그는 쟁기질과 수확, 타작을 구경한다. 투박한 그릇에 담긴 음식을 먹고, 농민들이 부르는 노래를 들으며, 농민들이 추는 춤의 리듬을 느낀다. 그러다 보면 러시아 마을이 세계의 일부라는 생각을 하지 않게 된다. 시간이 흘러 세태가 바뀌었지만, 그리고 이미 19세기 말에 농민들의 고립성이 순환되는 것을 파괴하기 위해 수많은 영향력을 미치는 요소들이 도입되었지만 여전히 그러하다.

여기서 말하는 '수많은 영향력'은 물론 1861년의 농노해방과 다양한 형태로 나타났던 그 후속 조치들이다. 농노해방 이전 러시아 농촌의 모습은 이러했다.

마을은 여전히 과거의 보고이다. 그 증거들은 원시적인 토지제도(토지는 개인의 소유이기보다는 공동체의 소유이다), 가산의 구조와 민회, 농민의 민담 등에서 찾을 수 있다. 민담은 이교도 숭배의 흔적이 남아 있는 경우가 많은데, 공식적으로는 1천여 년 전에 버려진 것이다. 물질예술 형태에서도 이 흔적을 찾을 수 있다. 농민들은 여전히 오래된 전통에 따라 정교한 물건들을 만들어낸다.

심지어는 농노해방 이후 수십 년간 대중교육의 여건이 나아지면서 식자율이 올라가고 농민의 토지 자가 소유율이 상승했고, '교회와 징병제, 학교, 언론 모두가 촌락의 고립성을 타파하고자 노력하고', 산업화와 도시화가 러시아제국의 일부분을 변형시키고, 일부 농민들은 토지에서 떨어져나와 재산을 증가시키고, 경작 방식이 개량되었는데도 불구하고, 농민들은 다음과 같은 상태로 남아 있었다.

전쟁 전(1914)의 미국 여행자는 러시아 농경의 복합적 원시성과 원숙성이라 부를 만한 것에 깊은 인상을 받았을 것이다. 그것은 선구자적 원시성이었다. 새롭고 거친 것이 아니라 녹슬고 해진, 그리고 시간에 의해 둥글어진. 새로운 역사의 출발점에 있기보다는 구시대의 마지막 장을 보는 듯한 느낌이었다. 작은 마을에서는 들판에서 일하는 모습 속에 모든 것이 녹아 있다. 씨를 뿌리고 수확하는 틀에 박힌 일상, 그 속에는 풍부한 전통이 생생하게 살아 있었다.[11]

로빈슨은 1917년 혁명 이후 "비로소 농민이 토지를 소유하게 되었다"라고 썼다. 그러나 소련의 집단농장화에 의해 모든 토지를 강탈당하자 농촌의 전통적 방식은 영원히 파괴되었다.

로빈슨은 표트르 치세 이후 러시아 농촌의 또 다른 사회적 요소를 빠뜨리지 않고 연구하고 그 유산을 관찰했다. 귀족 토지 소유자들은 시골 곳곳에 흩어진 그들의 유럽식 '우아한 둥지'에서 살았다. 그들은 모두 1917년 혁명으로 인해 소유권을 잃었다.[12] 사실 그의 책은 그가 1926년 가을에 중남부 초원지대를 여행할 때 개인적으로 마주친 '둥지' 중 한 곳을 묘사하는 것에서 시작한다.

완만하게 기복이 진 들판의 지평선 닿는 곳까지, 검은색, 녹색, 노란색 띠 모양의 갓 개간한 토지를 따라 겨울 곡식을 뿌리고, 묵힌 휴경지가 펼쳐져 있다. 그러다가는 베어낸 나무둥치들이 나타난다. 마지막으로 관리인의 오두막과 장원으로 들어가는 널찍한 문이 보인다. 담장이 이곳을 보통의 초원지대로부터 분리하고 있다. 전통적인 방식으로 정성들여 조성한 작은 숲은 제멋대로 자라 있다. 그 너머로는 들장미 관목지대가 초승달 모양으로 황폐해진 장원저택을 둘러싸고 있다. 저택은 부유함과 귀족적 구체제의 자기의식적 문화를 극명하게 드러내는 고전주의적 양식으로 지어져 있다.

로빈슨은 시선을 '건축적 골격'에서 그곳에 살았을 사람들이 누렸을 삶으로 옮겨간다. 그들의 삶은 책의 뒤편에 나온다.

(…) 문가에서 삼두마차가 멈춰 선다. 수염을 기른 하인이 허리를 굽혀 인사를 하고 손님을 맞는다. 하프시코드 소리가 들리고 사냥에서 돌아와 축제가 벌어진다. 상트페테르부르크와 파리의 소식이 오고간다. 테가 든 치마와 비단옷과 군도들이 번쩍인다. 메달을 찬 고위 인사는 분을 바르고 가발을 썼다. 늦게 도착하여 양갈비 구이를 뜯는 구레나룻의 남자가 보인다. 딸들은 지중해 연안에서 만든 프랑스식 덧옷을 입고 있다. 아들들은 나폴레옹 전쟁 혹은 대전쟁(제1차 세계대전) 당시의 근위대 제복을 입고 있다. 그러나 이 모든 풍경은 진부하고 동떨어진 것이다. 이런 모습들은 최근 10년 사이에(1916~26) 과거 100년 간보다 더욱 깊이 매장되어버렸다.[13]

표트르에 대한 주제에서 좀 동떨어진 이야기가 되어버렸는지 모르겠다. 로빈슨은 1916년에서 10년이 지나는 동안 러시아가 이행한 거대한 거리에 대해 강조하고 있다. 이 차이는 1930~40년대의 스탈린 통치와 제2차 세계대전을 거치면서 러시아가 입은 피해를 이해하려고 애쓰는 연구자들이 볼 수 없게 되어버린 것이기도 하다. 극단적인 역사적 동기에 따라 재앙이 폭포처럼 쏟아지는 바람에 제1차 세계대전과

1917년의 볼셰비키 혁명이 가져온 파국은 가려져 버렸다. 최소한 한 명의 저명한 러시아 역사학자 표트르의 유산에 대해 설명한 1980년대의 저술에서, 표트르가 남긴 것은 긍정적이고 진보적인 의미에서 근대적인 면이 있었던 만큼이나 부정적이고 추악한 면이 있었다고 평가했다. 농노제가 계속 유지되고 1917년까지 자본주의의 형성이 실패함에 따라 1917년의 대재앙으로 이어지고 뒤따라 스탈린의 '전체주의'가 등장했다는 것이다.[14] 이 관점에 따르면 러시아가 제1차 세계대전이나 제2차 세계대전에 참전한 것을 표트르의 책임으로 돌려 비판할 수도 있다. 표트르가 러시아를 유럽 열강의 하나로 만들었기 때문이다. 이러한 비판은 시대착오적이거나 명백히 과장된 것이다. 그러나 이러한 관점은 의심할 바 없이 러시아 근대사의 출발점이며, 표트르가 주도한 더 큰 차원의 혁명에 대한 찬사로 이해할 수도 있다. 이러한 관점은 또한 러시아에서 표트르 혁명이 일으킨 도전을 암시하기도 한다. 바로 러시아적 정체성을 잃지 않으면서 어떻게 유럽화를 진행할 것인가, 어떻게 합의에 의한 민주적 방식으로 근대화를 해낼 것인가에 관한 도전이다. 그러한 도전들은 아직 완전한 해결로부터 멀리 있다. 사실 소련의 실험이 붕괴하면서 그 해결책은 좀 더 급박해진 것으로 보인다.

제 6 부

상트페테르부르크

상트페테르부르크는 표트르 혁명을 여러 가지 다른 방식으로 체현했다. 상트페테르부르크는 빠른 속도로 러시아의 새로운 해군과 근대화된 육군의 가장 중요한 기지가 되어갔다. 육군과 해군 혁명의 중심인 셈이다. (…) 그러나 상트페테르부르크가 표트르 혁명의 체현자로서의 기능을 가장 잘 수행한 것은 무엇보다도 러시아의 새로운 문화적 수도로서의 기능이었다. 여기서 '문화적'이란 단순히 건축만을 의미하는 것이 아니라 다른 시각예술, 문학, 과학, 교육, 연극, 음악, 예절 등을 포함하는 포괄적인 의미이다.

The Revolution

of Peter the Great

표 트 르   대 제

The Revolution of Peter the Great

1. 표트르와 동료들

2. 군제 혁명

3. 외교 혁명과 관제 혁명

4. 문화 혁명

5. 혁명과 저항

6. 상트페테르부르크

근대 세계에서 표트르
와 상트페테르부르

크만큼 건설자와 도시가 밀착된 사례는 없다. 단순히 그의 치세에 지어

진 다양한 건축물을 두고 하는 소리가 아니다. 그 건물들 중에는 표트

르가 잠들어 있는 페트로파블롭스키 요새와 교회도 있다. 그가 상트페

테르부르크에 처음으로 마련한 네덜란드식 통나무집(도믹)은 이제 박물

관이 되어 있다. 1710~12년에 도메니코 트레치니가 지은 여름궁전은

아주 보존 상태가 좋다. 여름궁전에 매료된 어느 미국인 전문가는 "실

제로 표트르가 살아 있는 것 같다"라고 평했다. 또한 교외의 페터호프

(나중에 러시아식으로 '페트로드보레츠'로 바뀜)도 있다. 이곳은 핀란드 만이

··· 표트르 대제의 여름궁전

굽어보이는 황궁과 정원의 복합단지로, 휴식을 위해 가장 즐겨 찾았던 곳이다.[1] 또한 그의 치세 때로 기원이 올라가는 다른 건축물들도 살펴보자. 겨울궁전, 해군본부, 과학원, 쿤스트카메라, 멘시코프 궁전, 12행정원 건물이 있다. 12행정원은 표트르의 관료제 혁명과 연계되어 집행기구들을 유치하기 위해 지어진 것으로 오늘날은 상트페테르부르크 대학의 일부분이 되어 있다. 또한 러시아의 첫 황제가 이 도시를 세웠음을 기념하는 다른 수많은 기념물을 빼놓을 수 없다. 박물관의 전시품들, 역사적 장소, 상점 간판, 거리 이름, 기념상들이 즐비하다. 기념상 중 가장 유명한 것으로 말을 탄 표트르의 동상이 있다. 그를 기려 예카테리나 2세가 세운 이 동상에는 러시아의 가장 위대한 시인이라 일컬어지는 알렉산드르 푸시킨의 긴 축시가 새겨져 있다. 또한 러시아인들이 상트페테르부르크를 흔히 '피테르'라 부르는 것도 주목하라. 그 명칭은 표트르의 네덜란드식 이름(피어터)에서 온 것으로 표트르가 동료나 측근에게 흔히 사용한 호칭이었다. 물론 상트페테르부르크의 이러한 요소들은 오늘날 모두 밀접하게 표트르와 이어져 있다. 모든 요소는 그의 삶과 통치를 떠올리게 하는 요소가 된다. 그러나 다른 어떤 요소보다 중요한 것은, 창건과 그 후의 발전 과정에서 상트페테르부르크는 표트르 혁명을 체현했다는 사실이다. 도시 전체는 불후의 역사적 중요성을 지니고 있다. 다른 말로 하자면 그것은 그 창건자 개인과의 관계를 훨씬 넘어선 것이다.

우선 그 위치부터 살펴보자. 상트페테르부르크의 위치는 길게 늘어진 늪지대의 강 하구이다. 네바 강은 핀란드 만을 거쳐 발트 해로 흘러든다. 상트페테르부르크는 세계의 주요 도시 가운데 가장 북방에 위치한 곳이다. 습기 많고 거친 기후는 과거에도 불안정했고 지금도 불안정하다. 겨울 한복판에는 해가 뜨지 않는 날들이 계속된다. 반면 한여름에는 해가 완전히 지지 않는, 이른바 '백야'가 6월에서 7월 초까지 계속된다. 네바 강과 그 지류들은 주기적으로 범람했다. 도시가 세워진 이래 매년 한 번씩은 심각한 홍수가 닥쳤다. 지표면의 토양은 척박하여 식물이 자라기가 힘들었다. 그렇기에 자연적으로는 작은 어촌 몇 군데밖에 없던 곳이었다. 기후와 위치는 악명 높은 안개와 짙은 구름과 더불어 불쾌하고 마술적인 분위기를 만들어냈다. 상트페테르부르크의 작가, 화가, 시인들이 이 분위기를 늘 소재로 삼았다. 그러나 그런 불리한 조건들 때문에 이곳을 대제국의 수도, 그것도 러시아인의 제국의 수도로 삼는다는 것은 상상하기 어려웠다.

물론 상트페테르부르크의 건립은 결코 하루아침에 한 번의 삽질로 이루어진 것이 아니었다. 도시는 표트르의 혁명적 계획이 펼쳐질 때마다 사안에 따라 단계적으로 수도로서의 면모를 갖춰갔다. 처음에는 스웨덴과의 전쟁이 계기가 되었다. 발트 해에 거점을 확보한다는 (혹은 되찾는다는) 러시아의 통치자들의 뿌리깊은 욕구에 의해 촉발된 것이었다. 그 욕구는 표트르보다 한 세기 전 이반 4세(이반 뇌제)의 목표이기도 했다. 이반 4세의 의지는 오랫동안 싸웠지만 결국 러시아가 패배한 리보니아 전쟁의 동기였다. 표트르는 이반 4세의 실패를 잘 알고 있었다. 그렇기에 그는 부친의 훨씬 더 온건한 정책을 이어나갔다. 표트르의 전쟁은 1700년 가을에 시작되었다. 전쟁의 발단은 나르바에 대한 포위 공격이었는데, 이 전투는 성공하지 못했고 오히려 재앙에 가까운 결과를 낳았다. 나르바는 오늘날의 상트페테르부르크에서 서쪽으로 약 160킬로미터 떨어진 핀란드 만에 면한 오래된 항만도시였다. 그러나 표트르는 신속하게 병력과 장비를 재정비하여 핀란드 만을 따라 펼쳐진 스웨덴의 거점에 대해 소규모 공격을 계속했다. 1702년 표트르는 북쪽과 동쪽으로 대규모 작전을 전개했다. 러시아군은 네바 강의 수원이자 유럽 최대의 호수인 라도가 호를 전술적으로 이용했다. 당시 라도가 호의 동쪽 연안은 러시아가 점거하고 있었다(러시아인들은 제2차 세계대전 당시에도 이와 유사하게 독일군의 장기간의 포위전에서 상트페테르부르크=레닌그라드를 방어하는 데 이 호수를 이용하였다). 1703년 여름, 러시아군은 녠스칸스(핀란드어로는 네발리나)라 불리는 무역 정착촌을 점령했다. 녠스칸스는 네바 강이 마지막으로 크게 굽어지며 삼각주로 흘러드는 지점의 바로 남쪽에 위치한 곳이었다. 녠스칸스는 근대적 요새와 외곽 보루를 갖춘 곳으로 450호의 정착민과 스웨덴, 독일, 러시아인의 교회가 있었다. 이것은 당시 주민이 막 정착하기 시작한 상트페테르부르크의 상황과 크게 다르지 않았다. 1703년 5월 2일(혹은 그 무렵) 표트르는 이곳을 슐로트부르크로 개칭하고(독일어 '슐로트(목)'에서 온 말로, 의심할 바 없이 네바 강의 목에 해당하는 지점이었다) 더 좋은 요새 건설 지점을 찾아 나섰다. 그는 곧 슐로트부르크에서 강을 따라 40킬로미터 정도 내려간 곳에서 작은 섬을 발견했다. 네바 강의 주류 한복판에 있는 그 섬은 대체로 강이 여러 갈래로 흩어지는 지점에 있었고, 당시 띄울 수 있는 대형 함선으로 접근 가능한 위치였다. 표트르는 5월 16일에 요새의 기초를 놓기 시작했다. 그 요새는 후에 차르의 개인적 수호성인의 이름을 따라 상트페테르부르크(처음에는 상트피터르부르크, 마지막으로 장크트페터부르크)라 불리게 되었다. 이것은 '표트르'의 전형적인 독일식(혹은 네덜란드식) 표현이었다. 그리하여 1703년 5월 16일은 도시의 창건일이 되었다(새 달력으로는 1703년 5월 27일).

현재 알려진 증거들로만 보면 상트페테르부르크의 위치는 급박한 전술적 이유에서 고른 것으로 그 도시가 요새에서 출발했다는 의미이다. 1703년 6월 29일, 요새 내에 교회가 세워졌으며 교회는 성 베드로와 성 바울에게 봉헌되었다. 그날은 바로 두 성인의 축일이었기 때문이다. '베드로-바울의'라는 의미의 형용사(페트로파블롭스카야)는 결국 요새의 명칭에도 적용되었다. 당시의 다양한 문서에서 표트르와 그의 관리들은 곧 요새와 교회, 부속 병사와 건축노동자 막사를 '표트르폴리스' '표트르폴' '상트페테르부르크' 등으로 부르기 시작했다. 이중 상트페테르부르크는 유럽적인 느낌을 표현하기 위한 경우에 언급되었다. 1703년 8월 모스크바에서 발행된 신문은 '차르 전하께서는 슐로트부르크에서 멀리 떨어지지 않은 곳의 바닷가에, (유럽에서) 호의를 지닌 방문자들이 접안하여 페르시아와 중국 상품을 하역할 수 있도록 요새화된 정착지의 건설을 명령하셨다'라고 보도했다. [2]

이 발표는 표트르가 주요한 항구의 건설도 염두에 두고 있었음을 보여준다. 사실 첫 우호적 외국 내방객은 1703년 11월에 도착한 네덜란드 상인의 배였다. 그 배는 소금과 와인을 싣고 왔다. 그 배의 함장은 두둑히 보수를 받았고, 스웨덴의 전함을 통과하여 러시아의 거점에 물자를 공급하러 핀란드 만을 가로질러 오는 다른 지원자들에게도 비슷한 대접이 약속되었다. 1704년 표트르의 군대는 최종적으로 나르바를 함락시켰다. 그 결과 러시아가 상트페테르부르크로 접근하는 항로의 통제권을 훨씬 크게 보장했다. 1704년 9월 멘시코프에게 보낸 편지에서 표트르는 갓 만든 정착지를 '대도시(스톨리차)'로 부르고 있다. 러시아어로 스톨리차는 '수도'의 의미도 가지고 있다. 그해 가을, '해군본부(아드미랄테이스트보. 네덜란드어의 아드미랄테이트에서 온 말)'의 건설이 시작되었다. 해군본부는 네바 강 남쪽 둑의 좌안에 위치한 요새화된 조선소로, 페트로파블롭스키 요새에서 강을 따라 약간 내려온 맞은편이었다.

네바 강 입구에 요새가 세워진 지 1년 이내에 표트르의 마음속에서는 그 요새가 해군기지, 혹은 그 이상의 존재로, 즉 잠재적 항구와 대도시로 발전해나갔다. 그러나 그 계획을 진지하게 추진하기 위해서는 우선 스웨덴과의 전쟁, 또한 아조프 요새의 웅대한 건설 계획이 마무리되어야 했다. 그는 과연 발트 해와 흑해 양쪽에 새로운 '표트르폴리스'를 건설하려 했던 것일까? 그 문제는 표트르와 그의 동료들이 평화롭게 심사숙고해서 결정할 수 있는 것이 아니라 전쟁의 향방에 달려 있었다. 스웨덴 왕은 표트르의 제안을 단호히 거절하고 표트르를 괴롭히기 위해 러시아 영토에 침입했으나 1709년 우크라이나의 폴타바에서 러시아군에게 패배했다. 그리고 2년 뒤 몰도바의 프루트에서 표트르는 그보다 훨씬 많은 수의 오스만투르크군에게 포위되어 항복했다. 이것은 남방의 표트르폴리스의 종말을 의미했다. 표트르는 이러한 두 상황을, 자신의 정력을 발트 해에 마련한 거점에 쏟아부어 북방에 '천국'을 건설하라는 신의 계시로 해석했다. 1714년까지 표트르는 상트페테르부르크의 건설에 너무나 빠져 있어 전 러시아에서 다른 지방의 석조 건축은 일체 중지시킬 정도였다.

러시아와 스웨덴 사이의 북방전쟁은 1721년이 되어서야 끝났다(니스타드 평화조약). 스웨덴군은 해상에서 확실히 패배했고(1714), 스웨덴의 전사왕(戰士王) 카를 12세는 전사했다(1718). 스웨덴 본토가 침입의 위협에 놓인 상황이었다. 그러나 표트르는 상트페테르부르크와 발트 함대의 건설에 박차를 가하느라 그럴 여유가 없었다. 계획의 규모는 해마다 커졌다. 입수한 자료에 의하면 1703~25년에 매년 1만 명에서 3만 명에 이르는 노동자들이 동원되어 도시의 건설에 투입되었다.

또한 그들을 지휘하는 1천 명 이상의 건축가, 석공, 내장공(석회공, 조각가, 목공수)이 이탈리아, 독일, 네덜란드, 프랑스에서 고용되어 초빙되었다. 여러 경로로 그곳에 이른 많은 초기 건축가 중 가장 중요한 인물은 도메니코 트레치니였다. 그는 덴마크 왕을 위해 일하다가 1703년에 표트르에게 고용되었는데, 모스크바에 도착하자마자 단지 상트페테르부르크라는 이름만 붙어 있는 곳으로 파견되었다. 1734년 사망할 때까지 트레치니는 도시의 첫 영구 요새 시설, 가로와 광장의 윤곽을 짜고 교회, 궁전, 저택의 건축을 설계하고 감독했다. 또한 러시아 최초의 건축학교를 창설했다. 트레치니의 작품 중 상트페테르부르크에 아직 남아 있는 것으로 여름궁전, 페트로파블롭스키 요새, 부속교회, 표트르의 12행정원, 알렉산드르 넵스키 사원의 성모승천교회 등이 있다. 알렉산드르 넵스키 사원은 중세의 전사이자 성자로 추증된 알렉산드르의 유물을 모시기 위해 표트르가 마련한 곳으로, 알렉산드르는 상트페테르부르크 인근으로 추정되는 곳에서 독일군을 무찌른 인물이었다. 해군본부와 사원을 잇는 장대한 긴 가로는 곧 도시의 중심 대로가 되었다.

트레치니의 가장 뛰어난 제자인 미하일 젬초프는 상트페테르부르크의 건물 설계를 계속하는 한편(아직까지 남아 있는 성 시메온과 성 안나 교회가 그의 작품이다) 수십 명의 다른 러시아인 건축가를 훈련시켰다. 그에게 배운 건축가들은 다시 러시아제국 전역으로 새로운 건축을 전파했다. 그러나 일반적으로 초기 건축가들 중 가장 유능한 인물로 평가받는 건축가는 표트르의 대리인이 1716년 파리에서 고용한 장–밥티스트 알렉상드르 르블롱이다. 그는 1716년 8월부터 1719년 2월에 갑자기 천연두로 사망할 때까지 표트르를 위해 일했다. 르블롱은 특히 정원과 귀족 저택의 설계 부문에서 훌륭한 작품을 남겼다. 그가 남긴 작품은 상트페테르부르크 시내 외에 교외의 페테르호프에 많이 남아 있다. 르블롱은 페테르호프를 러시아의 베르사이유라 불렀는데, 페테르호프의 공원과 궁전들은 그가 미친 영향을 증명하며 아직도 남아 있다. 상트페테르부르크 건설에 기여한 다른 건축가들은 항상 표트르 본인 혹은 그가 지명한 관리 안드레아스 슐뤼터의 감독을 받았다. 슐뤼터는 조각가이자 건축가로 그의 작품은 폴란드와 프로이센에 널리 알려져 있었다(베를린 성이 그의 작품이다). 슐뤼터의 장식적 손질은 여름궁전의 외장에서 아직 찾아볼 수 있다. 슐뤼터의 조수인 요한 프리드리히 브라운슈타인은 특히 페테르호프에서 활약했다. 독일계 스위스인인 게오르크 요한 마타르노비는 트레치니의 동료로 겨울궁전의 2차 건축에 참여했다. 겨울궁전은 총 4차에 걸쳐 건설되었는데, 2차 건설은 1719~21년에 이루어졌고, 마지막 건축은 B. F. 라스트렐리에 의해 1754~61년에 이루어졌다. 마타르노비는 그 외에도 알렉산드르 넵스키 사원 공사에서 주건축가로 일했으며, 가장 유명한 업적으로는 쿤스트카메라가 있다. 로마에서 고용된 니콜로 미케티는 레발에 세워진 예카테리나 1세의 궁전을 설계했다. 그는 페테르호프의 작업에도 상당한 기여를 했다. 조반니 마리아 폰타나는 우선 모스크바의 멘시코프 궁을 설계했으며, 후에는 상트페테르부르크의 작업에도 참여했다. 폰타나는 또한 4장에서 살펴본 비뇰라의 건축 지침서의 러시아어판 번역자이기도 했다. 이 책은 러시아에서 출간된 최초의 건축 전문서라는 의미를 지니고 있으며, 18세기 말까지 건축 분야에서는 유일하게 널리 알려진 교과서이기도 했다. 유럽 각지에서 고용된 수백 명의 화가와 조각가들이 이들과 함께 일하면서 상트페테르부르크의 궁전과 교외의 건축물들을 장식했다. 그들 중 잘 알려진 이로는 필립 피유몽, 니콜라 피노, 프랑수아 파스칼 바수, 바르톨로메오 타르시아, 한스 콘라트 오스너 등이 있다. 이 건축가와 장식예술가들이 상트페테르부르크를 러시아제국의 건축문화의 중심이자 유행의 기지로 부상시키는 데 미친 영향은 아무리 강조해도 지나치지 않다. 이들은 또한 4장에서 언급한 예술원의 설립에도 부정할 수 없는 큰 기여를 했다.

그러나 상트페테르부르크는 표트르 혁명을 여러 가지 다른 방식으로 체현했다. 상트페테르부르크는 빠른 속도로 러시아의 새로운 해군과 근대화된 육군의 가장 중요한 기지가 되어갔다. 각 부문의 장교, 병원, 막사, 연병장, 조선소, 학교가 속속 들어섰다. 달리 말하자면 표트르의 군대와 해군 혁명의 중심인 셈이다. 경제적 중요성 역시 간과할 수 없다. 상트페테르부르크의 건설은 벽돌, 타일, 유리를 러시아 역사상 전례가 없는 규모로 생산하게 만들었다(이들 자재의 생산량은 10배로 늘었다). 또한 처음으로 시멘트가 사용되었다(러시아어의 '체멘트'는 또 다른 신조어의 사례이다). 어느 저명한 경제학자가 지적한 바와 같이, 상트페테르부르크 해군본부의 조선소 한 곳만도 곧 '18세기 러시아에서 가장 큰 산업단지'가 되었다. 그는 상트페테르부르크는 급속도로 러시아 최대 항구도시이자 가장 중요한 대외무역 중심지가 되었다는 사실에

··· 상트페테르부르크의 해군 본부

주목했다. 18세기를 통해 러시아의 대외무역은 15배나 늘어났다. 단순히 양적으로만 팽창한 것이 아니었다. 상트페테르부르크는 단순히 원자재의 수입창구이자 지방에 완제품을 공급하는 창구의 기능만 수행하지는 않았다. 러시아의 상류 지배층이 모여들어 거주하면서, 상트페테르부르크는 러시아에서 으뜸가는 외국 상품의 진열장 기능을 했다. 따라서 소비의 표준은 상트페테르부르크에 맞춰졌고, 다른 지방의 귀족과 상인들이 이곳에서 유행한 패션을 앞선 유럽화의 징표로 간주하고 따라왔다.[3] 18세기 중엽까지 수천 명의 상인과 장인이 상트페테르부르크에서 영업하고 있었고, 3천 명 이상의 마차 몰이꾼이 고용되어 일하고 있었다. 상트페테르부르크는 러시아제국의 과시적 소비의 수도로 남아 있었고, 가장 부유한 도시이자 가장 유행에 민감한 도시였다. 1917년 제국이 붕괴할 때까지는 "유럽의 범세계적 상류층이 마치 고국에 있는 것처럼 편안하게 느끼는" 도시였던 것이다.[4]

상트페테르부르크는 또한 표트르의 관료제 혁명의 주요 지점이자 외교 혁명의 주된 수혜자이기도 했다. 외교적으로 이곳은 표트르가 전장에서 거둔 승리가 유럽 외교무대에서 과시되는 장이기도 했다. 1710년경부터 표트르는 모스크바, 아르한겔스크, 보로네즈, 기타 도시들로부터 상트페테르부르크로 다양한 정부 기능을 이전시키기 시작했다. 그중에는 새로 점령한 발트 해 연안 도시 리가와 레발도 포함되어 있었다. 동시에 그는 상트페테르부르크에 새로운 정부 기구를 구성했다. 중요한 것으로는 의회, 중앙행정학교, 성무회의를 들 수 있다. 특히 성무회의로 인해 상트페테르부르크는 '성스러운 모스크바'를 대신하여 러시아정교의 본부로 떠올랐다. 모스크바를 포함하여 재조직된 러시아의 각 지방을 다스릴 지사들은 상트페테르부르크의 관리들에게 보고하는 방안이 마련되었다. 나아가 1718~20년의 지방행정 재조직 과정에서 상트페테르부르크는 길잡이가 되었다. 스웨덴의 모델을 바탕으로 마련된 이 재조직안은 지방정부에 크게 확장된 역할을 부여했다. 지방정부는 단순히 세금을 거둬들이고 기본적인 경찰 기능만을 수행하는 것이 아니라 공공의료, 공중위생, 쓰레기 수거, 소방활동, 건축물 규제, 가로와 교량 관리, 공공도덕 감독이라는 기능까지 갖추었다.5) 달리 말하자면 상트페테르부르크는 정치적 수도와 파견된 모든 외국인 대사의 주거지라는 기능 외에도 러시아의 다른 도시에 건축적 모범일 뿐 아니라 행정적 모델의 기능도 맡았다. 이러한 발전에 따라 자연히 관리, 서기, 노동자, 하인들이 도시의 상주인구에 추가되어 1760년대에는 15만 명에 이르렀다(인구 25만의 모스크바에 이어 러시아 제2의 도시가 되었다).

그러나 상트페테르부르크가 표트르 혁명의 체현자로서의 기능을 가장 잘 수행한 것은 무엇보다도 러시아의 새로운 문화적 수도로서의 기능이었다. 여기서 '문화적'이란 단순히 건축만을 의미하는 것이 아니라 다른 시각예술, 문학, 과학, 교육, 연극, 음악, 예절 등을 포함하는 포괄적인 의미이다. 이미 언급했듯, 건축 분야에서 최초의 체계적 훈련이 상트페테르부르크에 세워진 교육기관을 통해 이루어졌다. 모스크바에 갓 세워진 학교가 있긴 했지만, 동시대 유럽 회화와 새로운 조형예술을 훈련 역시 곧 상트페테르부르크에 집중되었다. 이러한 흐름은 상트페테르부르크 예술원의 설립으로 정점에 달했다. 상트페테르부르크 과학원의 역할도 마찬가지였다. 과학원은 1724년 설립된 이래 급속히 러시아의 수학과 자연과학 분야 교육의 중심축이 되었고, 이 방면에서 표트르가 세운 해양학술원(1715년 상트페테르부르크에 설립)의 기능을 넘겨받았다. 나아가 과학원은 부속대학과 다른 부속 교육기관, 인쇄소와 미술공방을 갖추고 18세기 대부분을 통해 근대 러시아어를 탄생시키는 기반이 되었다. 근대 러시아어란 근대문학, 법률, 철학, 과학, 회화의 각 방면에 사용된 언어를 의미한다. 바실리 트레댜콥스키(1703~69), 미하일 로모노소프(1711~65), 알렉산드르 수마로코프(1718~77) 등 실질적으로 근대 러시아문학의 창조자들은 모두 상트페테르부르크 과학원에서 대부분의 경력을 쌓았다. 과학원 출판부는 18세기 러시아의 세속 출판물에서 단연 으뜸가는 기관이었다. 또한 과학원은 러시아 최초의 법학, 역사학, 고고학, 민족학 교수들을 배출했고, 그들 중 상당수는 모스크바대학의 창립에 기여했다.

마찬가지로 상트페테르부르크는 창립 당시부터 근대 유럽 연극, 음악, 무용, 고급 예의범절을 러시아에 전파하는 데에도 결정적 역할을 했다. 연극과 음악은 17세기 말엽 모스크바를 중심으로 잠시 흥성한 적이 있다. 음악 분야에서는 우크라이나를 통해 합창음악이 소개되면서(어느 정도 폴란드 로마가톨릭의 영향이 있었다) 촉발되었고, 연극 분야에서는 독일에서 들어온 궁정극이 거류 외국인들(대부분 선교사나 의사들)을 중심으로 고전적 성서를 소재로 상연되었다. 이 두 갈래의 문화적 경험은 러시아정교의 반발과 표트르의 선왕 차르 알렉세이의 사망(1676) 이후 일어난 궁정의 혼란 때문에 곧 시들어버렸다. 그러나 표트르가 일단 권좌를 확고히 하고 그와 동료들이 유럽의 연극과 음악을 경험하자, 이 두 분야의 예술은 상트페테르부르크에 확고히 뿌리를 내리고 궁정의 후원을 받아 번성했다. 그리하여 유럽이 르네상스 이래 공유해온 자산이 또다시 러시아로도 복제된 것이다.

다양한 궁정, 학교, 공공장소에서 상연된 연극은 대부분 번역된 희곡을 바탕으로 한 것이었지만 표트르 시기 상트페테르부르크에서 생겨난 희극도 있었다. 처음에는 모두 외국인 연극배우들이 러시아인 관객을 상대로 출연하는 형태였고 별다른 감흥을 불러 일으키지 못했다. 그러나 상트페테르부르크, 모스크바, 기타 도시에 근대적 의미의 극장(기록된 대본과 전문배우, 유료관객)이 세워지고 나자 연극 활동도 점차 활발해졌다. 음악 분야에서는 표트르가 총대주교 임명을 보류했다가(1700), 마침내는 폐지하고(1721) 성무회의로 그 기능을 대체함에 따라 궁정합창단이 점차 교회 성가대를 대체하면서 러시아의 합창음악 발전이 이루어졌다. 1721년 이후 정식 명칭을 갖게 된 황실합창단은 상트페테르부르크 주요 교회와 표트르의 공공 축하행사, 궁정 회합에 출연했다. 러시아인과 외국인 작곡가들이 합창단의 다성부 음악을 목적에 맞춰 작곡해주었다. 1730년대에 합창단은 이탈리아인 음악가의 지휘로 러시아 최초의 정식 오페라를 공연했다. 그럼으로써 이탈리아적 영향력은 러시아 교회음악에서 우세한 경향이 되었다(일부 연구자는 이탈리아적 영향력이 과도할 정도로 침투했다고 지적하기도 한다).

1730년대에는 상트페테르부르크 황실궁정관현악단이 창립되고 러시아 최초의 발레학교가 세워졌다. 이 두 사건 모두 표트르 시기에 최초의 움직임이 있던 것이었다. 표트르는 재조직된 육군 내에서 유럽식 군가음악을 장려했다(트럼펫과 드럼을 사용하는 대형 악단은 물론이고 분야별 소규모 관악단도 만들어졌다). 상트페테르부르크의 궁정에서는 관악기, 현악기, 팀파니에 클라비코드나 하프시코드까지 동반한 관현악 연주가 곧 예식의 정례적 행사가 되었다. 동시대 폴란드, 독일, 영국 양식의 미뉴에트나 다른 춤곡도 도입되었다. 최초의 음악가들은 러시아 정부나 거류 외국인 외교관들이 초빙한 독일인 혹은 이탈리아인들이었으며, 악기 역시 그들이 소개했다. 그러나 그들을 통해 악기 제작과 연주기법을 배운 러시아인 음악가들은 곧 그들만큼 능숙하게, 혹은 그들을 능가하는 실력을 보여주었다. 멘시코프 대공이나 표트르의 누이 나탈리아 대공녀와 같은 대귀족들은 자신의 관현악단과 합창단을 운영하면서 동시대 유럽의, 혹은 유럽 양식의 음악과 무용이 곧 상트페테르부르크 사교계의 지배적인 형태가 되어갔다. 러시아나 발트 지역 민속

예술가들 또한 이러한 경향의 영향을 받았다. 이로써 러시아 연극의 역사와 마찬가지로 러시아 음악과 무용에서도 근대가 시작되었다.[6]

1720년경 상트페테르부르크에 거주하던 어느 독일인 외교관은 "예의범절의 개혁이 널리 퍼지고 있는" 것을 목격했다. 이것은 상트페테르부르크가 러시아 상류층의 사회적 중심지로서 맹아적 기능을 수행한 사실을 보여준다.[7] 또 다른 사례로는 『젊은이를 위한 고귀한 귀감 – 다양한 저자들의 사회적 가르침을 모은 안내서』라는 제목의 예의범절 지침서를 들 수 있다. 이 책은 1717년 상트페테르부르크에서 처음 출간되었고, 표트르 치세에만도 3차례 중쇄를 찍었으며(모두 합쳐 거의 2천부가 팔렸다) 그 이후로도 몇 차례 더 중쇄를 찍었다. 제목과 내용이 보여주는 바와 같이, 이 지침서는 유럽 각국의 다양한 원서들에서 발췌하여 러시아어로 번역한 것인데, '진짜 귀족' 혹은 '진짜 궁정 신하'가 되기를 희망하는 젊은 러시아인을 위한 안내서라는 설명이 붙어 있다. 사생활에 대한 이야기, 거짓말, 만취, 폭식, 음란한 행위, 허풍, 타인에 대한 험담, 시시한 농담, 기타 '조악한 언행'을 하지 말라는 규정의 장황한 목록을 제시하는 한편 부모, 성직자, 하인, 군주 앞에서 어떻게 품위 있게 행동할 것인지를 설명해놓은 책이다. 예를 들면 이런 식이다. "젊은 귀족은 특히 언어 공부, 승마술, 춤, 검술에 능숙해야 하며 교제시에는 이런 주제로 유창하고 세련된 대화를 나눈다. 또한 진정한 궁정 인사만큼 학식을 익혀 위엄있게 행동해야 한다." "진짜 고귀한 기사는 겸손하고 상냥하며 정중한 태도를 취하고" '과도한 사치'에 대해서는 꾸짖어야 하며 자신의 분수에 따라 살고 '약속을 지켜야 한다.’ 반면 ‘숙녀다움의 정수’는 약 20가지의 덕목이 있는데 열거해보자면 “하느님의 말씀과 신성한 섭리를 따르고 사랑하며, 하느님에 대한 참지식을 갖고, 하느님을 두려워하며, 하느님에게 소망을 간청하고, 늘 감사하며, 신앙을 고백하고, 부모에게 순종하며, 부지런하고, 몸가짐을 단정히 하고, 상냥하고, 자비롭고, 몸을 청결히 하며, 겸손하고, 욕망을 절제하며, 순결을 지키고, 검소하고, 너그럽고, 진실하고, 자제할 줄 아는” 것이었다.

18세기 말에서 19세기 초의 러시아 문학작품 속에서 이러한 기준을 형상화한 인물들이 등장하는 것을 볼 수 있긴 하지만, 지침서에 규정된 신사와 숙녀의 표준이 어느 정도나 러시아 상류층에 영향을 미쳤는지는 알 수 없다. 같은 시기의 상류층 비망록 속에는 새로운 예의범절을 받아들이려고 노력했고 성공한 흔적들이 보인다.[8] 주로 독일인 외교관과 같은 동시대 유럽인 방문자들이 남긴 논평 등의 예화들도 몇 가지 있다. 처음에는 받아들이는 속도가 느리고 기분 내키는 대로 해보는 것이거나 표면적인 흉내에 지나지 않았지만, 그럼에도 불구하고 주목할 만한 변화가 일어나고 있다는 것들이었다. 1717년 상트페테르부르크에서 출간된 「강론」에도 북방전쟁에 대한 러시아의 입장을 대변하면서 표트르 샤피로프가 이렇게 쓴 것을 볼 수 있다. “전하의 백성인 수천 명의 러시아인 남녀가 이제 다양한 유럽 언어를 능숙하게 구사하며, 나아가 예의범절 면에서도 다른 유럽 국민들에게 손색이 없을 정도이다.” 이것은 의심할 바 없는 확고한 출발점의 표지이다. 상류층에서는 옛 러시아의 고립주의로 인하여 전통적으로 러시아인의 태도

로 여겨지던 관습적인 비굴함과 촌스러움 대신 유럽 상류계급의 범세계적 의례가 이식되었다.[9]

이렇게 군사, 해운, 상업, 산업, 정부, 외교, 문화 등 갖가지 분야에서 다양한 방식으로 상트페테르부르크는 표트르 대제의 혁명을 구현했다. 그러나 군사적 거점에서 범세계적 유럽 도시로 거듭나는 과정이, 남아 있는 시각적 묘사들(양식화된 인쇄물, 스케치, 회화)이 제시하는 것처럼 거침없이 성공적으로 진행되었다는 인식은 오해일지도 모른다. 상트페테르부르크의 초기 모습에 대해 날카로운 눈으로 관찰하고 좀 더 의미심장한 기록을 남긴 유럽인들의 구두 기록이 잇따라 나오고 있기 때문이다. 그들 중 일부를 예로 들어본다.[10]

영국의 러시아 주재 초대 정식 대사인 찰스 위트워스는 1710년의 상트페테르부르크에 대해 다음과 같이 냉정한 시각으로 기록했다.

이 새로운 도시의 기초는 희망에 가득 차서 놓였다. 장래 언젠가 제2의 암스테르담이나 베네치아가 될 거라는 기대이다. 러시아 각지에서 수도로 이주하도록 명령받은 귀족들은 별 어려움 없이 이곳에 도착했지만, 기후는 너무 춥고 토지는 습기가 많아 농사를 지을 수도 없으므로 식품은 모두 이웃 국가에서 수입해야만 한다. 그러나 차르는 자신의 성과에 도취하여 이 불모의 변경지대보다는 차라리 러시아에서 가장 좋은 땅을 잃어버리는 것이 낫다고 생각하는 듯하다. 외딴섬에 세워진 요새는 말뚝 위에 양질의 석재를 쌓아 만든 시설물이긴 하지만 너무 협소한 공간에 구축되어 공격받는다면 제대로 방어 기능을 해낼 수 없을 것이다. 가을마다 일어나는 홍수도 귀찮은 존재이다. 언젠가는 한밤중에 2층까지 물이 차올랐다. 가축들이 헤엄쳐 돌아다니고 꼭대기층까지 올라가 구조된 주민이 거의 없을 정도였다. (…) 강은 5월 중순이 될 때까지는 얼음이 떠다닌다. 9월 말 이후에는 크게 위험을 무릅쓰지 않는 한 바다에서 배가 들어와 항해할 수가 없다.

앞서 언급한 거류 독일 외교관 F. C. 베버는 1720년경 남긴 기록에서 유사하게 혹독한 기후와 주기적인 범람, 주거지 개발의 강제적 측면, 인근 시골의 빈곤, 비싼 생활비(모든 물자가 외국이나 러시아의 다른 지역에서 수입되었다), 건축자재와 시공술의 부족, 대중적 빈곤, 도시의 일반 주택들은 여전히 통나무집으로 지어지고 있다는 점 등을 묘사했다. 그러나 베버는 다른 한편으로 표트르가 "자신이 건설한 도시를 잘 지킬 수 있도록" 소방대책을 훌륭하게 완비했으며 "건축가와 기계공, 기타 창조적 종류의 예술인을 크게 우대하는" 점을 찬양했다. 그가 보기에 "차르의 조치들은 단순히 이익을 내기 위한 것이 아니라 즐거움도 주었다." 그 결과는 다음과 같다.

그는 장려하고 쾌적한 주거지를 만들고 귀족들의 정원을 가꾸었으며 온실, 새장, 동물원, 동굴, 폭포, 각종 수리시설을 갖추었다. 그는 요새 부속교회의 첨탑 안에 네덜란드제 종을 안치했다. 그는 겨울에는 집회를 열지 못하게 했다. 궁정의 여흥을 위해 오페라, 연극, 음악회가 열렸다. 외국인들이 그런 여흥을 즐길 수 있도록 (건축 계획) 초안이 마련되었으며, 적당한 장소가 물색되어 목적에 부합하는 건물이 지어질 것이다.

베버는 어느 날 멘시코프 대공이 상트페테르부르크가 "외국인들이 단지 호기심만으로 앞다투어 둘러보러 오는 또 다른 베네치아가 될 것"이라고 호언장담하는 것을 들었다. 베버는 그곳에서 6년 동안 거주하면서 도시가 '연결된 촌락 덩어리에서 단기간에 웅장한 궁전과 수천 채의 주택들이 들어선 세계적 경이로' 성장하는 과정을 지켜보았다. 베버는 멘시코프의 큰소리가 허무맹랑하다고 생각하지 않았다.

그것은 독일 귀족 프리드리히 빌헬름 폰 베르크홀츠도 마찬가지였다. 베르크홀츠는 젊은 시절을 러시아에서 보내고(그의 부친은 표트르의 육군에서 근무했다) 후에 독일로 돌아가 표트르의 딸 안나와 결혼 예정이던 홀슈타인 공작의 친구가 되었다. 베르크홀츠는 1721년 6월 상트페테르부르크에 도착하던 시점부터 홀슈타인 공작이 안나와 결혼하고 고국으로 돌아간 1725년 말까지의 일을 기록한 상세한 일기를 남겼다. 그는 도시가 "(1721년 당시) 내가 떠났을 때(1717)와는 너무나 바뀌어 있어서 서의 알아볼 수 없었다"라고 기록했다. 그의 일기는 일반적으로 긍정적 관점에서 도시를 재발견하고 있다. 넵스키 대로는 최근 몇 년 사이에 세워진 "길고 넓은 포석도로였다." "가로 양편에 3~4열로 심은 나무들은 아직 충분히 자라지 않은 상태였지만, 거대한 규모와 깨끗한 상태로 인해 아주 아름다웠다. (…) 그곳은 내가 지금까지 본 어떤 장소보다 경이로운 곳이었다." 해군본부는 "거대하고 아름다운 건물이었다." 인근에 있는 여름궁전은 "쾌적한 정원에 있는 모든 것은 갖고 싶을 정도로 아름다운" 공간이었으며, 페트로파블롭스키 요새의 교회는 상트페테르부르크에서 "가장 아름답고 큰" 건물이었다. 계속되는 베르크홀츠의 기록은 다음과 같다.

햇빛 아래 눈부시게 빛나는 금박 동판으로 만든 신식 첨탑이 높이 솟아 있다. 첨탑에 안치된 종은 해군본부에 있는 것처럼 크고 정교하게 주조되었다. (…) 이 아름다운 교회는 전체가 석재로 건축되었으며 비잔틴 양식이 아닌 새로운 건축양식이 적용되었다. 또한 쭉 뻗어나온 아치와 기둥들로 장식되어 있고 전면과 측면에는 장려한 주랑현관이 배치되어 있다.

1721년 8월의 어느 날 정오에 베르크홀츠와 홀슈타인 공작은 첨탑에 올라가 그들의 발 아래 펼쳐진 도시의 전경을 바라보았다.

상트페테르부르크의 달걀형 시가지는 광대한 영역에 펼쳐져 있다. 많은 장소에서 신축공사가 진행 중이다. 그러나 만약 차르가 장수한다면, 이 공간이 채워지는 데는 그리 오래 걸리지 않을 것이다. 요새는 몇 군데의 두텁고 높은 석축 보루를 가지고 있는데, 보루마다 수많은 포대가 있다. 단기간에 공사를 끝내느라 사람이 많이 죽었다고 한다.

이 마지막 서술에서 베르크홀츠는 조심스럽게 상트페테르부르크 건설 초기에 수만 명의 인명 피해가 났다는 주장을 끄집어냈다. 그 주장은 다른 외국인의 기록에도 계속 나오며 이후 전설이 되었다. 소문에 의하면 첫 7년간 6만 명, 8년까지는 10만 명, 10년간은 30만 명이 죽었다고 한다(재확인하자면, 상트페테르부르크의 1725년 인구는 4만 명 정도였다. 1703년에서 1725년 사이에는 해마다 1만에서 3만 명씩의 노동자가 징집되어 2개월간의 부역을 담당했다).[11] 같은 기간에 건설노동자의 사망자 수치가 비정상적으로 높은 것처럼 보이는 사실은 부정할 수 없다. 이는 혹독한 기후와 질병의 만연, 식량부족 등의 원인 때문이었다. 20세기에 들어와 의학적 진보가 이루어져 말라리아(감염성 빈혈)와 다른 전염병에 대한 통제법이 개발되기 전까지는, 세계 어디에서도 이처럼 황량하고 미개척상태의 부지에 대규모 건설계획이 진행된 사례를 찾아볼 수 없다. 상트페테르부르크의 경우 작업장의 환경을 개선하기 위한 조치들이 즉각 시행되었다. 그중에는 당시의 수준에서 가능한 초보적인 의료도 포함되어 있었다(이것 또한 러시아에서는 최초의 사례였다).

베르크홀츠는 교외의 왕궁 장원에 대한 인상도 기록했다. 1720년대에 이 왕궁들은 다양한 건설 단계에 있었다. 그는 특히 페터호프에 관심이 많았다. 다른 곳에 비해 페터호프는 진행이 빨라 거의 완공 단계에 있었다. 표트르가 가장 좋아했던 거처인 몽플레지르는 베르크홀츠가 보기에 "아담하지만 아주 멋진 주거지로 엄선한 네덜란드 그림들로 장식되어 있는 것으로 유명하다." 언덕에 위치한 주궁전은 2층으로 지어지고 있었는데, 아래층에는 다음과 같은 시설들이 있었다.

거대하고 정교한 현관 복도에는 자그마한 기둥들이 늘어서 있다. 그 위로는 장려한 홀이 있어 그곳에서는 바다의 멋진 풍경이 눈에 들어오며 멀리로는 상트페테르부르크 시내가 보인다. (…) 방들은 작은 편이지만 잘 만들어져 있다. 훌륭한 그림들이 걸려 있고 아름다운 가구들이 완비되어 있다. 특히 주목할 만한 것은 (서재의) 진열장이다. 차르 소유의 작은 도서관은 다양한 네덜란드와 러시아 책들로 채워져 있다. 이곳은 프랑스 장인(니콜라 피뇨)이 설계했으며, 훌륭한 조각으로 장식되어 눈에 띈다.

주궁전 뒤편의 널찍한 정원은 "아름답게 조경되어 있는데", 베르크홀츠는 그 앞에서 "궁전 폭만큼이나 넓은 장려한 폭포"를 발견했다. 폭포는 "자연석으로 조영되고 녹색 배경에 금박 납 부조상으로 장식되어 있었다." 정교한 운하가 폭포와 핀란드 만을 연결하고 있었다. 만에 면한 지점에는 작은 항구가 만들어져 그곳을 통해 배로 페터호프에 갈 수 있어 "즐겁고 편리했다." 베르크홀츠는 마지막으로 하벨베데레에 대해 기록했다. 하벨베데레는 주궁전의 아래쪽으로 펼쳐진 공원으로 폭포와 운하의 다른 면에 접해 있었다.

수풀 그림자가 드리워진 수많은 정교하고 즐거운 골목길로 구분되어 있었다. 중심 골목길 두 갈래는 하벨베데레의 두 측면에서 뻗어나와 숲을 통과한 뒤 두 곳의 별관으로 이어졌다. 별관들은 궁전과 만으로부터 정확히 같은 거리만큼 떨어져 있다. 몽플레지르의 오른쪽 숲으로 둘러싸인 정원에는 수많은 아름다운 관목과 식물과 꽃들이 자라고 있다. 또한 곳곳에 큰 연못이 있어 백조와 다른 새들이 노니는데, 여흥을 위해 새집과 다른 시설물들도 만들어놓았다. 몽플레지르에서 뻗어나온 골목길의 반대편 끝에도 비슷한 정원과 별관(마를리라는 이름의 집이다)이 있는데, 공사가 이미 시작되었고 곧 완공될 것으로 보인다.

페테르호프의 건물과 부지는 르블롱과 브라운슈타인을 비롯한 수많은 장인들이 설계하고 건축한 것으로 18세기 내내 공사가 진행되었다. 페테르호프는 제2차 세계대전 중에 심하게 파괴되었다. 그러나 현재는 거의 원형에 가깝게 복구되었고 대도시가 된 상트페테르부르크의 명물 중 하나로 자리잡았다. 만을 바라다보며 정원과 방들을 가로질러 페테르호프를 거닐다 보면 유럽과 바다를 꿈꾼 표트르의 개인적 열망의 강도를 느낄 수 있다.

표트르 치세 말년에 상트페테르부르크와 교외 궁전들을 방문한 유럽인들이 압도적으로 긍정적인 서술을 남긴 것은 대체로 비슷한 시기에 모스크바를 방문한 유럽인들에게 뚜렷하게 부정적인 관점이 두드러지는 것과 대조적이다. 사실 이렇게 대조적인 서술들은 표트르 치세에 건축 혁명이 일어났다는 가장 좋은 증거가 될 것이다. 그러나 표트르가 타계한 직후 상트페테르부르크를 방문한 유럽인들은 새 도시에 대해 좀 더 복합적인 인상을 받았다. 예를 들어 프랑스인 의사이자 식물학자로서 일자리를 찾아 왔지만 실패한 피에르 데시소는 여름정원이 "네덜란드식으로 너무 다양한 소구역으로 나뉘어 있고 정자와 나무, 울타리로 격절된 단위 구역과 다른 구조물들도 속된말로 르 콩플리셰(겉만 번드르르한 물건)라 불러야 할 것들뿐이다"라고 평가했다. 반면 해군본부에 대해서는 "운하, 정원, 저장고, 숙소, 밧줄공장, 기타 시설물이 모두 잘 짜여 있다"라며

··· 페트로파블롭스키 요새

찬사를 보냈다. 데시소는 1726년 11월 경험한 홍수에 질겁했다. 네바 강의 다양한 지류들이 "합류하면서 마치 대양처럼 넓어졌다. 도시는 그 위에 뜬 보트처럼 보였다." 그는 며칠 동안 숙소의 다락방에 처박혀 지내야 했다. 최악의 사태는 그 뒤에 벌어졌다. 표트르의 황후이자 후계자인 예카테리나 1세가 1727년에 사망하고 12세에 불과한 손자 표트르 2세(황태자 알렉세이의 아들)가 즉위하자 궁정 혁명이 일어나 멘시코프를 귀양보내고 황궁을 모스크바로 되돌렸다. 상트페테르부르크는 유령도시의 모습을 띠게 되었다. 이 사태는 부임한 영국 총영사 토머스 워드의 부인(후에 론도 부인이 됨)이 1729년에 도착하고 나서 얼마 지나지 않아 일어난 일로, 그녀가 영국에 있는 친구에게 보낸 답장에 잘 묘사되어 있다. 그녀가 보기에 상트페테르부르크는 강 위에 '평온하게 자리 잡고 있으며' 섬들(그녀는 6월에 도착했다)과 요새의 교회는 '근사

해 보였다.' 그러나 상인 구역의 "주택과 거리는 아주 깔끔하지만 사람들이 살지 않았다." 마찬가지로 "귀족 구역의 주택에는 수많은 멋진 집들이 있지만 이제는 궁정이 없기 때문에 거의 비어 있었다." 그녀는 페터호프를 방문했을 때도 비슷한 느낌을 받았다. 예를 들자면 주궁전에는 "멋진 그림들이 몇 점 걸려 있지만 더러워지고 관리가 필요한 상태였다." 그녀는 곧 모스크바로 떠났다.

쿠를란트(발트 해 지역) 공작과 결혼하여 그곳에서 20년간 살았던 표트르의 조카딸 안나 여제(1730~40)가 궁정을 다시 상트페테르부르크로 복귀시킴에 따라 좋은 시절이 되돌아왔다. 이번에는 상당히 무질서한 팽창이었지만 도시는 다시 빠르게 성장했다. 1736~37년에는 대화재로 인해 큰 피해를 입었다. 결국 상트페테르부르크의 장기 개발 계획이 수립되어 장래 러시아제국의 수도로서의 위상을 확고히 했다. 프란체스코 알가로티 백작이 도착한 1739년 여름의 일이었다.

과학자이자 문인이었던 알가로티는 유럽의 상류 사교계에 잘 알려진 인물로, 그가 상트페테르부르크에서 보낸 편지들은 이탈리아어, 프랑스어, 독일어, 영어로 출간되어 널리 읽혔다. 상당히 예리한 시각으로 관찰한 결과들은 재치 있으면서도 준엄했다. 네바 강 삼각주에 진입할 무렵, 알가로티는 강을 통해 가 닿는 "신성한 길이 아치나 사원으로 장식되어 있는 것이 아니라 좌우의 제방에 숲이 무성한" 것을 보고 충격을 받았다며 엄살을 떨었다. "더구나 수종도 당당한 떡갈나무나 무성한 느릅나무 혹은 늘푸른 월계수가 아니라 불쾌하기 짝이 없는 잡종 나무들이었다." 상트페테르부르크에 다가가면서 그가 받은 첫인상은 황량함이었다.

갑자기 강이 굽어지면서 마치 오페라의 한 장면처럼 경치가 확 바뀌었다. 우리는 제도(帝都)에 다다른 것이다. 양쪽 강둑을 따라 호화로운 건물과 꼭대기를 금박으로 장식한 탑들, 깃발을 휘날리는 배들이 늘어서 있었다. (…) 우리를 맞은 것은 그토록 찬란한 경관이었다. 그들은 우리에게 말해주었다. "여기가 해군본부고, 저기는 경기장이지요. 여기가 요새고, 저기가 학술원이에요. 그리고 저 앞쪽이 겨울궁전이랍니다."

그러나 알가로티와 그의 동행인이 상트페테르부르크에 발을 디뎠을 때 그들의 시각은 또다시 바뀌었다. "우리는 더 이상 멀리서 바라보았을 때처럼 멋지다는 느낌을 받을 수 없었다. 그것은 아마도 음침한 숲이 더 이상 우리의 전망을 교란하지 않아서였을 것이다." 반면에 "거대한 강의 둑과 섬들 위에 세워져 있다는 도시의 위치는 색다른 시각적 즐거움을 주었다. 아름답다고밖에 표현할 수 없었다." 그러나 또 한편으로는 "도시가 세워진 부지는 낮은 습지대였으며 건축 자재들도 값나가는 것이 아니었다. 적용한 건축 디자인 역시 이니고 존스나 팔라디오(영국과 이탈리아의 유명 건축가)의 양식이 아니었다. 명색이 수도인 이 도시에 넘쳐나는 것은 이탈리아나 프랑스, 네덜란드식을 짜깁기한 얼치기 건물들뿐이다." 교외의 귀족 별장들도 그의 시선에서 더 나은 평가를 받지 못했다. "양식을 선택해서 지은 게 아니라 어쩔 수 없이 주어진 대로 지은 듯한 건물들이라는 것을 척 보면 알 수 있다. 벽에는 금이 가 있고 기울어진 채 간신히 지탱하고 있었다." 이런 모습은 그의 조롱하는 재치를 자극했다. "상트페테르부르크는 한쪽에서 열심히 뭔가 짓고 있지만 그 사이 다른 곳은 폐허가 되어가고 있다."[12]

그러나 알가로티의 가장 인상적인 서술은 상트페테르부르크 전체에 적용할 수 있는 것이었다. 전경을 훑어본 그는 호기심을 잃고 이렇게 말했다. 표트르가 건설한 "이 신도시는 최근에 러시아가 유럽을 내다볼 수 있도록 북쪽으로 열린 거대한 창이다." 이 비유는 작가보다 훨씬 후대까지 살아남았다. 푸시킨은 표트르와 그가 세운 도시를 노래한 걸작시 「청동기사」(1833)에서 상트페테르부르크를 '유럽을 향해 난 러시아의 창'이라 표현하게 된다. 그리고 무수한 다른 이들이 그 표현을 답습했다. 약간 바꿔 '서쪽으로 난 창'으로 표현하는 경우도 종종 있었으며 이 표현은 점차 정착되었다. 그러나 금세 알 수 있듯이 이 표현은 너무 소극적이다. 상트페테르부르크는 창건시부터 거대한 통로였다. 이 통로를 통해 무수한 유럽인이 러시아로 흘러들어와 가치를 창출하고 생계를 꾸려나갔기 때문이다. 그러면서 어떤 식으로든 표트르 혁명의 완성에 기여했다.

어쨌든 상트페테르부르크는 살아남았다. 또한 창건자의 사망과 황실의 모스크바 귀환 이후에도 살아남았다. 표트르의 딸인 엘리자베타 여제 시기가 되자 또다시 건축 붐이 일어났다. 그 결과 여행 경험이 풍부한 어느 영국 상인의 눈에 비친 상트페테르부르크는 "우아하고 화려한 도시였다."[13] 건축, 정부, 해운, 상업, 산업, 인구 등 각 방면에서 실질적으로 계속 발전이 진행됨에 따라 19세기 초가 되자 상트페테르부르크는 결국 전 세계 육지 면적의 6분의 1이상의 영토를 가진 '거대제국' 러시아에서 가장 중요한 도시는 물론이고 가장 인구가 많은 도시로 올라섰다.[14] 1914년 독일과의 전쟁이 일어나자 오랫동안 써오던 독일식 명칭은 공식적으로 러시아화된 '페트로그라드(표트르의 도시)'로 바뀌었다. 몇 년 뒤인 1917년, 페트로그라드는 왕정을 무너뜨리고 레닌이 지휘하는 볼셰비키가 권력을 쥐는 데 핵심 역할을 했다. 임박해 보이는 독일의 침공에 생존의 위협을 느낀(제1차 세계대전이 아직 끝나지 않은 시점에서) 볼셰비키 정부는 1918년 초 수도를 모스크바로 옮겼다. 소련이 세워진 뒤 스탈린 치하에서 모스크바는 공식적인 수도가 되었다. 1924년 레닌이 사망하자 페트로그라드는 다시 레닌그라드로 이름을 바꾸었다. 표트르의 후광을 걷어내고 레닌의 업적으로 그것을 대신하겠다는 노골적인 시도였다. 그것은 오래 지속되지 못했다. 이 도시는 제2차 세계대전 중 독일군의 끔찍한 포위공격은 물론이고 소련의 지배(혹은 잘못된 지배)에서 살아남았다. 그것은 긍지와 용기, 재치와 인내에 기인한 것이었다. 이러한 정신은 아마도 안나 아흐마토바(1889~1966)의 삶과 걸작시 「영웅 없는 시」에 가장 잘 표현되어 있을 것이다. 이 시는 푸시킨에게서 그녀에게 이어진 이 도시의 장려한 문학적 전통을 일깨우고 있다. 그녀는 1919년에 아흐마토바는 마치 예언이라도 하는 듯 다음과 같이 썼다. "또 다른 시대가 다가오고 있다. 죽음의 바람이 이미 심장을 얼려버리는구나./ 그러나 표트르의 신성한 도시는/ 우리가 의도하지 않는 사이 기념비가 되리라."15) 1991년 소련의 붕괴에 따라 시민들은 이 도시의 옛 이름을 회복하는 쪽에 표를 던졌다. 이 도시는 2003년 또다시 상트페테르부르크의 이름으로 건립 300주년을 기념했다. 이제 이 도시는 표트르와 그의 혁명은 물론이요 아흐마토바와 그녀의 세대가 보여준 용기의 기념비가 되었다.

결론

이 책은 단순한 전기가 아니라 표트르 대제

의 통치를 재해석하는 연구서이기 때문에, 핵심 주장을 다시 언급하는 편이 도움이 되리라 생각한다. 이 주장은 본질적으로 역사적 근거에서 나온 것이다. 일차적으로는 과거 30년간의 내 연구성과와 상트페테르부르크, 모스크바, 러시아의 기타 도시에서 발견된 표트르 1세 통치의 물리적 유산, 후대에 쓰인 문서 자료를 바탕으로 했다. 또한 역사학 외에 고고학, 문헌학, 언어학, 음악, 예술 분야에서 18세기 이래 러시아어, 영어, 기타 언어로 발표된 수많은 전문적 연구성과도 참고했다. 내가 이러한 배경을 상조하는 이유는, 다른 어떤 정통역사서와 마찬가지로 이 책이 그저 개인적 철학이나 인생경험에 기반을 두고 그럴싸하게 이야기를 풀어내는 오락거리가 아니기 때문이다. 최근에는 그러한 책들이 진짜 역사서의 탈을 쓰고 대중에게 접근하는 경우가 늘어나는 것 같다. 이 책은 신중하게 고려하여 간추린 역사서이기도 하다. 독자들이 스스로 찾아볼 수 있도록 동시대의 문서, 유물, 시각자료 제시는 최대한 자제했다. 또한 참고한 수많은 학술적 연구성과도 꼭 필요한 경우만 주석으로 인용했다. 대부분의 경우 이 책에서 제시한 인물이나 사건에 대한 해석과 묘사나 표트르의 통치에 관한 전체적 해석이, 관련된 사료에 충실하며 충분한 학술성을 갖추었음을 믿어도 될 것이다. 가장 중요한 두 종의 사료 영역판과 가장 우수한 학술적 연구성과는 참고문헌목록에 제시했다.

이 책에서 펼친 주장은 다음과 같이 간략하게 서술할 수 있다. 대체로 30년 정도에 해당하는 표트르 1세의 치세에, 러시아에서는 수많은 중요한 발전이 이루어졌다. 개별적 변화들은 당시 러시아의 상황을 감안할 때 다소간 혁명적인 성격을 띠었으며, 그 총체적 결과물은 문화혁명이라 부를 만한 것이었다. 문화 혁명이라는 용어는 이미 4장에서 언급했는데, 한 시대의 주도적인 문화가 비교적 갑자기 의도적인 방향으로 변화하며 그 결과가 지속되는 경우를 의미한다. 이러한 기준에 비춰볼 때, 표트르 1세 치세에 다른 방면의 많은 개혁과 연계되어 러시아에 출현한 건축, 시각예술, 언어 부문에서의 다양한 변화는 문화혁명이라 불리기에 충분하다. 혁명의 본질은 물질적 정신적 전 영역에 걸친 러시아적 요소의 급속하고 광범위한 유럽화였다. 당시 유럽화는 근대화와 동등한 의미로 이해되었다.

인물이나 사건은 항상 역사적 맥락, 즉 그들이 처한 환경과 전후관계를 고려하여 파악해야 한다. 2장과 3장에서는 표트르의 통치체제가 러시아가 대처해야 할 상황과 통치자의 야망을 만족시키기 위해 군사, 해군, 외교, 관료제의 운영권 방면에서 어떻게 움직였는지 역사적 맥락을 밝혀내는 데 주력했다. 초기 근대 유럽에서는 어떤 국가건 정부와 사회의 근본적인 변화가 일어날 때는 전쟁이 동기가 되었다. 군사적으로 훨씬 앞서 있던 스웨덴과의 전쟁은 표트르가 혁명을 추진하는 데 주요한 외적 요소로 작용했다. 오스만투르크의 크림 지역 봉후와 싸운 아조프 전쟁(1695~96) 역시 마찬가지였다. 러시아는 처음에는 패했지만 둘째 전투에서는 승리했는데, 이 전쟁을 통해 표트르는 군사력에서 약간의 근대화를 추진할 수 있었다. 특히 포위전 전술과 육해군 합동작전 능력 면에서 진보가 있었다. 그러나 러시아 육군이 총체적 근대화를 이룩한 계기는 스웨덴과의 장기전이었다. 초반에는 참패했던 이 전쟁을 통해 러시아군은 전술과 전략, 훈련과 장비 및 병참능력 면에서 동시대 유럽 표준을 따라잡았다. 또한 해군의 창설로 발트 해에서 오랫동안 주도권을 쥐어왔던 스웨덴과 덴마크에 맞설 수 있게 되었다. 그렇게 과감한 개혁안들을 추진하기 위해 연례 징병제, 새로운 세금의 부과(포괄적 '영혼세'의 도입에서 정점에 달했다), 군수산업의 진흥, 근대적 전함 건조와 신식 요새의 건축, 전례 없는 규모의 외국인 전문가 영입이 이루어졌고 러시아인들은 수많은 새로운 외국어 어휘와 사고방식을 받아들여야 했다(외국이라 함은 대체로 독일을 의미한다. 그러나 해운 방면에서는 일반적으로 네덜란드, 이탈리아, 영국을 가리킨다). 표트르의 계획은 또한 국가의 총체적 개혁을 불러왔다. 개혁의 핵심은 새로운 방식의 관료제를 만들어내는 것이었는데, 이를 통해 해군을 창설하고 육군을 근대화할 재원을 마련하고 계획을 체계적으로 추진할 수 있었다. 크게 성장한 러시아의 군사력을 지원하는 과정에서 이러한 요소들은 어느 정도 과격한 변화를 수반했고 자연히 사회와 경제에 충격을 주었다. 상류층은 새롭게 재편되었으며 대중은 더욱 큰 부담을 지게 되었다. 한편으로는 산업생산과 대외무역이 괄목할 만큼 성장했다.[1]

북방전쟁의 승리는 새롭게 제국을 자칭하고 나선 러시아를 동북유럽의 강국으로 부상시켰다. 이러한 변화는 다시 유럽 국가체제 내에서 외교 혁명을 불러 일으켰다. 그 이후 반드시 결정적인 역할을 하지는 못하더라도, 아프리카 분할 건을 제외한 유럽의 모든 주요 사안에는 러시아가 참여하는 결과를 가져왔다. 모든 유럽 국가의 수도에는 러시아 대사가 상주하게 되었으며 러시아 군주와 후계자들은 유럽(주로 독일) 왕실과 혼인관계를 맺었다(독일 왕실은 반드시 표트르 1세와의 인연 때문만이 아니라 혈우병 발병을 피하기 위해서 국제결혼에 적극적이었다). 관리와 귀속으로 구성된 러시아 상류층 또한 모국어 외에도 독일어, 프랑스어, 영어를 구사하고 유럽의 다른 국가 귀족들과 빈번히 혼인관계를 맺게 되었다(혹은 러시아제국에 거주하는 비러시아인 귀족 가문과 혼인하곤 했다). 제정 러시아의 상류층은 현저하게 국제화되었으며, 그런 변화는 유럽 국가의 수도나 휴양지에 머무를 때만이 아니라 상트페테르부르크와 모스크바나 지방 영지에 있을 때의 생활양식에도 나타났다.

북방전쟁은 장기간 지속되다가 결국 러시아의 승리로 끝났다. 그러나 심지어 군사와 정치 방면에서조차 이 전쟁이 표트르 혁명에 영향을 미친 유일한 요소는 아니었다. 표트르 자신, 나아가 그의 동료 집단(멘시코프, 프로코포비치 등)의 성격과 취향과 관심사도 주요한 요소로 작용했다. 정도는 덜하지만 다른 수많은 상류층 집단의 물질적 이해관계와 경력에 대한 관심도 영향을 미쳤다. 표트르 샤피로프는 "전하의 백성인 수천 명의 러시아인 남녀가 이제 다양한 유럽 언어를 능숙하게 구사하며, (…) 나아가 예의범절 면에서도 다른 유럽 국민들에게 손색이 없다"(6장)라고 말했다. 여기서 말하는 수천 명의 러시아인 중 상당수가(샤피로프처럼) 외국계의 후손이며 표트르의 명령으로 유학을 떠나거나 육해군에 근무하거나 관리나 외교관으로 일하면서 표트르의 명령에 따라 신식 복장을 하고 새로운 예절을 익힌 사람들이었다. 그들은 신식 주택을 짓고 신식 가구를 들여놓기 시작했다. 다시 말해 그들은 자신과 자녀들의 미래를 새로운 러시아에 투자한 집단이었다. 표트르 혁명을 추진하고 유지한 동력으로 개인적 동기와 열정 또한 간과할 수 없다. 이 점에 대해서는 책 전체에서 종종 언급했고 특히 1장에서 자세히 다루었다.

개인적 요소는 표트르 치세에 러시아 문화에서 혁명적 변화를 일으키는 데 특히 중요한 역할을 했다. 이에 대해서는 4장에서 집중적으로 다루었고, 여러 방면에서 이 책의 핵심 주제가 된다. 표트르의 수많은 개혁이 남긴 문화적 흔적을 논할 때 우선적으로 다루는 분야는 건축, 형상 표현, 언어였다(좀 더 명료하게는 언어문화). 언어는 건축이나 형상묘사와 같은 좀 더 순수한 시각예술과 구분된다. 언어란 어떠한 인류 문화권에서도 문화의 핵심이었기 때문이다. 2장과 3장에서 제시된 사료를 바탕으로 나는 다음과 같이 주장한다. 해군 창설, 육군의 대규모 재조직, 전 국가적 관료체제화, 러시아의 유럽 편입, 절대왕정 논리 등 표트르의 거대한 혁명적 계획들로 인해 러시아인들은 수많은 문화적 가능성을 선택할 수 있게 되었다. 건축 혁명은 러시아에 근대 건축 환경을 조성했다. 형상표현과 형상제작 혁명으로 인해 러시아는 근대 시각예술의 주류를 흡수했다. 언어 습관과 음가, 언어 표준 방면에서 일어난 변화는 러시아에 근대 언어문화 형성의 결정적 첫 단계를 마련했고, 이는 필연적으로 표준화된 문어(근대 러시아어)를 탄생시켰다. 이러한 과정들은 참고문헌목록의 관련된 학술적 성과를 통해 상세히 밝혀져 있다. 반면 전형적인 근대적 사유가 표트르 혁명을 통해 러시아에 뿌리를 내린 과정을 밝히는 것은 좀 더 어려운 작업이다. 근대적 사유란 외형적으로는 과학적 사유를 가리키며 좀 더 넓게는 세속적 사유까지 포괄한다. 이 책을 통해 다양한 관점에서 지적한 바와 같이, 표트르 본인을 포함하여 러시아 상류층의 소수 집단에 한정한다면 그러한 정신적 혁명이 일어났음을 밝혀주는 증거는 존재하는 것 같다(예를 들면 표트르의 꿈, 프로코포비치의 정치 이론, 그들의 합작품인 교회 개혁, 상트페테르부르크 과학원 설립 등이 있다). 이런 증거들은 분명히 러시아사에서 후대로 내려올수록 점점 더 풍부해진다. 후대의 러시아 과학자, 사상가, 작가, 예술가들은 러시아 자체의 근대성을 증진했을 뿐 아니라 근대 세계 문화의 창조와 유지에 크게 기여했다. 이 과정에는 세계적인 대중교육의 보편화와 대중매체의 보급이 기반이 되었음은 물론이다.

근대성의 기준 중 하나가 여성의 지위에 대한 인식이라는 점에는 대부분의 사람이 동의할 것이다. 종교와 법률, 정부와 가족의 권위에 의해 남성에 대한 여성의 복종을 전제하는 가부장적 사회는 인류 역사상 보편적인 형태였다. 전근대 러시아 사회도 이 점에서는 마찬가지였다. 그렇다면 표트르 혁명은 이 면에서는 어떤 영향을 미쳤는가? 표트르의 누이동생인 나탈리아는 모후보다는 행동의 자유를 훨씬 더 많이 누린 것으로 보인다. 모후가 폐쇄적인 전근대 러시아적 전통에 묶여 있었던 데 반해, 나탈리아는 그러한 속박에서 거의 벗어나 새로운 유럽적 방식으로 행동한 것을 볼 수 있다(1장). 표트르의 새로운 상속법(3장)은 여성도 공식적으로 전권을 행사하여 러시아를 통치할 수 있는 길을 열어놓았다. 실제로 표트르 사후 18세기의 75년 중 66년은 표트르의 황후였던 예카테리나 1세를 시작으로 여성 황제들이 통치했다(표트르의 상속법은 여성 혐오주의자였던 파벨 1세에 의해 1797년 폐기되었다). 여성들은 관습적인 폐쇄성에서 벗어나, 표트르가 유럽 궁정 모델에 따라 마련한 사교 모임이나 '집회'에서 공식적으로 표트르를 만나고 남자들과 어울릴 수 있었다(심지어는 그러도록 요구되기도 했다). 이러한 모임이나 집회에서는 좀 더 '독일식'에 가까운 자유롭고 화려한 복장을 할 수 있었다. 처음에는 상트페테르부르크에서만 가능한 일이었지만, 러시아 상류층 사교계에서는 남녀가 어울리는 모습이 곧 표준이 되었다.

표트르는 또한 상류층 러시아 여인이 유럽 언어를 배우고 유럽식 예절을 따를 것을 장려했다(6장). 러시아를 방문한 외국인에게나 러시아인이 해외에 나갔을 때 러시아의 모습을 좀 더 잘 표현하기 위한 조치였다. 표트르는 또한 배우자를 미리 결정해놓는 행위나 강제 결혼을 법적으로 금지시켰으며 강간은 군법이나 해군법에 의해 엄하게 처벌되었다. 사생아는 모친에게 벌금을 부과하지 않고 익명으로 고아원으로 보내는 조항도 제정되었다. 나아가 상류층 여성의 재산권이 강화되었다. 관등표가 제정 발효되면서 부인도 자동적으로 남편과 같은 지위를 획득했다. 남편을 따라 여성의 신분 상승이 이루어질 수 있게 된 것이다. 이런저런 방식으로 표트르는 일반적으로 교회에 의해 권위가 부여되었던 전근대 러시아의 관습과 전통을 타파하고 동시대 유럽 기준에 따라 관리와 귀족 상류층에 속한 여성의 지위를 증진시켰다.[2] 이것은 러시아사에서 확실한 진보이며 후대의 통치자와 상류층이 강제로 추종하는 모델이 되었다. 표트르 혁명의 사회적 영향이 처음에는 상당히 미약했던 데 반해 여권 신장 면에서는 두드러진 성과가 있었던 것이다. 그러나 법률적 면에서의 상당한 진보, 신분 상승을 위한 새로운 기회, 상류사회에서의 확대된 행동의 자유 등의 조건은, 남자들에 비하면 그다지 크게 달라진 면은 없었다. 또 이런 진보들은 일반적인 러시아 여성 대부분의 삶에는 아무런 영향을 미치지 못했다.

앞서 살펴보았듯(5장) 표트르 혁명이 촉발한, 때로 급진적인 새로운 가치와 행동 기준은 직간접적으로 사회에 충격을 주었지만, 일반 농민과 도시민은 물론이고 상인과 하층 서기, 지방 귀족들까지 포함하는 다양한 계층의 광범위한 저항에 부딪혔다. 대중을 포함한 이들 계층은 교육과 공무원 생활이나 군복무 중 혹은 교회에서의 승진, 궁극적으로는 도시화와 산업화, 대중매체의 보급을 통해 점진적으로 새로운 러시아에 적응해갔다. 확대되는 사회경제적 불균형과 그로 인해 발생하는 문화적 차이는 세계의 대부분 지역에서 근대화 초기부터 나타났는데, 러시아도 예외는 아니었다. 비록 빠른 속도로 좁혀지고는 있었지만 러시아에서는 20세기 초에 유럽화된 상류층과 농민-노동자 대중 사이의 간극이 여전히 넓은 상태였다. 이런 현상은 광대한 국토와 여전히 농촌경제가 차지하는 비중이 높기 때문이었다. 표트르가 자신의 실책만이 아니라 후계자들의 실책까지 책임이 있는 것처럼 비난하는 경우가 있다. 이런 관점은 특히 귀족의 병역 면제 조치(1762)와 농노제의 온존(1861년에야 폐지)을 문제삼는다. 그러나 표트르 대제를 그가 죽은 지 200여 년이 지난 후에 조성된 상황으로 비난하는 것은 온당치 못할 뿐 아니라 비역사적 태도이다.

이미 살펴본 바와 같이 표트르 대제의 혁명은 비록 사회나 경제에도 영향을 미치긴 했으나 기본적 성격 면에서 사회 혁명이나 경제 혁명이 아니었다. 그것은 오히려 정치 혁명의 성격을 더 많이 띠었고, 문화 혁명으로서의 성격은 더욱 강했으며 광범위한 결과물을 낳았다. 그 혁명의 본질은 유럽화 혹은 18세기의 역사적 맥락에서 근대화라는 점을 강조해둘 필요가 있다. 러시아는 표트르 치세에 유럽의 국가체제에 편입되었다. 또한 그가 거둔 군사적 승리와 그에 수반된 외교적 노력에 힘입어 정부와 상류층 문화는 빠르고 강렬한 유럽화를 경험했다. 18세기 말이 되자 러시아는 유럽 열강의 하나가 되었다. 러시아는 곧 나폴레옹 전쟁(1796~1816)에서 결정적 역할을 수행했다. 상류층 문화는 황금기의 번영을 누렸고 그 시대의 대표적 인물인 시인 알렉산드르 푸시킨(1799~1837)을 배출했다. 이어지는 제정 러시아의 정치적 성과와 문화적 성취를 두고 표트르에게 무작정 찬사를 보낼 수 없는 것과 마찬가지로, 이어지는 사회적 경제적 궁핍상을 두고 표트르를 무작정 비난할 수는 없다. 그러나 이 두 갈래의 결과물은 어떤 식으로든 그가 주도한 혁명의 산물이었다.

한 걸음 더 나아가 이렇게 말할 수 있다. 이 책에서 강조하는 유럽과 러시아의 유럽화는 러시아가 지리적으로나 역사적으로나 가질 수밖에 없는 아시아적 성격을 부인하는 것이 아니다. 역사의 초창기부터 러시아는 북쪽, 서쪽, 남쪽은 물론 동쪽으로도 팽창해왔으며 동방의 민족과 문화(몽골–타타르, 터키, 페르시아 등등)는 러시아에 일정한 영향을 미쳤다. 19세기 말에 이르면 실질적으로 북아시아의 전 영역이 러시아의 국토로 편입된다. 그러나 문화적인 면은 물론이고 인구학적, 경제적, 혹은 다른 어떤 관점에서 살펴보더라도 러시아의 역사적 무게중심은 아시아 지역보다 서방 혹은 유럽적 지역에 쏠려 있었다. 또한 유럽적 빙향으로 균형을 잡은 결정적 계기는 역시 표트르 혁명이었다.

상트페테르부르크는 러시아에 표트르 혁명의 웅대한 기념비로 남아 있다. 직선 도로, 넓은 가로, 구역을 가로지르는 운하, 오래된 공원과 건축물, 페트로파블롭스키 요새와 교회, 유명한 청동기사상은 모두 이 도시를 창건한 이에 대한 기억을 간직하고 있다. 이러한 면은 특히 러시아의 심장부에서 극서단에 위치하여 발트 해에 면해 있다는 상트페테르부르크의 지리적 위치에서 확인된다. 이곳을 러시아의 수도로 삼아 그로부터 2백 년간 수도의 지위를 유지해왔다는 것은, 러시아를 유럽의 중심적 부분으로 만들겠다는, 혹은 러시아를 근대 세계로 이끌겠다는 표트르의 비전의 산물이라는 관점에서만 설명할 수 있다. 70년간의 소련 통치가 끝난 후 상트페테르부르크가 그 원래 이름을 회복함으로써, 창건자의 비전은 비로소 완전히 회복된 셈이라 하겠다.

모든 연대는 표트르 1세의 명에 의해 러시아에서 1700년 1월 1일부터 사용한 율리우스
력(구력)에 따랐다. 이 역법은 18세기에는 오늘날 보편적으로 쓰이는 그레고리우스력
(신력)보다 11일 늦다. 당시 유럽에서는 이미 그레고리우스력이 널리 쓰였으나, 러시아
는 1918년에 이르러서야 비로소 받아들였다.

1598~1613	로마노프 왕가의 첫 통치차인 차르 미하일이 즉위하면서 '혼란의 시기'가 끝나다
1645~76	차르 미하일의 아들이자 표트르 1세의 부친인 알렉세이의 치세
1649	『울로제니예(법전)』의 공포. 이로 인해 러시아 농민의 농노화가 공식화되다
1660년대	구교도와 다른 종파 사이의 대립 격화로 교회 분열
1667	폴란드와 안드루소보 평화조약 체결. 키예프를 포함한 동부 우크라이나가 러시아에 할양되다(1686년의 조약으로 재확인)
1670~71	스텐카 라진의 반란
1672	표트르 1세(표트르 대제) 출생(5월 30일)
1676~82	표트르의 이복형(큰형)인 차르 표도르 3세의 치세
1682	표트르의 이복형(작은형)인 이반 5세와 표트르 1세가 공동 차르로 즉위하다(4월)
1682~89	표트르의 이복누이 소피아 섭정
1689	표트르가 예프도키아 로푸키나와 결혼하다(1월)

1689	소피아 실각. 표트르의 친정이 시작되다(9월)
1693~94	표트르가 백해와 북극해를 항해하다(여름)
1694	표트르의 모후 나탈리아의 사망(1월 25일)
1695~96	러시아가 아조프 전쟁을 벌이다(여름)
1696	이반 5세 사망(1월 26일). 표트르가 명실상부한 단독 차르가 되다
1696	프레오브라젠스키 본부에 정치범 단속권이 부여되다
1696	해군본부 창설
1697~98	표트르가 대사절단을 이끌고 유럽을 방문하다
1698	모스크바에서 스트렐치가 반란을 일으키다
1700	유럽 역법(율리우스력)을 채택하다(1월 1일)
1700	아드리안 총대주교 사망하다. 후임자 결정이 보류되다(1721년 총대주교좌 폐지)
1700	러시아군이 나르바에서 스웨덴에게 패하다(11월)
1701	모스크바에 수학–항해학교가 세워지다
1702	러시아군이 뇌테보리를 점령하다
1703	모스크바에서 러시아의 첫 신문(베도모스티)이 발간되다
1703	상트페테르부르크의 건설이 시작되다(5월 16일)
1705~06	아스트라한 봉기
1707~08	불라빈의 반란
1708~10	러시아 '민용문자'가 만들어지다.
1708	우크라이나 반란 지도자인 헤트만 마제파가 표트르에게 귀순하기를 거부하고 스웨덴 침략군과 연합하다
1709	동부 우크라이나의 폴타바에서 러시아군이 승리하다(6월 27일)
1711	의회가 창설되다(3월)
1711	러시아군이 몰도바의 프루트에서 투르크에게 패하다(7월)
1711	왕세자 알렉세이가 샤를로테 폰 볼펜뷔텔과 결혼하다(10월)

1712	표트르와 예카테리나가 결혼하다
1714	항괴 곶 해전에서 러시아군이 승리하다
1715	상트페테르부르크 해양원이 창립되다
1716	「군사법」이 반포되다
1716	표트르의 누이인 대공녀 나탈리아(1673년생) 사망
1716~17	표트르의 2차 유럽 순방
1718	왕세자 알렉세이가 재판을 받고 구금 중 사망하다(1690년생)
1718~20	상트페테르부르크에 행정기구들이 설립되다(군무성, 외무성, 법무성 등). 지방정부 개혁이 단행되다
1720	해양법과 보통법이 반포되다
1721	교회 규례가 제정되고 성무회의가 구성되다
1721	니스타드 평화조약 체결(8월 30일)
1721	표트르 1세, 황제를 칭하다(10월 22일)
1722	관등표와 상속법을 공포하다
1722~23	러시아가 페르시아와 전쟁을 치르다
1722~24	처음으로 인구 총조사(남성)가 실시되다. 처음으로 영혼세가 부과되다(1887년 폐지)
1724	상트페테르부르크 과학원이 설립되다
1724	예카테리나가 정식 황후로 등극하다(5월 7일)
1725	표트르 사망(1월 28일)
1725~27	예카테리나 1세의 치세
1727~30	표트르 2세(표트르 1세의 손자)의 치세
1729	알렉산드르 멘시코프 사망(1673년생)
1730~40	안나 여제(표트르 1세의 조카딸)의 치세
1736	페오판 프로코포비치 사망(1682년생)
1741~61	엘리자베타 여제(표트르 1세의 딸)의 치세

1745	러시아 전도(Atlas Russica)가 출간되다
1757	상트페테르부르크 예술원이 설립되다
1761~62	표트르 3세(표트르 1세의 손자)의 치세(12월~6월)
1762	귀족들이 의무 국역에서 해방되다(2월)
1762~96	예카테리나 2세(표트르 3세의 황후)의 치세
1773~75	푸가초프의 반란
1796~1801	파벨 1세의(예카테리나 2세의 아들) 치세. 남성 군주 승계제로 복귀하다(1797)
1861	농노 해방령 발표
1917	제정 붕괴(2~3월). 볼셰키비 혁명(10월)

주

주에 기입한 근거 문헌은 약칭으로만 표기했다. 전체 서지사항은 참고문헌목록에서
확인할 수 있다.

1장

1 이 사안에 대한 상세한 기술은 Hughes, *Sophia*, pp. 52~88을 참조하라.

2 모스크바 교외에 위치한 '독일인 식민촌'은 러시아에 거류하는 상인과 가속,
   러시아군이나 정부에 고용된 수많은 유럽인 군인, 예술가, 전문기술자의 안식
   처였다. 주민은 대부분 독일인, 영국인, 네덜란드인이었다. 주민들이 세운 로
   마가톨릭 교회와 신교 교회 외에도 술집, 주거지와 정원이 있어 러시아인의
   바다에 떠 있는 서유럽인의 섬과 같은 곳이었다.

3 *Pis'ma I bumagi imperatora Petra Velikogo*, 13 vols. to date (St.
   Petersburg, 1887~), 4, no. 1179 (p. 184). 표트르의 편지와 서류들을 모아
   편집한 이 방대한 자료는 권, 항목, 쪽수별로 분류되어 있다(이하 PiB로 표기).

4 N. I. Pavlenko, *Aleksandr Danilovich Menshikov*, 3rd ed. (Moscow, 1989).

5 Thomas Consett, *The Present State and Regulations of the Church of
   Russia*…*[with a Preface] wherein is contained a full and genuine Account
   of the Rise and Fall of Prince Menshikoff* (London, 1729), p. xlvii.

6 *Tryal of the Czarewitz Alexis Petrowitz*… (London, 1718), p. 10. 이 문
   건은 알렉세이의 재판에 관한 공식 발표문의 당시 영문 번역이다. 원문은
   1718년에 상트페테르부르크에서 발표되었으며 독일어와 프랑스어판도 함께
   발간되어 '알렉세이 사건(혹은 스캔들)'에 대한 전 유럽의 관심에 부응했다.

7 Bushkovitch, *Peter the Great*, chaps. 9, 10.

8 Cracraft, *Church Reform*, p.10.

9 *PiB*, I, no.37(p.28)

10 *PiB*, I, no.40(pp.31~32)

11 Prince Boris Kurakin, "Gistoriia o tsare Petre," in M. I. Semevsky, ed., *Arkhiv Kn. F. A. Kurakina*, I (St. Petersburg, 1890), pp.70~74.

12 Friedrich Christian Weber, *The Present State of Russia*, vol. I (London, 1723), pp. 89~90. 이 자료는 독일어 원문의 신뢰할 만한 영어 번역이다.

13 Cracraft, *Church Reform*, p.13.

14 Weber, *The Present State of Russia*, pp. 90~91.

15 V. O. Kliuchevsky, *Sochineniia*, 4 (Moscow, 1958), p.41.

16 어니스트 지처가 *The Transfigured Kingdom: Politics and Charismatic Authority at the Court of Peter the Great*(Ithaca, N. Y., 출간 예정)라는 흥미로운 논문에서 제기한 주장이다.

17 이에 대해 더 깊이 알고하 하는 독자는 James Cracraft, "Some Dreams of Peter the Great," *Canadian-American Slavic Studies* 8, no. 2, pp.173~197을 참조하라. 주석을 생략한 이 논문의 재판 Cracraft, ed., *Peter Transforms Russia*, pp.231~258에서도 확인할 수 있다.

18 이런 부류의 초상화에 대한 풍부한 사례는 Cracraft, *Revolution in imagery*의 도처에서 찾아볼 수 있다. 특히 그림 21, 61~63, 65, 69, 71, 72를 참조하라.

19 Riasanovsky, *Image of Peter*에는 이 주제에 대한 논쟁이 상세히 소개되어 있다.

20 Cracraft, *Church Reform*.

21 Anisimov, *Reforms of Peter*, p.267.

22 Staehlin, *Original Anecdotes of Peter the Great* (London, 1788), no.110(pp.355~363) 참조. 표트르가 세운 상트페테르부르크 과학원 원사였던 슈텔린은 표트르의 주치의에게서 이 이야기를 들었다.

23 Richard S. Wortman, *Scenarios of Power: Myth and Ceremony in Russian Monarchy*, I (Princeton, 1995), pp.75~78에 묘사된 대로이다.

24 Harold B. Segel, ed. and trans., *The Literature of Eighteenth Century Russia*, I (New York, 1967), p.141. 추도사의 번역문이 수록되어 있다.

25 Hughes, *Age of Peter*, p.262.

2장

1 Geoffrey Parker, *The Military Revolution: Military Innovation and the Rise of the West* (Cambridge, England, 1988)는 이 주제에 대한 훌륭한 입문서이다.

2 Frank Tallett, *War and Society in Early Modern Europe, 1495~1715* (New York, 1992), p.13.; Euan Cameron, ed., *Early Modern Europe* (Oxford, England, 1999), p.307.

3 R. M. Hatton, *Charles XII of Sweden* (New York, 1968)은 카를 12세에 관한 가장 뛰어난 영어권 연구서이다.

4 러시아 군사사에 관한 주요한 영어 저작으로는 J. L. H. Keep, *Soldiers of the Tsar: Army and Society in Russia, 1462~1874* (Oxford, 1985)와 William C. Fuller, *Strategy and Power in Russia, 1600~1914* (New York, 1992)가 있다.

5 Arcadius Kahan, *The Plow, the Hammer, and the Knout: An Economic History of Eighteenth Century Russia* (Chicago, 1985), chap.3.

6 Richard Pipes, *Russia under the old Regime* (New York, 1974; reprinted 1990, 1995), pp.115~125.

7 Michel Mollat du Jourdin, *Europe and the Seas*, trans. Teresa L. Fagan (Cambridge, Mass., 1993), pp.153ff., 174; 특히 북해와 발트 해 지역의 상황에 관해서는 David Kirby and Merja Liisa Hinkkanen, *The Baltic and the North Seas* (London and New York, 2000)을 참조하라.

8 David Loades, *The Tudor Navy: An Administrative, Political, and Military History* (Aldershot, England, and Brookfield, Vt., 1992); Bernard Capp, *Cromwell's Navy: The Fleet and the English Revolution* (Oxford, England, and New York, 1989).

9 J. S. Bromley and A. N. Ryan, "Navies," in *The New Cambridge Modern History*, pp.790~793; Richard Harding, *Seapower and Naval Warfare*, 1650~1830 (London and Annapolis, Md., 1999), chap.4~6.

10 T. J. Willan, *The Early History of the Russia Company* (Manchester, England, 1956); Jonathan I. Israel, *Dutch Primacy in World Trade, 1585~1740* (Oxford, England, 1989); Anthony Cross, *By the Banks of the Neva: Chapters from the Lives and Careers of the British in Eighteenth Century Russia* (Cambridge, England, 1997), pp.44ff.

11 이러한 관점의 연구서들은 다음과 같다. G. V. Scammell, *The First Imperial Age: European Overseas Expansion, 1400~1715* (Boston, 1980); Carlo M. Cipolla, *Guns, Sails and Empires: Technological Innovation and the Early Phases of European Expansion, 1400~1700* (New York, 1965, 1996); J. H. Parry, *The Age of Reconnaissance* (London, 1963).

12 표트르의 초고는 N. G. Ustrialov, *Istoriia tsarstvovaniia Petra Velikago*, I (St. Petersburg, 1858), pp.397~401에서 찾아볼 수 있다.

13 *PiB*, I, nos.14~18 (pp.15~17) and p.490. 표트르의 기록들을 수록한 이 자료집의 전체 서지사항은 1장의 3번 항목에서 확인할 수 있다.

14 John Perry, *The State of Russia under the Present Czar* (London, 1716), p.164.

15 L. N. Maikov, ed., *Rasskazy Nartova o Petre Velikom* (St. Petersburg, 1891), p.10.

16 Jan Glete, *Navies and Nations: Warships, Navies and State Building in Europe and America, 1500~1860* (Stockholm, 1993), p.135; Harding, *Seapower and Neval Warfare*, pp.135, 144.

17 Kahan, *The Plow, the Hammer, and the Knout*, pp.163~266; Cross, *By the Banks of the Neva*.

18 Cracraft, *Revolution in Architecture*, p.121.

19 C. A. G. Bridge, ed., *History of Russian Fleet during the Reign of Peter the Great, by a Contemparary Englishman* (1724) (London, 1899; vol.15 of Publications of the Navy Records Society), pp.114, 130~132. 이 책의

저자는 존 딘 선장과 동일인일 것으로 여겨져왔다.

20 Philips, *Founding of Russia's Navy*, p.127.

21 Hughes, *Age of Peter*, p.81.

22 I. P. Eremin, ed., *Feofan Prokopovich: sochineniia* (Moscow and Lenin-grad, 1961), p.106.

23 M. Sarantola-Weiss, "Peter the Great's First Boat: A Symbol of Petrine Influence in Imperial Russia," in Maria DiSalvo and Lindsey Hughes, eds., *A Window on Russia: Papers from the V International Conference of the Study Group on Eighteenth Century Russia* (Rome, 1996), pp.37~38, 41.

24 D. Martin, "Ship of State, State of Mind," *New York Times*, Feb. 14, 1997, p.A19.

25 *New York Times*, Jan. 25, 1997, p.A12의 서술에는 사진이 첨부되어 있다.

3장

1 Charles Tilly, ed., *The Formation of National States in Western Europe* (Princeton, N. J., 1975); Garrett Mattingly, *Renaissance Diplomacy* (Boston, 1955)을 참조하라. 이 저서에는 9명의 중견 역사학자와 정치학자의 합동 연구성과가 담겨 있다. 언급한 인용문은 틸리가 쓴 요약 성격의 장인 "Reflections on the History of European State-Making"(pp.3~83)을 참조하라. 초기 근대 유럽의 외교 혁명에 관해서는 이 분야의 고전 Garrett Mattingly, *Renaissance Diplomacy*(Boston, 1955)를 참조하라.

2 Tilly, *The Formation of National States*, pp.42, 73, 74~75. 틸리가 근대국가 건설과 전쟁 사이의 결정적 인과관계를 주장하기 위해 인용한 장문의 논설로 S. E. Finer, "State and Nation Building in Europe: The Role of the Military" (ibid., pp.84~163)가 있다. 파이너의 일반화는 기본적으로 초기 근대 프랑스, 영국, 브란덴부르크-프로이센의 상황에 대한 깊이 있는 분석에서 나온 것이다. 파이너가 후에 자신의 전공 영역인 유럽에서 근대국가의 대두 과정이라는 일반적 주제를 다룬 연구서로는 S. E. Finer, *A History of Government from the Earliest Times*, 3 vols. (Oxford, England, 1997), vol.2, pt.2가 있다.

3 H. H. Gert and C. Wright Mills, eds. and trans., *From Max Weber: Essays in Sociology* (New York, 1946), pp.196~204.

4 Nancy S. Kollmann, *Kinship and Politics: The Making of the Muscovite Political System, 1345~1547* (Stanford, 1987), p.147; Valerie A. Kivelson, *Autocracy in the Provinces: The Muscovite Gentry and Political Culture in the Seventeenth Century* (Stanford, 1996), p.8.

5 여기에서 다루고 있는 왕실 초상화에 관해서는 Cracraft, *Revolution in Imagery*, pls. 7, 11을 참조하라. 또한 관련된 토론에 관해서는 pp.114~115, 190~191을 참조하라. 러시아의 세습제에 대한 생생한 연구로는 Richard Pipes, *Russia under the Old Regime* (New York, 1974; reprinted 1990, 1995), chaps.2~4를 참조하라. 교회의 역할에 관해서는 Pipes, Russia under the Old Regime, chap.9를 참조하라.

6 러시아의 도시망에 관하여 국제적으로 비교한 결과는 Gilbert Rozman, *Urban Networks in Russia, 1750~1800, and Premodern Periodization* (Princeton, N. J., 1976), pp.56~57와 Pipes, *Russia under the Old Regime*, pp.191~211에 잘 서술되어 있다.

7 Marc Reaff, *The Well-Ordered Police State: Social and Institutional Change through Law in the Germanies and Russia, 1600~1800* (New Haven, Conn., 1983), 일반적 논평에 관해서는 pp.20~22을 참조하고, 독일의 경우는 pp.43ff를 참조하라(이 주제를 더 깊이 다룬 수많은 참고서적들을 확인할 수 있다).

8 표트르의 정부조직 개혁에 관한 상세한 서술은 Hughes, *Age of Peter*, 3,4장을 참조하라. 표트르 치세의 정치적 의미에 관한 아주 상세한 서술은 Bushkovitch, Peter the Great의 본문 10장과 에필로그 및 결론을 참조하라.

9 표트르가 총대주교좌를 폐지하고 성무회의를 만든 과정에 관해 가장 포괄적으로 서술한 저서는 Cracraft, *Church Reform*이다.

10 Cracraft, *Revolution in Imagery*, pp.257ff.

11 Raeff, *The Well-Ordered Police State*, pp.181~221.

12 Lewitter, *Pososhkov*, pp.15, 39ff., 50, 73.

13 Pipes, *Russia under the Old Regime*, chap.5; Anisimov, *Reforms of Peter*, pp.143~169.

14 H. M. Scott, Euan Cameron, ed., *Early Modern Europe* (Oxford, 1999), p.314; A. F. Upton, *Charles XI and Swedish Absolutism* (Cambridge, England, 1998), chap.3; 좀더 전문적인 연구로는 Paul K. Monod, *The Power of Kings: Monarchy and Religion in Europe, 1589~1715* (Cambridge, Conn., 1999)가 있으며, 이 분야의 고전적 저술로는 Lenard Krieger, Kings and Philosophers, 1689~1789 (New York, 1970)가 있다.

15 프로코비치가 진짜 저자인지에 대해서는 아직 밝혀지지 않았다. James Cracraft, "Did Feofan Prokopovich Really Write Pravda voli monarshei?" *Slavic Review* 40, no.2 (Summer 1981), pp.173~193.

16 학술적으로 접근한 영어판이 수록된 저서로 Anthony Lentin, *Peter the Great: His Law on the Imperial Succession in Russia, 1722* (Oxford, 1996)가 있다.

17 *Pravda*, Lentin edition, pp.184, 186~187, 188.

18 앞의 책., p.144.

19 William E. Butler, ed., *A Discourse Concerning the Just Causes of the War between Sweden and Russia*: 1700~1721, by P. P. Shafirov (Dobbs Ferry, N. Y.,1973). 이 책에는 1717년의 러시아어 원문과 동시대 영어 번역본이 실물 형태대로 실려 있다.

20 앞의 책., p.7.

21 앞의 책., pp.22. 25.

22 Peter Barber, *Diplomacy: The World of the Honest Spy* (London, 1979), p.32, no.35.

4장

1 Patrick Collinson, *The Religion of Protestants: The Church in English Society, 1559~1625* (Oxford, England, 1984), p.1; Emmet Kennedy, *A Cultural History of the French Revolution* (New Haven, Conn., 1989); Sheila Fitzpatrick, ed., *Cultural Revolution in Russia, 1928~1931* (Bloomington, Ind., 1984); Steven Shapin, *The Scientific Revolution*

(Chicago, 1996).

2 이 장에 수록된 대부분의 자료의 출처는 Cracraft, *Revolution in Architecture*; Cracrft, *Revolution in Imagery*; Cracraft, *Revolution in Culture*이다(이하 직접 인용시에만 표기).

3 Cracraft, *Revolution in Architecture*, p.1에 언급된 대로이다.

4 앞의 책., pp.56~61; Christopher Duffy, *Siege Warfare: The Fortress in the Early Modern World, 1494~1660* (London, 1979), p.173.

5 Cracraft, *Revolution in Architecture*, p.114. 런던의 영국도서관에 소장된 고든의 미출간 회고록에 서술된 내용이다.

6 앞의 책., p.119.

7 Samuel H. Baron, ed. and trans., *The Travels of Olearius in Seventeenth Century Russia* (Stanford, 1967), p.113.

8 Cracraft, *Revolution in Architecture*, p.25. 1684~86년의 어느 독일인 방문자의 기록을 인용했다.

9 John Perry, *The State of Russia under the Present Czar* (London, 1716), p.14.

10 Cracraft, *Revolution in Architecture*, pp.258, 266(포고령), 249(예카테리나 2세의 시각).

11 Cracraft, *Revolution in imagery*, pp.97~98, 도표 12, 13.

12 앞의 책., pp.136~137, 269, 도표 24.

13 Okenfuss, *Diary of Tolstoi*

14 Cracraft, *Revolution in Imagery*, pp.140~147, 194ff.

15 앞의 책., p.257.

16 Alison Hilton, *Russian Folk Art* (Bloomington, Ind., 1995)

17 Elizabeth L. Eisenstein, *The Printing Revolution in Early Modern Europe* (Cambridge, England, 1984). 이 책은 아이젠스타인이 앞서 펴낸 두 권의 연구서를 요약한 것으로, 이 방면에서는 고전적 저서이다.

18 Gary Marker, *Publishing, Printing, and the Origins of Intellectual Life in Russia* (Princeton, N. J., 1985), chap.1.

19 *PiB*, I, no.291(pp.328~331).

20 Cracraft, *Revolution in Culture*, 특히 6장과 부록 II 참조. 부록에는 표트르 치세에 러시아어에 도입된 후 아직까지 쓰이는 1천여 개의 단어가 실려 있으며, 기타 유형의 단어 700개도 수록되어 있다.

21 Valentin Boss, *Newton and Russia : The Early Influence, 1698~1796* (Cambridge, Mass., 1972), pp.93~96. 두 사람이 나눈 대화가 원문인 라틴어와 영어로 실려 있다.

22 John T. Alexander, "Medical Development in Petrine Russia," in Cracraft, *Peter Transforms Russia*, p.194.

23 B. Haigh, "Design for a Medical Service : Peter the Great's Admiralty Regulations(1722)," *Medical History* 19(1975), pp.129~146.

24 M. V. Unkovskaya, "Learning Foreign Mysteries : Russian Pupils of the Aptekarskii Prikaz, 1650~1700," *Oxford Slavonic Papers* 30(1997), pp.1~20.

25 1735년부터 1785년 사망할 때까지 학술원 원사를 지낸 야코프 폰 슈탤린의 기록이다. Jacob von Stählin, *Original Anecdotes of Peter the Great* (London, 1788 ; first published in German, 1785), p.344을 참조하라.

26 Alexander Vucinich, *Science in Russian Culture : A History to 1860* (Stanford, Calif., 1963), pp.71~76 ; J. L. Black, *G.-F. Müller and the Imperial Russian Academy* (Kingston, Ontario, 1986), pp.7~13. 블랙의 저서는 G. F. 뮐러의 전기이다. 뮐러는 라이프치히대학에서 역사학 학위를 받은 뒤 학술원의 최초 학생이자 교사가 되는 학자들 중 한 사람이다. 그는 1725년 11월에 와서 1783년에 모스크바에서 사망할 때까지 러시아에 머물렀다. 블랙의 저서는 가치 있는 자료를 이용하여 뮐러의 역사학자만이 아니라 지리학자와 인종학자의 면모까지 그려내고 있다.

27 Vucinich, *Science in Russian Culture*, pp.181, 182~183 ; Vucinich, *Empire of Knowledge : The Academy of Science of the USSR(1917~1970)* (Berkeley and Los Angeles, 1984)의 긴 서장에서는 1725~1917년의 기간을 서술하고 있다. M. D. Gordin, "The Importation of Being Earnest : The Early St. Petersburg Academy of Sciences," *Isis* 91, no.1(March 2000), pp.1~31. 이 저서 역시 학술원의 설립이 미친 광범위한 사회적·문화적 중요성을 지적한다.

5장

1 Hughes, Age of Peter, pp.454~456. 스트렐치의 초기 역사에 관해서는 Richard Hellie, *Enserfment and Military Change in Muscovy* (Chicago, 1971)을 참조하라. 이 책에는 다른 참고문헌이 풍부하게 수록되어 있다.

2 Orest Subtelny, *The Mazepists: Ukrainian Separatism in the Early Eighteenth Century* (Boulder, Colo., and New York, 1981). 마제파 반란에 관한 상세한 서술은 Zenon E. Kohut, *Russian Centralism and Ukrainian Autonomy: Imperial Absorption of the Hetmanate, 1760s~1830s*(Cambridge, Mass., 1988)을 참조하라.

3 Cracraft, *Church Reform*, pp.19~20 (Avraamy affair); Bushkovitch, *Peter the Great*, pp.188~197 (Tsykler and others).

4 이에 관한 상세한 서술은 James Cracraft, "Opposition to Peter the Great," in Ezra Mendelsohn and Marshall S. Shatz, eds., *Imperial Russia, 1700~1917: State, Society, Opposition* (DeKalb, Ill., 1988), pp.22~36을 참조하라. Hughes, Age of Peter, pp.447~461; Cracraft, *Church Reform*, pp.130, 240~241, 295(탈리츠키 사건); Bushkovitch, *Peter the Great* (이 길고 상세한 저술의 대부분은 지배층 사이에 존재한 반 표트르 세력의 사례를 언급한다).

5 표트르 시기에 발표된 십여 건의 선언문 중 한 종의 사례가 James Cracraft, ed., *Major Problems in the History of Imperial Russia* (Boston, 1994), pp.110~123에 실려 있다.

6 이 주제를 깊이 파고든 저서로 Anisimov, *Empress Elizabeth*가 있다. 귀족의 토지 소유에 관한 연구로는 Lee A. Farrow, "Peter the Great's Law of Single Inheritance: State Imperatives and the Noble Resistance," *Russian Review* 55, no.3(July 1996), pp.430~447; Michelle Lamarche Marrese, *A Woman's Kingdom: Noblewomen and the Control of Property in Russia*, 1700~1861(Ithaca, N. Y., 2002)를 참조하라.

7 예를 들면 Maureen Perrie, *Pretenders and Popular Monarchism in Early Modern Russia* (Cambridge, England, 1995)가 있다.

8 Anisimov, *Reforms of Peter*가 이 주제를 다룬 대표적 연구이다. 표트르 치세를 둘러싸고 러시아 내에서 벌어진 수백 년간의 논쟁은 Riasanovsky, Image of Peter에서 전모를 확인할 수 있다.

9　Olga Semyonova Tian-Shanskaia, *Village Life in Late Tsarist Russia*, ed. David L. Ransel (Bloomington, Ind., 1993); Cathy A. Frierson, *Peasant Icons: Representations of Rural People in Late Nineteenth Century Russia*(New York, 1993).

10　러시아 학자들의 연구성과를 반영하여 최근에 발표된 영어권의 논문들로는 Christine D. Worobec, *Peasant Russia: Family and Community in the Post-Emancipation Period* (Princeton, N. J., 1991); David Moon, *The Russian Peasantry, 1600~1930: The World the Peasants Made* (London and New York, 1999) 등이 있다.

11　Robinson, *Rural Russia* (1967 ed., Berkeley and Los Angeles), pp.126, 258, 244.

12　이반 투르게네프의 유명한 소설 「온유한 사람들의 보금자리 *Dvorianskoe gnezdo*」(1859) 제목을 빌려와 빗댄 것임.

13　앞의 책., pp.1~2; 이미지자료가 충실한 저서로 Priscilla Roosevelt, *Life on the Russian Country Estate: A Social and Cultural History* (New Haven, Conn., 1995)가 있다.

14　Anisimov, *Reforms of Peter*, pp.3~9, 295~298.

6장

1　Lincoln, *Sunlight at Midnight*, p.27.

2　이 장에 관한 상세한 서술은 Cracraft, *Revolution in Architecture*, pp.173~174에 실려 있는 대로이다. 또한 상트페테르부르크의 창건 과정에 관한 상세한 설명은 Hughes, *Age of Peter*, pp.210~211을 참조하라.

3　Arcadius Kahan, *The Plow, the Hammer, and the Knout: An Economic History of Eighteenth Century Russia* (Chicago, 1985), pp.87, 163, 247~248.

4　Lincoln, *Sunlight at Midnight*, pp.52, 60.

5　Hughes, *Age of Peter*, pp.117~119.

6　더욱 깊이 알고자 하는 독자는 Simon Karlinsky, *Russian Drama from Its*

Beginnings to the Age of Pushkin(Berkeley, Calif., 1985); Gerald R. Seaman, *History of Russian Music*, vol.1(Oxford, 1967)를 참조하라. 또한 Vladimir Morosan, *Choral Performance in Pre-Revolutionary Russia*, revised ed.(Madison, Conn., 1994)는 이 분야의 입문서로 확고한 지위를 누리는 책이다.

7 Friedrich Christian Weber, *The Present State of Russia*, authorized English translation from the original German, vol.1(London, 1723), p.148.

8 Gary Marker and Rachel May, eds. and trans., *Days of a Russian Noblewoman: The Memories of Anna Labzina*, 1758~1821(Dekalb, Ill., 2001).

9 Cracraft, *Revolution in Culture*, caap.5.

10 Cracraft, *Revolution in Architecture*, chap.7.

11 앞의 책., pp.178, 227~228.

12 앞의 책., pp.228, 241; *Lettres du comte Algarotti sur la Russie* (London and Paris, 1769), p.64.

13 Jonas Hanway, ca. 1745; Cracraft, Revolution in Architecture, p.232.

14 Lincoln, *Sunlight at Midnight*, pt.2.

15 Judith Hemschemeyer, trans., *Selected Poems of Anna Akhmatova*, ed. Roberta Reeder (Brookline, Mass., 2000), p.101; Sharon Leiter, *Akhmatova's Petersburg* (Philadelphia, 1983); Roberta Reeder, *Anna Akhmatova, Poet and Prophet* (New York, 1994).

결론

1 초창기 역사학자들은 러시아 육해군을 지원하기 위한 표트르의 조치들이 대중의 빈곤을 초래했다고 지레짐작했다. 최근의 연구성과로 이러한 인식은 부정되고 있다. 그러나 이 책의 요지는 표트르 치세에 백성들의 경제적 조건이 호전되었다고 주장하려는 것이 아니라, 단지 현 시점에서는 그 문제에 대해 명쾌한 결론을 내릴 수 없다는 것이다.

2 더 상세한 설명은 Hughes, *Age of Peter*, pp.186~202를 참조하라.

더
읽을거리

Anderson, M. S. *Peter the Great*, 2nd ed. (London and New York: Longman, 1995).

Anisimov, Evgenii V. *The Reforms of Peter the Great: Progress through Coercion in Russia*, trans. John T. Alexander (Armonk, N. Y.: M. E. Sharpe, 1993).

Anisimov, Evgenii V. *Empress Elizabeth, Her Reign and Her Russia, 1741~1761*, trans. John T. Alexander (Gulf Breeze, Fla.: Academic International Press, 1995).

Black, J. L. *G.-F. Müller and the Imperial Russian Academy* (Kingston and Montreal: McGill-Queen's University Press, 1986).

Bushkovitch, Paul. *Peter the Great: The Struggle for Power, 1671-1725* (Cambridge, England, and New York: Cambridge University Press, 2001).

Cracraft, James. *The Church Reform of Peter the Great* (Stanford: Stanford University Press, 1971).

Cracraft, James. *The Petrine Revolution in Russian Architecture* (Chicago: University of Chicago Press, 1988).

Cracraft, James. *The Petrine Revolution in Russian Culture* (Chicago: University of Chicago Press, 1997).

Cracraft, James. ed. *Peter the Great Transforms Russia* (Boston: Houghton Mifflin, 1991).

Cross, Anthony. *Peter the Great through British Eyes* (Cambridge,

England, and New York: Cambridge University Press, 2000)

Hughes, Lindsey. *Sophia, Regent of Russia 1657~1704* (New Haven, Conn., and London: Yale University Press, 1998).

Hughes, Lindsey. *Russia in the Age of Peter the Great* (New Haven, Conn., and London: Yale University Press, 1998).

Hughes, Lindsey. *Peter the Great: A Biography* (New Haven, Conn., and London: Yale University Press, 2002).

Keep, John L. H. *Soldiers of the Tsar: Army and Society in Russia, 1462~1874* (Oxford, England: Clarendon Press, 1985).

Lewitter, L. R., and A. P. Vlasto, eds. and trans. *Ivan Pososhkov: The Book of Poverty and Wealth* (Stanford, Calif.: Stanford University Press, 1987).

Lincoln, W, Bruce. *The Romanovs: Autocrats of All the Russias* (New York: Dial Press, 1981).

Lincoln, W, Bruce. *Sunlight at Midnight: St. Petersburg and the Rise of Modern Russia* (New York: Basic Books, 2000).

Massie, Robert K. *Peter the Great* (New York: Knopf, 1980).

The New Cambridge Modern History, vol. 6: The Rise of Great Britain and Russia, 1688~1725, ed. J. S. Bromley (Cambridge, England: Cambridge University Press, 1970).

Okenfuss, Max J., ed. and trans. *The Travel Diary of Peter Tolstoi: A Muscovite in Early Modern Europe* (DeKalb, Ill.: Northern Illinois University Press, 1987).

Phillipe, Edward J. *The Founding of Russia's Navy: Peter the Great and the Azov Fleet, 1688~1714* (Westport, Conn.: Greenwood Press, 1995).

Riasanovsky, Nicholas V. *The Image of Peter the Great in Russian History and Thought* (New York and Oxford, England: Oxford University Press, 1985).

Riasanovsky, Nicholas V. *A History of Russia*, 6th ed. (New York and Oxford, England: Oxford University Press, 2000).

색
인

ㄴ

나탈리아 공주Natalia Alekseevna,
　　tsarevna 20, 25–27, 211

나탈리아 왕비Natalia Naryshkina,
　　tsaritsa 15, 25, 27, 71

농노제Serfdom 61, 94–95, 179, 188

농노해방Emancipation of serfs
　　61, 188, 189, 235

니스타드 평화조약Nystad(Nystadt),
　　Peace of 62, 81, 203

ㄱ

건축Architecture 118–131

고든Gordon, General Patrick
　　19–20, 70, 71, 122, 170

과세Taxation 59, 98

관등표Table of Ranks 60, 96, 234

교육의 주도권Educational initiatives
　　58–59, 77–78, 129, 139, 158,
　　162–163, 182, 209, 211

군무성College of War 59, 97

군사 혁명(초기 근대 유럽)Military Re-
　　volution 53–55, 120–121

군사법Military Statute 59, 96, 158, 234

귀족Nobility
　옛 러시아 13, 94, 181
　표트르 치하와 그 이후 61, 140, 181–182,
　　191–192, 233–234
　귀족 해방령 61, 235

ㄷ

대사절단Grand Embassy 20, 64, 73,
　　108, 128, 135, 170

독일인 식민촌(모스크바)German Settle-
　ment, Moscow 18, 22, 26, 36

ㄹ

러시아 농업사회Peasant Russia
　　93–95, 188–193

러시아정교회Church, Russian Orthodox
　표트르의 정교회 개혁 관련 97–98
　표트르가 정교회를 조롱한 사례 36–40,
　　170–171, 184

로마노프 왕조Romanov dynasty
　　16, 56, 99

ㅁ

멘시코프 대공Menshikov, Prince Ale-
　　xander 20–22, 24, 96, 134, 136,
　　202, 231

모스크바 바로크 건축Moscow Baroque
　　architecture 124

모스크바의 신문Moscow Gazette
　　150–151

민용자모와 자체(알파벳 개혁)Civil
　　alphabet and type 147–152

ㅂ

보티크(표트르 1세의 요트)Botik 79–84

북방전쟁Northern War 55–56, 203,
　　230–231

북방전쟁에 대한 강론Discourse concer-
　　ning the [Nothern] War 108–111

불라빈의 반란Bulavin, Kondraty, rebellion
　　of 171–175

비밀법정(비밀스러운 업무를 담당한 감사국)
　　Secret Chancellery 169

ㅅ

사법개혁의 실패Judical reform,failure of
　　100

상트페테르부르크 과학원Academy of
　　Science, St. Peterburg 77,

98, 156–157, 160–164

상트페테르부르크 예술원Academy of
　　Fine Arts, St. Peterburg 129,
　　138–139, 26, 209

상트페테르부르크St. Peterburg
　부지 선정과 초기 건축공사 199–204
　군사기지 기능 201–203, 206–207
　항만 기능 201–202
　"유럽을 향해 열린 창" 224
　레닌그라드 개칭 225
　문화적 중심지 209–214
　동시대인의 기록 214–224
　페트로그라드 개칭 225

샤피로프 남작Shafirov, Baron Peter
　　22–24, 108–111, 213, 231

성무회의(聖務會議)Holy Synod 46, 97–
　　98, 175, 176, 183, 208

소총대(스트렐치)Musketeetr(streltsy)
　　17, 57, 168, 171, 174, 175

ㅇ

아스트라한 반란Astrakhan, uprising at
　　170–171

아조프 전쟁Azov, campaigns against
　　58, 60, 73, 122–123, 137, 170

알렉세이 페트로비치(왕세자)Aleksei Pe-
　　trovich, tsarevich
　표트르와의 관계 30–33
　재판과 죽음 33–34
　표트르에 대한 저항 168, 175–176

언어문화 방면의 표트르 혁명
Verbal culture, Petrine revolution in 143–156

역법 개혁Calendar reform 180

예카테리나 1세Catherine I, empress 27–30,

예프도키아 로푸키나 왕비(1669~1731) Evdokia Lopukhina, tsaritsa 26

외교Diplomacy
표트르의 외교 혁명 111
외교적 면책법의 기원Law of diplomatic immunity, origins of 112

울로제니예(법전)Ulozhenie 95–100

유럽에서 주권국가의 기원Sovereign State, European origin of 87–90

의회Senate 96–97

인쇄 혁명Print revolution 143–146

ㅈ

절대왕정Absolute monarchy/absolutism 5, 14, 96–102

지도제작법Cartography 141–143

ㅊ

「청동기사」Bronze Horseman 224

ㅍ

파벨 1세 황제Paul I, emperor 99, 233

폴타바 전투Poltava, battle of 23, 109, 172, 203

표도르 3세(차르)Fedor III, tsar 15, 16, 18, 93

표트르 1세(표트르 대제, 차르이자 최초의 황제) Peter I, Peter the Great
유년기와 청년기 16–18
여자들 25–30
아들 알렉세이와의 관계 30–34
꿈에 관한 기록 42–44
경건주의 45–47
죽음과 장례식 47–50
예술 애호가 133–134
러시아 의학의 아버지 157

표트르 2세Peter II 32, 331

표트르 3세Peter III 25, 81

프라브다 볼리 모나르셰이(군주 의지의 권리) Pravda voli monarshei(Right of the Monarch's Will) 103–108

프로코포비치Prokopovich, Feofan 24–25, 47, 49, 72, 80, 103, 163

프루트 강 전투Pruth river, battle by 60, 74, 109, 203

ㅎ

항괴 곶 승전Hangö Head, Russian naval victory at 76–77

항해원 Naval Academy 77–79

해군본부 Admiralty 78 81, 158, 198,
        202, 204, 206, 221

해군의 창설과 운용 Navy, creation and
        deployment of 77–79

해운법 Naval Statute 67, 70, 72, 80

형상 표현 Imagery 131–141

혼란의 시기 Time of Troubles
        14, 16, 144

화폐개혁 Coinage, reform of 140–141

황제(러시아 차르의 새 호칭) Emperor 49

표트르 대제

러시아를 일으킨 리더십

초판 인쇄 ㅣ 2008년 2월 13일
초판 발행 ㅣ 2008년 2월 20일

지은이 ㅣ 제임스 크라크라프트
펴낸이 ㅣ 심만수
펴낸곳 ㅣ (주)살림출판사
출판등록 ㅣ 1989년 11월 1일 제9-210호

주소 ㅣ 413-756 경기도 파주시 교하읍 문발리 파주출판도시 522-2
전화 ㅣ 031)955-1350   기획·편집 ㅣ 031)955-1364
팩스 ㅣ 031)955-1355
이메일 ㅣ salleem@chol.com
홈페이지 ㅣ http://www.sallimbooks.com

ISBN 978-89-522-0806-4 03920

책임편집 · 교정 : 김원기

값 12,000원